立美育人
花开斑斓

美育特色项目的校本化实践与探索

主编　陆燕萍

上海交通大学 出版社
SHANGHAI JIAO TONG UNIVERSITY PRESS

内容提要

本书以上海市七色花小学的校名"七色花"为引,深入梳理并编撰了三年来该校在龙头课题上的研究历程及取得的成果。全书共分为三章,第一章"七色花的梦"从培土、播种、扎根三个关键环节,系统地阐述了学校以美育为纽带,以学生创新素养培育为核心理念的项目研究基石,以及项目的构建目标、整体布局与框架。第二章"生长的力量"详细记录了该校美育特色项目的具体实践过程,以及这些实践如何积极地影响了学生的成长。第三章"花美径香"从凝神、汇力、成长、展望四个维度,深入揭示了美育特色项目在学校发展、师生共同成长中的独特价值和重要作用。

图书在版编目(CIP)数据

立美育人 花开斑斓:美育特色项目的校本化实践与探索 / 陆燕萍主编. -- 上海:上海交通大学出版社,2024.12 -- ISBN 978-7-313-31743-8

Ⅰ. G623.702

中国国家版本馆CIP数据核字第2024US3196号

立美育人 花开斑斓
——美育特色项目的校本化实践与探索
LIMEI YUREN HUAKAI BANLAN
——MEIYU TESE XIANGMU DE XIAOBENHUA SHIJIAN YU TANSUO

主 编:陆燕萍			
出版发行:上海交通大学出版社		地 址:上海市番禺路951号
邮政编码:200030		电 话:021-64071208
印 制:上海新华印刷有限公司		经 销:全国新华书店
开 本:710mm×1000mm 1/16		印 张:23.75
字 数:288千字		
版 次:2024年12月第1版		印 次:2024年12月第1次印刷
书 号:ISBN 978-7-313-31743-8		
定 价:98.00元		

编委会名单

主　编

陆燕萍

副主编

蒋美芳　杨　静

编委会成员

张　懿　费妮娜　周　颖　应杨姣　应佳雯

序

七色花小学坐落于浪漫的雁荡路上，有一个美丽的名字，是一所美丽的学校。作为上海市首批艺术教育特色学校，七色花小学办校三十年来，始终坚守"以美立校，以美育人"的教育理念，通过创建学校艺术教育特色，回应时代育人要求，促进学校内涵发展。本书凝聚了学校近年来以艺术教育为引领，实现五育融合，培养创新人才的思考、研究与实践，展现七色花小学"立美育人，花开斑斓"的生动图景。

一、与时俱进，学校"立美育人"理念的丰富诠释

办学理念是学校自我身份与教育理想的集中体现，融合了教育的基本规律和学校的独特性，是学校发展规划的根本，塑造了学校的使命、愿景和核心价值观，为学校提供了明确的发展方向和行动指南。七色花小学"立美育人"的办学理念，言简而意蕴深远，深刻地揭示了美育的核心价值：美，作为超越单纯艺术表现的范畴，是一股强大的力量，能够滋养学生的心灵土壤，促进其全面发展与健康成长。

在秉持并深化办学理念的过程中，面对新时代背景下的教育使命与挑战，学校在原有特色优势与文化传承的基础上，主动反思，积极寻求变革和突破，以适应时代的发展和教育的需求。在黄浦区整体实施创新教育、推进育人方式变革的综改进程中，七色花小学围绕区域"全学段、全学科、全方位、全过程"培育学生创新素养的目标任务，立足校情学情，重新思考学校艺术教育的特色发展之路，赋予学校艺术教育以新的内涵。新时代的"立美育人"，不仅倡导在教育实践中广泛融入美的元素，更强调通过美的引领，激发学生的审美

能力,培养其创新思维,并深化其人文精神。

艺术教育是七色花的梦,承载着学校的育人理念,引领着学校的育人实践。在本书中,详细记录了七色花小学的办学历程和美育特色项目的形成过程,呈现了学校近年来如何在传承办学特色的基础上,紧跟教育改革步伐,深入挖掘创新教育与美育之间的关联,创造性地提出以美为载体的创新素养培育目标,并精心设计了一系列美育特色项目,从理念的萌芽到项目的落地,从框架的搭建到资源的优化配置,每一步都是对"立美育人"办学理念鲜活而具体的诠释。

二、进而有为,学校"创新"艺术教育的生动实践

在素养导向的课改背景下,七色花小学将学习方式的根本性变革作为推动学校教育教学改革的关键引擎。2020年度,学校立项黄浦区教育科学研究重点项目《指向学生创新素养培育的学校美育特色项目的创建与实践研究》,以龙头课题研究为引领,探索以学校美育特色项目为抓手,全面推进学校课程、课堂、环境等全方位的教育教学改革实践,以"创新"的艺术教育,推进五育融合,培养创新人才。

本书呈现了七色花小学美育项目从研究思考、顶层设计到实践落地的完整历程。学校学科教研组围绕创新素养培育目标,结合各自学科的特点与优势,充分发挥美育的独特功能,积极探索小学生创新素养的培育路径。通过组织跨学科的教学研讨、实施多样化的教学活动、建立科学的课堂评价体系等措施,促进学科内部知识结构的优化与教学方法的创新,推动学生学习方式的转变与核心素养的全面发展。

一系列具有影响力的研究成果,不仅涵盖了本校美育特色课程的重构与拓展,还深刻地剖析并提炼了指向创新素养培养的教学策略,不仅为七色花小

学的教育教学改革提供了有力的理论支撑与实践指导，也为其他学校提供了可复制、可推广的宝贵经验。

三、融合育人，学校"美丽"学习空间的多维构造

"立美"凝聚了学校艺术教育的精髓，在充满魅力的教育环境中，学校师生能自主学习，尽情创造。随着技术的不断革新，数字化学习环境的打造逐步走进人们的视野，七色花小学立足数字化转型的时代要求，开展了积极的探索，将数字技术整合于课程，建立数字化的学习环境，丰富学生的创新经历与情感体验。

六楼的"魔法空间"，是学校突破思维壁垒，依托先进的技术装备，打造成"全景式""可视化"的综合学习空间。"魔法空间"所营造的教学情境让学生在声、光、影中获得沉浸式学习体验；高科技的"魔法墙"在实现终端投屏、交互活动、数据反馈、学习评价等过程中激发学生主动参与，引领学生持续探究，有效推进了教学方式的转型。学校以数字化赋能持续拓展学习空间，破解资源局限的瓶颈，创设多元、多维、多变的情境，对转变育人方式、促进课堂教学改革做出了积极的贡献，取得了显著的成效。

掩卷而思，三十年来七色花小学立美育人，学校的美丽课堂、美丽课程和美丽环境跃然纸上，深入人心。本书是七色花小学美育特色项目深度探索与实践的全面总结与深刻反思，展示了一个由美育构建积极、和谐的创新教育生态。在这个系统中，在学校、家庭、社会以及学生的共同努力、协同作为下，形成了支持创新、鼓励探索的良好氛围。美育作为系统的核心动力，不仅促进了学生个体创新素养的提升，而且推动了学校课程体系的创新与发展，是七色花小学办学实践中又一次里程碑式的跨越。

"立美育人，让每一个孩子都成为自己的那一朵七色花"是七色花小学

不渝的教育追求。期待学校一如既往深化研究，融合五育，立德树人，绘制出一幅更加绚丽多彩、和谐共生的校园图景；我也相信，在持久追求与不懈努力下，七色花小学每一位教师都能收获更多的成长与幸福，每一个学生都能在七色花园中扬帆起航。

　　祝愿七色花小学的明天更加色彩斑斓，也希望每一位读者都能从这本书中汲取灵感与力量，共同书写属于这个时代的教育篇章！

郭金华

黄浦区教育局局长

2024.10

前　言

　　七色花小学,有着美丽的名字,有着一群纯真的孩子,有着一群智慧的教师。

　　学校坐落于上海首批全天候的步行休闲街之一——雁荡路。雁荡路休闲街北起淮海中路,向南经南昌路,与复兴公园大道连通。街上的碎石路、街边的咖啡茶座、街南的复兴公园和海派建筑群,绘就了一幅浪漫的欧陆风情画卷,也传递着一种浓郁的文化气息,更向人们昭示着上海中心城区浓厚的人文积淀和发达的商业背景所蕴藏的群众对个性化特色化教育的强烈需求。

　　校名"七色花小学",源于苏联美丽的童话故事《七色花》。我们深信教育的核心在于塑造人才、播种幸福,教育的过程应该是光明的、美好的,教育的色彩应该是绚烂且鲜明生动的。在此愿景下,"七色花"成为我们学校的象征:它集赤、橙、黄、绿、青、蓝、紫于一体,这些色彩既丰富又和谐,寓意着每位学生在学校深厚文化的滋养下,能够享受均衡且全面的成长;同时,在每一朵独特的"七色花"中,总有一两种色彩尤为耀眼,这恰如每位学生在特色教育的精心浇灌下,能够展现独特且充分的个性。"七色花"是我校学生全面和谐发展和个性充分发展的形象标志。

　　伴随着七色花的生根、发芽与蓓蕾初开,在我们的孩子身上,逐步散发出七色花的芬芳——丰富、纯正,充满生命之美。

　　进入21世纪,面向未来的学生"创新素养"得到全世界普遍关注和高度重视。党和国家领导人也屡次在重要讲话和相关文件中将"创新"提到了前所未有的高度。作为一所市艺术教育特色学校,如何顺应时代发展的浪潮,培养具有创新素养、适应未来社会发展的学生,成为不可回避的课题。

立美育人　花开斑斓

　　自2020年起，我校荣幸地承担了上海市黄浦区区级重点课题——《指向学生创新素养培育的学校美育特色项目的创建与实践研究》。我校教师团队在坚实的理论框架指导下，紧密结合学生的实际需求与学校特色，全身心投入这一创新性的教育实践中。如今，我们谨以此书为载体，向广大读者呈现这一课题的研究历程，并分享我们在实施过程中积累的宝贵经验和成果。我们希望通过这本书，向所有参与和支持本课题的同仁表达我们最真挚的感谢。同时，希望向读者传递我们在培育学生创新素养与美育特色方面的深入思考与积极探索，以期能为教育界的同仁提供有益的启示和借鉴，共同推动学生全面而富有个性的发展。

目　录

第三章

花美径香 / 283

美育特色项目的
共融与绽放

第一章

七色花的梦

以立美为引航，
美育特色项目由此始发

　　"立美育人，让每一个孩子都成为他（她）的那一朵七色花"，这是七色花小学历经岁月洗礼，始终坚守的课程理念与办学追求。

　　"立美"不仅凝聚了七色花小学艺术教育的精髓，更是对学校全面改革与发展的深刻洞察。在"立美"理念的引领下，学校致力于打造充满魅力的教育环境，使学生和教师都能在其中自主学习、尽情创造，共同绘制一幅幅色彩斑斓、和谐共生、美感四溢的校园生活图景。

随着创新教育的不断深入，七色花小学秉承"立美"理念，致力于探寻小学生创新素养的培育路径。经过系统研究与深入实践，校方深刻地认识到美育课程在培养学生创新素养中的关键作用，并在课堂教学、课程架构和空间环境三个层面上，构建了一套具有美育特色的项目体系与实施策略，以此丰富学生的创新经历与情感体验。

在"七色花"这片满载希望的沃土之上，老师们精心播撒下创新的种子。这些种子孕育着七彩斑斓的梦想与期待，它们渴望在春光的温暖照耀下生根发芽，茁壮成长，直至绚烂绽放。希望它们能以独特的姿态和无限的创意，尽情展现对美的崇尚、对创新的追求以及对自由的向往，深刻诠释"立美"教育的真谛。

培 土

创新教育战略目标引领
和学校特色发展

学校变革的成功离不开适宜的土壤，其中改革大背景指引和学校特色支撑是不可或缺的两个要素。它们相互依存，共同为学校变革奠定了坚实的基础。

纵观当前的教育改革背景，我们不难发现，世界正处于新一轮科技革命的重要时期，这场革命正迈向重大突破的窗口期。与此同时，全球范围内正经历着百年未有之大变局，各国间的科技和人才竞争日趋激烈，这种国际环境对学校教育改革提出了更高的要求。

在这一背景下，教育作为国家的根本大计，必须主动适应科技和产业发展带来的新变化。我们必须清醒地认识到，教育不仅是知识的传递，更是创新人才的培养。因此，加快创新人才培养方式、提升创新策源能力显得尤为迫切。

习近平总书记深刻指出，"创新是引领发展的第一动力"。这一论断为我们指明了教育改革的方向和目标。我国正在大力实施创新驱动发展、"中国制造2025""互联网+"等重大发展战略，比以往任何时候都更加渴求创新资源和创新型人才。推进创新教育和创新人才培养是上海教育现代化的重要任务。黄浦作为上海市中心的核心区域，直面时代发展之需，立足区位区情优势，先行探索创新教育,在前期研究与实践的基础上,深度变革创新教育育人的方式。2019年,黄浦教育先行先试,在上海率先发布并实施《黄浦区推进创新教育三年行动计划》,成立"黄浦创新教育发展研究中心",对教育教学全要素、各学段、全过程的创新教育进行顶层设计、系统集成,探索创新教育实施模式,开展创新教育成为黄浦深化办学体制和教育管理改革、激发教育事业发展创造活力和培养创新人才的重要举措。

2020年黄浦区入选"基于教学改革、融合信息技术的新型教与学模式"国家级信息化教学实验区。在实验区建设中,黄浦教育始终坚持育人为本、聚焦课堂改革、注重创新发展,努力探索数字技术赋能教与学方式的变革,推进创新教育的发展。

黄浦教育还聚力实施青少年创新英才登峰计划,紧抓课堂、课程、空间、评价要素,完善创新教育实施体系;促进作业控制减量、课后服务提质与育人方式变革,系统构建"高质量目标+个性化发展"育人体系,推动"五项管理"落地见效;聚焦课堂、学校、区域三个层面,以学习环境、教学模式、学习指导、数字基座、创新治理、数字化评价为抓手,推进教育数字化转型;在名师名校长工作室管理、新秀教师培养、学历提升、学术性专著资助、学科带头人、骨干教师流动等方面多管齐下,构建一支高素质、专业化、富有创新精神的教师队伍。

如此种种均指向一个目标,即要在我区各级各类学校、幼儿园对创新教育的探索实现全覆盖,完善创新教育体系、常态实施创新教育、优质推进创新教育,全面提升师生创新素养,着力培养创新英才,将创新教育打造成为黄浦教育的重要特色和品牌。

七色花小学,处于黄浦区这一文化生态、教育生态之中,在全区的整体教育发展中承担着自己的责任。作为上海市艺术教育特色学校,多年来,学校始终秉持"立美育人"的办学理念，坚守"立弘毅之志、修内外之美、育通达之才、成大爱之人"的培养目标，坚持从"以美立校、以美育人"的高度来开展教育工作；将"开放、合作、融合、尚美"作为校风，将"会学习，善思考，有个性，求发展"作为校训，把促进教育现代化、公平、均衡和提高教育质量作为学校发展的基本目标；以学校艺术教育特色为生长点，以校本课程建设为抓手，为实现所有学生的主动、健康发展开展了一系列探索与实践；逐步形成了以"七色花"命名的凸显艺术教育特色的学校课程框架，着力让每一个孩子发展自己的艺术兴趣和特长。三大类课程、七种色彩，体现了不同课程的审美情趣，营造了生动、丰富的教育环境。这些课程在实践中如火如荼地开展着，循序渐进地完善着。

2020年出台的《关于全面加强和改进新时代学校美育工作的意见》中强调"美育是审美教育、情操教育、心灵教育，也是丰富想象力和培养创新意识的教育，能提升审美素养、陶冶情操、温润心灵、激发创新创造活力。"这不仅为学校美育特色办学带来了强大的支撑，还为学校深入推进创新教育提供了强大的理论依据和着力点。

上述具体的生态，为每一位七色学子的创新成长提供了肥沃的土壤和充足的养料。相信在创新教育改革的目标指引下，进一步传承与发展学校特色，以"立美"为引航，充分发挥美育独特的育人价值，必能激发学生的创造潜能，促进学生的创新发展，让每一朵"七色花"获得尽情盛开的力量。

第二节

播　种
美育特色项目的内在需要

如果说，清晰地意识到土壤形成与基质优化是七色花美育特色项目建设的基本前提，那么能更加清晰地感受七色花小学的具体性、特殊性，进一步关注在学校发展中特色课程建设的迫切需要，关注课程创新促进学生创新素养发展的现实可能，便成了不可或缺的关键步骤。

一、七色花小学的具体性、特殊性，提供了探索的前提

回眸七色花小学的办学历程，从1994年建校至今已30年，建校之初得到了旅日爱国华侨——日本三晶实业株式会社社长傅在源先生捐资。

傅在源先生祖籍为浙江省宁波市，经过几十年的奋斗，在事业上取得了很大的成功。傅先生心系祖国，想使中国富强，使中华民族屹立于世界之林。为此，他发展教育，培养建设祖国的优秀人才。傅先生在1991年来上海时就毅然决定捐赠巨款建设上海市卢湾区七色花小学，使之成为上海著名的具有艺术特色的学校。傅先生于1999年再次来到上海，看到上海市卢湾区七色花小学朝气蓬勃、蒸蒸日上的景象后，决定设立富的上海助学基金，对品学兼优、家境贫困的上海大学生进行资助，将资助对象由一所学校延伸到全市的大学生。

2001年，由傅先生捐资建造的七色花"富的楼"竣工，它为学生的全面发展提供了极好的条件，它也是傅先生热情资助教育的有力象征。正如人们所传颂的，"比海洋更宽广的是大地，比大地更宽广的是天空，比天空更宽广的是人的心灵"。傅先生博大的胸怀与爱，就像一股永恒的清泉，滋养着七色花不断成长。

学校校名"七色花"，是由时任卢湾区教育局副局长陆兰英根据苏联作家卡达耶夫的著名童话故事《七色花》而命名的。她期望每一个"七色花"的学生都能拥有纯美的童心，在梦想起飞的七色花园里，带着自信和勇气，轻盈又坚实地迈出人生的第一步！

建校以来，学校以艺术教育为特色创建的突破口，在区域率先实现教育现代化的目标指引下，持续以艺术教育课程与教学的优势为抓手，以教育教学规律、美育规律和学生成长规律为依据，确立了"以美立校，立美育人"的办学理念，积极探索课程教学与艺术教育的统整，致力于学校立美课程建设、实施美丽课堂教学研究、创新提升人文修养、创建综合素养的校本教研模式，探索复合型教师队伍发展举措，加强校园跨文化教育环境建设，逐步架构形成了七色花"立美课程"体系。全校师生共同设计了乐学章、善学章、优学章，作为评价学生学习兴趣、学习水平和发展特色的形象标志，并且制订了相应的评价指标，形成了学生综合素质评价方案。同时，将校园环境作为一种教育手段，倾力打造了网络虚拟演播室、MGM高尔夫微格实验室、魔毯情景实验室、机器人创客空间四大市级创新实验室。全体教师为把每一个学生培养成一朵独特的七色花付出了努力，赢得了良好的社会声誉，为学校的新一轮发展奠定了良好的基础。

伴随着基础教育改革的持续推进，特别是创新素养培育成为推进学生五育全面发展的重要内容之后，审视学校课程建设，校方发现，如何在学校现有的课程体系基础上改革内容设置以及实施方式，以更好地满足学生的多样需求；如何依托学校先后建立的四大市级创新实验室,助推创新教育的实施;这些都是亟待解决的问题。故而,在打造创新教育视角下,多维向心、融通发展学校的美育特色课程势在必行,它对于促进创新教育有序推进,扩大学校的影响力并惠及更多的学生,有着重要而深远的意义。

二、学生学习方式转型的迫切需要,提出了现实的要求

面对瞬息万变的现代社会,不断地更新知识体系,准确快捷地捕捉、筛选有价值的信息,更快更好地解决问题,是每一个学生必须面对的课题。具有创新能力的人,首先应该是一个善于学习的人,而学习能力的高低与学习方式密切相关,只有选择恰当的学习方式,才能高效地获取知识,并将新旧知识相联系,进行迁移运用,进行有意义的学习。学生只有在这样有意义的学习中,才能引发更积极主动的思考、自由丰富的想象,才能迸发出更新颖的思想和观点。

鉴于上述学习需求,具体到学校课程与教学问题上,校方深知以学科核心素养为纲,聚焦学习方式转型的重要性,必须从关注人的发展以及遵循学生学习规律的角度出发,致力于研究转变现有的学习方式及对应的教学方式,在培养和提高学生创新素养的同时,更为学生的终身发展奠基。

因此,从顺应时代变化、推动学校发展等意义上,学校播下了一颗充满希望的种子,坚持结合学校"立美育人"的办学理念,深入挖掘创新教育与美育之间的关联,开展美育课程创新建设。这项改革不仅是学校发展的重要一步,更是提升课程与教学质量、促进学生学习能力发展的一次全新尝试,它可以破解七色花小学特色发展的瓶颈,使学校的创新素养培育之形破茧而出,展露风姿。

扎 根

美育特色项目的整体构建

种子播下后,需要用心去浇灌、去呵护,方能助其深深扎根、茁壮成长。在学校发展的道路上,校方深知美育课程创新变革是不可或缺的价值理念,是推动学校不断前行的关键动力。然而,课程创新并非一蹴而就,需要在破旧与立新、传承与创造之间达成动态的平衡。正是在这样的认识下,学校致力继承前期的发展经验,立足原有的发展基础,从整体思考统筹布局,全面开启以项目为载体、具有特色的美育课程建设旅程。

一、文献研究,提供理论支持

明确前人研究的基础、了解现实世界的诉求,成为我们开展研究的首要工作。我们通过知网检索、专著查询等路径,积极寻找理论支撑,紧紧围绕"创新"和"创新素养"概念的溯源梳理、培育学生创新素养的路径与策略研究以及基于美育的创新素养培育研究等方面开展了文献检索。

1."创新素养"的内涵溯源与特征梳理

"创新"一词由来已久,《辞海》中对"创新"的定义:"以现有的思维模式提出有别于常规或常人思路的见解为导向,利用现有的知识和物质,在特定的环境中,本着理想化需要或为满足社会需求,而改进或创造新的事物、方法、元素、路径、环境,并能获得一定有益效果的行为。"在汉语中,"创新"一词通常被解释为"抛开旧的,创造新的"。

国外提出"创新"的概念始于经济学领域。1912年约瑟夫·熊彼特(Joseph A. Schumpeter)明确了创新是建立一种新的生产要素或供应函数。2004年,《创新美国:在挑战与转变的世界中繁荣》(Innovate America: Thriving in a World of Challenge and Change)的报告中指出:"创新"是把感悟和技术转化为能够创造新的市值、驱动经济增长和提高生活标准的新的产品、新的过程与方法和新的服务,认为创新是推动社会进步的力量。

结合"创新"词义和经济学领域对其内涵的解读,我们可以发现,创新并非凭空创造未有之物,而是过程性的,即要在原有的基础上进行一定"转化""更迭",从而获得新的认识、发现或方法,并获得增益效果的行为。

通过对"创新素养"的文献检索,我们可以看到国外对创新素养的研究主要集中在对创造力结构的研究。特蕾莎·阿马比尔(Teresa Amabile)的创造力三结构理论认为,创造力由领域技能、创造技能和工作动机三部分相互作用而形成。罗伯特·斯滕伯格(Robert Sternberg)主张的创造力三维模型将创造力分为了智力层面、智力风格层面和人格层面。林崇德认为,创造性心理结构的表达方式为:创造性人才=创造性思维+创造性人格。美国学者A·J·斯塔科(Alane Jordan Starko)在其著作《创造能力教与学》中介绍了创造力的本质,系统地回顾了相关的创造力理论与模型。

国内学者同样从不同的角度分析了创新素养的内在结构,并提出不同的看法。曹红旗将创新素养诠释为个体的创新精神和创新能力的养成和修养,以及学生在日常学习中着重养成的创新精神和能力。于子轩认为，创新素养是由创新精神、创新能力和创新人格三大要素所构成。李川将其解释为一种复合能力，是受良好的知识结构、创新思维能力、创新人格、创新环境等诸多因素综合影响的产物。还有很多学者对创新素养的内在结构提出了他们的看法（见表1-1）。

表1-1 众多学者关于创新素养结构的分析

学 者	创新素养的结构
王极盛	创新能力、竞争力、创新意识
刘运芳	创新能力、创新人格、创新意识
邹 茜	创新意识、创新智能素质、创新行为素质
燕良轼	创新能力、创新行为、创新意识
沈恒福	创新能力、创新志趣、创新精神、创新思维、创新人格、创新意识
李 明	创新意识、创新思维、创新技能、创新人格
戴春林	创新人格、创新性动机、创新智力
苗 罗	观察力、记忆力、思维力、想象力、兴趣意志力
牛茂今	创新技法、创新心理品质、创新能力
多俊岗	操作素质、动力素质、调节与监控素质

关于创新素养的构成要素，虽然学术界尚无定论，但是从国内外研究结果中可以发现，大部分学者认为创新素养涉及智力因素和非智力因素，而这两方面的综合作用，体现在个体解决问题的创新实践活动中表现为主动、积极、求新、求异、执着与进取等。

2. 培育学生创新素养的实践参考

创新素养培育是一个复杂的工程,诸多发达地区针对基础教育领域从宏观政策支持到微观教育教学实践方面都有积极探索与经验分享。关联本研究,课题组聚焦学校的教育教学实践,对相关文献做了聚类及提取,发现学校层面探讨培养学生创新创造,主要聚焦于教育教学方式变革、课程开发、环境创设等方面,现分类呈现之。

1)变革教学方式是根本

当前我国注重课堂教学中的育人方式变革,义务教育阶段注重着力培养认知能力,促进思维发展,激发创新意识。高中阶段推进育人方式变革,积极探索基于情境、问题导向的互动式、启发式、探究式、体验式等课堂教学。在创新课堂领域方面的研究,国外也有很多经验值得借鉴。新加坡提倡"少教多学"以培养学生自主学习和独立思想能力以及批判性思维,教学过程中让学生在"修行靠自己"的学习情景中独立思考并提高自身的创新能力。欧洲创新课堂教学实践的理论框架是由8个维度和28个重要参数构成的"生态化系统理论框架",其主要教学实践包括探究式学习、创作式学习等。又如,PBL(problem-based learning,以问题为导向的学习)模式等新型教学方法,以学生为主体、以问题为导向,教会学生带着问题进行自主探究学习,进而培养学生主动发现问题与解决问题的能力,激发学生创新思维,培养学生创新能力。美国STEAM教育的框架把富有创造性的学习过程视为教育核心,以学科整合的方式将5门学科(即科学、技术、工程、艺术、数学)联结起来,强调知识与现实世界互相联系,鼓励学生亲身体验、自己动手来解决问题,这种新型的教育尝试为学习者提供促进创新素养培育的教学模式。

因此我们认为,学生在真实情境中解决复杂问题的过程中可以逐步形成创新素养,即创新素养是可以通过变革教学方式来培养的。在教育教学的过程中,教师可以通过教育教学方式转变,借助多样化的活动和实践打造较为真实的学习环境,帮助学生发现和发展他们的非学术智能,提高学生的创新素养。

2)建构特色课程是关键

美国知名教育学家、芝加哥大学教授约瑟夫·施瓦布(Joseph J. Schwab)建立"实践的课程模式",发起了"走向实践运动"。这种模式要求把课程开发、编制及评价结合起来,并在每一所具体的学校实施该过程(吴刚平,2000)。日本注重建立横向式教育,超越科目界限的综合学习,打破原来科目的孤立和闭塞,在每个阶段都设置了综合类课程,其课程宗旨是让学生拥有可以形成创新等核心素养的能力和文化储备。

课程是学校实施育人职能的载体,在学生创新素养培育中发挥关键性作用。很多学者围绕如何基于学校的学情和办学优势,开展学校特色课程的开发与实施研究,以回应培育创新素养这一核心任务。其中,以美育特色为研究视角的也不在少数。

例如,上海市金山区朱泾小学开展了"在纸艺设计中培育创新素养的研究",组织学生对五彩斑斓的纸艺作品进行赏评和比较,引导他们发现美、创造美和传播美,提升审美意识,培养和提高审美能力和审美创造力,发展审美综合实践能力,并促进他们在审美创作中认识自我的价值。辽宁省大连市第十五中学开展了"以美育人"推进科技创新的课程研究,把科技教育与艺术教育结合在一起,全面培养创新人才。此外,《义务教育艺术课程标准(2022年版)》颁布,让"以美育人"成为建设素养型艺术课程标准之一,注重对学生的审美和人文素养培育,发挥艺术学科以美育人的独特价值,以促进创新素养的培育。

美育是为建设社会主义精神文明和培养学生心灵美、行为美服务的。在众多相关研究中可以发现，创新素养和美育有着相辅相成的关系。多元智能理论模型强调人多元发展的可能性，为创新素养的培育提供了新的思路，对美育研究具有积极的影响。多元智能理论认为，个体的单一智能或多种智能是成长文化、生活实践和生理条件互相作用的结果。美育强调想象力与创造力，艺术创作的形象思维为人们提供新思路，是创造力的源泉。美育能激发学生的创造潜能，可以通过在艺术课堂中创设相关情境，让学生逐渐吸收知识、树立审美品位，进而训练学生思维，提升创新思维。

3）创设空间环境是保障

人本主义代表人物罗杰斯认为，学习环境应该是一个安全、支持性和充满信任的地方。在这样的环境中，学生可以自由地表达自己的想法和感受，探索自己感兴趣的问题，而不必担心被评判或批评。他认为，教师的作用是为学生提供一种促进学习的环境，帮助学生发掘自己的潜能，实现自我价值。

情境认知理论认为，学习的实质是个体参与实践并与他人、环境等相互作用的过程，是个体形成实践活动能力、提高社会水平的过程。教学的实施不仅需要教学的场所与空间，而且这一教学场所与空间必须具有"丰富的情境供应"。丰富的情境供应不仅可以反映知识在真实生活中的应用方式，保持真实生活情境的复杂性，而且能为学习者提供反映不同观点的信息源。例如，英国国王中学的校园建设理念强调环境的重要性，认为校园环境可以作为一种教育工具，帮助学生更好地理解和掌握科学知识。又如，通过在校园中设置专门的实验室或展示区，学生可以直接观察和操作这些科学模型或装置，从而可以更直观地理解这些难以理解的科学概念。随着技术的不断革新，数字化学习环境的打造也逐步走进人们的视野，大众开始探寻用科技赋能来打破教育各环节的客观壁垒。在2006年召开的ET-CEO论坛上也提出将数字技术整合于课程,建立数字化的学习环境、资源和方法以适应新(21)世纪的需要。

故而,教学中的空间环境应该是多维的、鲜活的、为学生所喜闻乐见的。这样,教师创设的情境才能转化为学生自己的情境,而只有实现了这种转化,给他们带来真实的感受、真切体悟的情境才是真正意义上的真实情境。在优美的环境中学习,学生往往会拥有更为积极的情感态度和更加开放的思考方式。

二、整体布局,形成顶层设计

在深入了解创新素养内涵的基础上,项目组进一步聚焦学校"立美育人"办学理念内涵,针对目前教育教学现状进行梳理、复盘,依据生情校情,在美育特色项目的总体架构方面进行了积极的探索,形成了项目培育目标和项目内容框架。

1. 确定美育特色项目培育目标

形成七色花学生的创新素养目标是重中之重,是研究的逻辑起点。在专家的引领与指导下,学校在明确培育目标的过程中,既从面上关联小学发展阶段学生心智发展的普遍特点和规律,锁定这一特定时期的敏感因素,又观照本校学生的学情现状,从创新素养的内涵出发,做出取舍赋予行为表征,为项目整体布局与实施提供了价值引领。

1)厘定我校创新素养关键要素

通过文献研究,我们逐步厘清了创新素养的内涵,将"创新人格、创新思维和创新能力"作为我校创新素养培育的三个目标维度,明确了小学时期儿童在创新人格、创新思维和创新能力三个方面的发展特点。

（1）创新人格。在创造性人格特征方面，小学生好奇心强，开始萌发追求新颖、独特的愿望。另外，根据埃克森的发展阶段理论，小学生正处于获得勤奋感和克服自卑感的阶段，是形成自信、独立、乐观性格特点的关键时期，也是奠定创造性人格发展基础的重要时期。鉴于此，我们选取了"好奇、自主、耐挫"三个关键词作为创新人格培育要素。

"好奇"是指对新鲜事物或未知领域产生兴趣和探索欲望的心理倾向，是提升自身能力的重要驱动力。

"自主"是遇事能够独立地做出决定并采取行动，不需要依赖他人；学习或做事有规划、有组织和安排自己的时间和资源的意识。

"耐挫"是指当遇到挫折时，能积极、自主地摆脱困境并使学生自身的心理和行为免于失常的能力。

（2）创新思维。在创新思维方面，小学生的思维阶段由形象思维逐步过渡到抽象逻辑思维，思维的独立性、批判性有极大发展，想象的创造性也有较大提高，不但再造想象更富有创造性成分，而且以发散性为特色的创造想象也日益发展。鉴于此，我们选取了"形象思维、发散思维、批判思维"三个关键词作为创新思维培育要素。

"形象思维"是指善于联想，能借助具体形象或表象来理解和解决问题。

"发散思维"是指思维呈现扩散状态，想象力丰富、思维灵活、能从多角度寻找解决问题的办法。

"批判思维"是指具有独立思考、善于分析、批判性评估、勇于挑战和主动表达的能力。

（3）创新能力。在创造能力方面，小学生的知识、经验正处于迅速积累时期,观察能力、动手能力,以及表达能力和交往能力都获得一定程度的发展。进入21世纪以来,培养学生解决问题的能力已成为世界各国教育改革的重点。鉴于此,校方选取了"问题解决、同伴合作、创意物化"三个关键词作为创新能力培育要素。

"问题解决"是指能够运用合理的思维方法和技能,独立或与他人合作找出解决问题的方案等。

"同伴合作"是指与同龄伙伴之间目标共享、平等交流、相互支持、有效分工、尊重差异、合理冲突和成果共享等。

"创意物化"是通过动手操作和实践,运用所学知识和技能,发挥想象力和创造力,将脑海中的创意转化为具体、可见的物品或作品。

2)形成各年段创新素养培育目标

为了让全校教师更清晰地理解和把握创新素养培育目标,使之更具操作性,项目组对各年段培育目标进行了分解,形成了包含"三个维度、九个要素"的各年段创新素养培育目标(见表1-2)。

表1-2 七色花小学创新素养九大核心要素内涵及分年段目标

创 新 素 养			分 年 段 目 标		
维度	关键要素	要素内涵	低年级 (1年级)	中年级 (2~3年级)	高年级 (4~5年级)
创新人格	好奇	对新鲜事物或未知领域产生兴趣和探索欲望的心理倾向,是提升自身能力的重要驱动力。	对新鲜事物表现出受本能驱动的喜欢。	对各种问题有探索的兴趣。	对各领域的问题都有强烈的探索欲望。

（续表）

创 新 素 养			分 年 段 目 标		
维度	关键要素	要素内涵	低年级（1年级）	中年级（2~3年级）	高年级（4~5年级）
创新人格	自主	遇事能够独立地做出决定并采取行动，不需要依赖他人；学习或做事有规划、组织和安排自己的时间和资源的意识。	愿意尝试新鲜事物，在教师指导下开展活动。	积极参与各类活动，乐于尝试新事物的挑战。	主动参与活动的设计与实施，不断地探索和发现新的可能性。
	耐挫	当遇到挫折时，能积极、自主地摆脱困境并使学生自身的心理和行为免于失常的能力。	能听取他人意见，并在遇到困难时会寻求教师帮助。	对不同的意见能接受并实施改进，能在困难面前坚持，并尝试寻找新的解决方法。	不怕失败，能接受各种意见并主动思考、修改、优化结果。在面对挫折时，能积极调整并从中总结经验教训，寻找新的解决办法。
创新思维	形象思维	善于联想，能借助具体形象或表象来理解和解决问题。	能注意到身边的美好事物。	经常能捕捉到美的事物，能欣赏并感觉愉悦。	能在寻常与平凡的事物中发现和感受美好。
	发散思维	思维呈现扩散状态，想象力丰富、思维灵活，能从多个角度寻找解决问题的办法。	有想象力，爱提问。	葆有想象力，能够从多个角度考虑问题。	有丰富的想象力，尝试多样化、独特的思考方式；对未知领域有探索的热情。

（续表）

创 新 素 养			分 年 段 目 标		
维度	关键要素	要素内涵	低年级（1年级）	中年级（2~3年级）	高年级（4~5年级）
创新思维	批判思维	具有独立思考、善于分析、批判性评估、勇于挑战和主动表达的能力。	乐于表达与别人不同的观点。	在教师引导和同伴评价下，能反思自己的思路与策略，能表达自己的计划与实施步骤。	能从多角度、多层面考虑问题，能反思自己解决问题、完成任务的过程。
	问题解决	能够运用合理的思维方法和技能，独立或与他人合作找出解决问题的方案等。	在教师的指导下，了解自己的任务并实施。	能够运用所学知识，对问题进行分析和解决；能提出新颖的想法并尝试实现。	能够判断问题的性质，明确问题的要求，能快速联想个体已有经验，能借助工具表达、规划、呈现自己的观点与方案，并解决问题。
创新能力	同伴合作	与同龄伙伴之间目标共享、平等交流、相互支持、有效分工、尊重差异、合理冲突和成果共享等。	能与他人合作完成简单的学习任务和作品。	能有比较新颖的构思和做法，能最终合作完成任务和作品。	与同伴相互尊重和理解，通过有效的沟通和协调，共同完成任务，展现团队合作的力量。
	创意物化	通过动手操作和实践，运用所学知识和技能，发挥想象力和创造力，将脑海中的创意转化为具体、可见的物品或作品。	在老师引导下，能够将自己的想法展现在可视化的物品上。	通过观察、想象与学习，能够将自己的创意和想象力融合在具体的物品或成果上。	通过学习与思考，发挥创意思维，将自己的想法形成具有新颖性、富有美感的作品或成果。

2. 整体规划项目内容框架和实施路径

国内外有大量的学者围绕学校应如何培育具有创新素养的学生展开了研究。趋同的观点是学校要以全纳的态度培育学生的创新素养。小学阶段是创新人格养成、创新思维激发、创新能力培养的重要时期，理应在课堂教学、课程开发、环境建设等方面进行更多的探索和实践。这些研究对项目组创新素养课程设计提供了理论层面和实践层面的有力支持。

于是，项目组在学校前期研究的基础上，融合学校已有的美育特色，结合创新素养培育目标，整体设计了学校的美育特色项目，包括"美丽课堂""美丽课程""美丽环境"三个子项目，明晰了三大子项目的研究边界和实施路径。

1）"美丽课堂"项目：聚焦国家课程教与学方式变革

从学科核心素养培养的角度看，尽管国家课程在学科门类、内容和教学要求方面各不相同，但是任何一门课程都应该承担培养学生创新素养的任务。梳理文献可以得出，在学科教学中落实创新素养，必须从改变教师惯有的讲授方式、丰富课堂教学内容和形式等角度入手，以学生学习为中心，优化学习方式，使学习成为一种创造性体验的过程。因而，学校"美丽课堂"项目建设基于学校的美育特色，从创新教育视角，以国家课程教与学方式的转变为聚焦点，着力激发学生主动参与的兴趣和自信，提高学生自主学习、合作探究的能力。

2）"美丽课程"项目：开发与实施学校校本课程

立足学校办学优势，充分发挥美育对创新素养培育的推进作用，将学校涵盖艺术、体育、科技、德育领域的校本课程进行复盘与开发，扩大学校特色课程的疆域，构建各具特色且能丰富学生的学习经历、促进小学生个性发展的校本特色课程，以助推学生的创新人格、创新思维和创新能力发展。

3）"美丽环境"项目：创建多元多层次的学习空间

立足数字化转型的时代要求，持续拓展、拓深学校数字化赋能的空间领域，以"魔法空间"综合学习空间创建为载体，对传统学习空间进行智能化打造，为学生创设生活化、沉浸式的学习场景。此外，开展"艺术工作坊"和"校园文化苑"的多层次空间打造与升级，展现学校艺术教育办学特色以及"美丽课程"实施成效，为激发学生学习内驱、提高创新实践能力创构载体。

第二章

生长的力量

美育特色项目的
校本化实践路径

春天，是生命的序章，种子播下，承载着生长的希望。在温暖的阳光照耀下，它们破土而出，生根发芽，展现勃勃生机。每一颗种子都是对美好未来的向往，它们与春天一同谱写出一曲曲生命的赞歌。

七色花小学美育特色项目的建设，亦如这生机勃勃的春天。它充满活力，蕴藏着巨大的生长潜力和创造力。学校紧紧把握创新素养的核心目标，积极探寻"美丽课堂""美丽课程""美丽环境"的校本化实践新路径；依托本土深厚的文化底蕴和生长力量，精心呵护并唤醒学生内心深处的创新种子，让它们以更加绚丽的色彩和更加丰富的内涵，绽放出蓬勃的生机和无穷的魅力。

第一节

花园撷美

"美丽课堂"里的舒枝展叶

课堂教学作为学校教育的核心,始终受到学校的高度重视。为了不断地提升教学实效性,学校积极探寻与本校办学实际及学生特点相结合的教学方式,努力构建具有鲜明学校特色的课堂模式,并逐步形成独特的课堂文化。这始终是七色花小学课堂教学研究的重中之重。

自从"美丽课堂"被确立为学校以创新素养为目标的课程改革研究的关键项目之后,项目组对学校在"美丽课堂"方面的实践基础进行了深入反思,并对创新素养目标导向下"美丽课堂"应有的改革愿景和价值意义进行了全面的探索和思考。

学校作为艺术教育的特色学校,有着良好的艺术文化积淀。多年来,项目组从艺术教育的本质内涵和实际效应着手,通过观摩优质的艺术课,以及网上论坛、课例解析、案例分析等活动,组织教师一起积极探索艺术教育的精髓,解析艺术教育的规律,研究如何充分发挥学校的办学特色和学生特点,通过科学合理地运用艺术教育规律,将艺术教育之"美"融入基础型课程及其教学中,从而提高各学科教学的有效性。

为了进一步凸显"七色花"办学的特色和"美丽课堂"的核心理念,使这一理念具象化、可操作化,学校组织教师团队精心研制了"七色花'美丽课堂'

评价指标"。这一指标体系旨在形成一套全面、客观、科学的课堂教学评价表，作为教师备课、听课、评课的重要参考。在开放课堂活动中，学校也鼓励家长带着这份评价表走进课堂，亲身体验、评价教学成果，以期通过家长和教师的共同努力，使课堂的形态不断革新，更加贴近教育本质，更加符合学生成长的需求。

近年来，我国的教育理念发生了显著的变化，对学生的全面发展，特别是创新能力的培养，给予了前所未有的重视。基础教育课堂教学的发展趋势日益与创新素养紧密结合，并在实践中得到了充分体现。

在教学内容上，越来越多的学校开始注重跨学科学习，强调知识的整合与综合运用。这种教学模式既有助于学生构建更为完整的知识体系，还能促进他们从不同的角度思考问题，激发创新思维。

在教学过程上，教师们更加注重实践性和创新性。教师通过设计丰富多样的实践活动，让学生在亲身体验中学习和探索，从而培养他们的实践能力和创新精神。这种教学方式使得学习不再局限于书本知识，而是更加贴近现实生活，更具挑战性和趣味性。

此外，信息化技术手段的广泛应用也为教学方式带来了革命性的变化。通过运用多媒体教学、在线学习、虚拟现实等先进技术，教师们能够为学生创造更加生动、直观的学习环境，使教学方式更加多样化和个性化。这既提高了学生的学习兴趣和积极性，还有助于培养他们的自主学习能力和信息素养。

与此同时，国内外众多学校已开始积极探索在学科教学中融入各种美育教学策略，以培育并促进学生创新素养发展。通过深入研究，我们发现美育具有具体而生动的形象性，能够感染和传导情感的动情性，使得美育对学生的影响尤为真实、直接且易于被接纳。美育所具备潜移默化的教育功能，是其他教育方式无法替代的。其丰富的内容、灵活的形式，以及群体活动和开放的场景设置，都极大地促进了学生学习积极性的提升与情绪状态的调动，进而有效激发学生的创新动机。

综合上述分析，项目组认为，"创新素养"在学校以"美"为载体的课堂建设中具有生长的必要性和可能性，前期"美丽课堂"研究所积累的经验，为课堂转型变革奠定了良好的实践基础。当创新素养培育目标融入"美丽课堂"之中，结合新一轮基础教育课程改革的要求，美育对学生创新素养的促进作用将更加充分发挥，"美丽课堂"的内涵特征将在美育和创新的融合、理性和感性的对话、实践与智慧的契合中进一步得以凝练和深化。在这样的课堂中，学生的学习方式将发生一系列真实的转变，这些转变将真正促进每一位学生的生命成长。

一、众说纷纭：学生们期待的"美丽课堂"

正如现代课程理论之父泰勒所言，教育的本质在于改变人的行为。课堂教学作为教育的核心环节，其终极目标应聚焦于满足学生的发展需求和激发他们的学习兴趣。课堂不仅是知识传递的场所，更应是学生全面发展的沃土。因此，洞悉学生的期望与需求对于引领课堂变革具有举足轻重的意义。

为了深刻理解学生的内心诉求，我们通过访谈、论坛探讨以及问卷调查等多重途径，尝试描绘出学生心目中的"美丽课堂"。我们渴望了解，当学生创新素养培育成为课堂变革的核心愿景时，何种教学方式和课堂形态最能激发学生的热情，最有利于培养他们的创新精神与能力。

经过与学生的深入交流，项目组收集到了丰富多样的反馈。每位学生都拥有自己独特的见解和憧憬,这些宝贵的意见提供了实证数据,揭示了学生们可能的发展路径以及课堂改革应遵循的方向。

1. 畅所欲言话课堂

在与一、二年级的孩子们进行面对面交流的过程中,他们无拘无束的表达,为我们生动地描绘了他们心中的"美丽课堂"形象(见表2-1)。

在一年级小朋友的描述中,"美丽课堂"是充满欢乐与自由的乐园。他们喜欢那种轻松愉快的学习氛围,能够自由地表达自己的想法和感受。同时,他们也喜欢动手、动脑,用各种感官去探索这个奇妙的世界,体验其中的乐趣。此外,他们还钟爱那些充满表演元素的课堂,因为在这样的课堂中他们可以尽情地展现自己的想象和创意。

而二年级的孩子们则将"美丽课堂"想象成一场寻宝之旅。他们认为,课堂应该像探险一样充满惊喜和刺激,学校的每个角落都应该藏着知识的宝藏。同时,他们也期待课堂能够充满乐趣和互动,让学习变得更加有趣和生动。在这样的课堂上,他们可以畅所欲言,与老师共同探索问题的答案,享受解决问题的快乐。

表2-1 一、二年级小花眼里的"美丽课堂"

一年级	小沙同学:我期待上课时能有轻松愉快的氛围,这样我就能大胆地表达自己的想法、感受内心的喜悦。 小薛同学:我喜欢的课堂应该是自然课堂的样子,在课上我可以摸小鱼、养蚕宝宝、品尝美味的食品,还可以做实验呢!想想都让我兴奋。 小何同学:我喜欢充满表演的课堂,因为我们可以把自己的感受通过表演表达出来。

立美育人 花开斑斓

一年级	小苑同学：我向往的课堂是彩色的，像童话世界一样，老师用有趣的故事教我们学习，每次上课都像探险那样新鲜有趣！ 小唐同学：我心目中美的课堂就像乐园一样，老师像朋友一样教我们，每天都有新发现，好开心，好期待！ ……
二年级	小贝同学：我期待"寻宝之旅"一样的课堂，课堂不只是在教室，学校的每个角落都能找到知识的宝藏。 小汪同学：我心目中的美丽课堂充满乐趣和互动，我喜欢和朋友们一起完成老师布置的挑战任务，那样很刺激。 小天同学：每当老师允许我自由表达自己的想法时，就感到非常开心，因为我的想法还能让其他同学产生更多新的想法。我喜欢金点子不时冒出来的感觉。 小越同学：我渴望美的课堂，那是充满趣味和活力的地方，老师用生动的例子和形象的比喻帮助我们理解复杂的知识，让我们在快乐中成长。 小佳同学：我渴望的课堂，应该就像是一个五彩斑斓的梦境，充满了知识和乐趣。我和我的同学们都是好朋友，我们一起学习，一起分享，一起成长。有时候我们会为了一个小小的问题争论不休，但更多的时候，我们是一起合作，一起解决问题。 ……

在这次交流中，我们明显觉察到低年级学生对"理想课堂"的憧憬是多样且独特的。他们向往一个既轻松又富有启发性的课堂环境，这样的课堂能激发他们的好奇心和创造力；同时，他们也期待课堂中充满欢声笑语和积极的互动，使学习过程更加引人入胜。作为教育工作者，我们应当珍视并回应学生的这些憧憬，为他们打造一个既充满魅力又成效显著的学习场所，使他们的学习之旅不仅富有成果，还充满欢乐与成长。

2. 各抒己见谈课堂

我们发现三、四年级的孩子们已经能够清晰地表达自己的想法和见解，因此特地为他们组织了一次别开生面的"圆桌论坛"活动，以提供轻松自由的氛围，让他们畅谈自己的看法和感受。在论坛开始时，教师温和地引导了话题："同学们，每天我们都在这七色花的'美丽课堂'中相聚，共度学习的快乐时光。那么，今天，我希望大家能畅所欲言，告诉我你们心目中的'美丽课堂'是什么样的呢？"

小语（四年级学生）："我觉得美丽的课堂应该是充满乐趣和活力的地方。"

教师："乐趣？活力？能具体说说吗？"

小语："当然可以。我觉得老师应该很有激情，能够用生动有趣的方式传授知识。这样的话，我们就可以在轻松愉快的氛围中学习新知识了。"

小夏："对，我也喜欢有趣的老师。那活力又是什么意思呢？"

小语："活力就是课堂上大家都要积极参与，互相交流。老师会鼓励我们提问，发表自己的看法，这样我们就能更深入地理解知识了。"

教师："哦，我明白了。除了这些外，你们觉得美丽课堂还应具备哪些特点呢？"

果果："我觉得课堂应该是个充满创意和创新的地方。老师可以组织一些有趣的活动，让我们在实践中学习，比如做实验、制作手工艺品等。这样不仅能培养我们的动手能力，还能激发我们的创造力。"

浩浩："听起来真的很棒！我还觉得，美丽的课堂应该是尊重每个人的地方，无论我们的想法如何，都能得到老师的鼓励和支持。"

睿睿："没错，尊重每个人很重要。除外，老师还应该关心我们的成长，及时给予我们帮助和指导。这样的话，我们就会更有信心面对学习中的挑战了。"

教师："嗯，你们心目中的美丽课堂真的很美好呢！希望我们大家一起努力，把我们心目中的美丽课堂变成现实。"

在论坛结束时，孩子们脸上洋溢着笑容和期待。他们期待的"美丽课堂"是充满活力、乐趣和创新的地方。他们希望看到激情四溢的老师，以富有趣味和启发性的方式传授知识，使课堂变得生动活泼。在这样的课堂里，孩子们可以在笑声和互动中享受学习的乐趣，同时培养想象力和创造力。

此外，尊重与关怀也是孩子们所看重的。他们希望自己的意见得到重视和鼓励，从而建立自信。他们期待老师不仅是知识的传递者，更是成长路上的指导者和朋友。在遇到困难时，老师能够及时给予帮助和支持。

因此，三、四年级孩子们心目中的"美丽课堂"不仅是一个学习的场所，而且是一个充满爱与关怀的成长空间。这样的课堂能够激发他们的学习热情，帮助他们建立自信，塑造健康的人格，为他们的未来奠定坚实的基础。

3. 深思熟虑论课堂

为了深入了解五年级学生对于"美丽课堂"的看法和期望，项目组设计并开展了一次问卷调查。问卷主要涵盖了教学风格及内容、教学方法、教师角色、学生参与和评价5个方面，以全面捕捉学生对理想课堂的期望和定义。经过细致的数据收集和分析，五年级学生心目中的"美丽课堂"形态具体呈现如图2-1所示。

在问卷调查中，五年级学生选择"美丽课堂"特色构成要素时（见图2-1），表现出对亲切有趣的教学风格（80%）与和谐融洽的课堂氛围（65%）的高度需

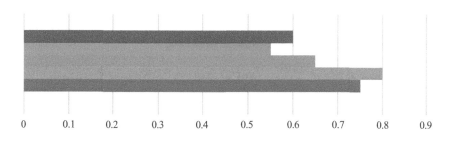

■ E. 学习资源充足先进
■ D. 同学间互助合作
■ C. 课堂氛围和谐融洽
■ B. 老师教学风格亲切有趣
■ A. 教学内容丰富多样
■ 问题一：您认为什么因素最能构成"美丽课堂"的特色？（多选）

图2-1 "美丽课堂"必备的要素

求，体现了他们更倾向在轻松、愉快且互动良好的环境中学习。同时，他们也强调教学内容应该丰富多样（75%），学习资源要充足且先进（60%），表明学生期望课堂能提供多样化和前沿的学习内容。尽管同学间的互助合作（55%）相较于其他因素稍低，但也被认为是重要的。

综上，有趣的教学风格、和谐的课堂氛围、丰富的教学内容、充足的学习资源和同伴间的互助合作是构成五年级学生心中"美丽课堂"的必备要素。

五年级学生对结合现代技术和互动讨论的学习方式表现了浓厚的兴趣。他们最喜欢的教学方法包括多媒体辅助教学（40%）和互动式讨论（35%），同时实验或实践活动（30%）也备受青睐（见图2-2）。这表明学生倾向通过现代技术手段和实际操作来增强学习效果和掌握知识。作为教师，应充分利用这些教学方法激发学生的学习热情和主动性。

五年级学生最期望老师扮演的角色是学习的引导者和情感的支持者（见图2-3）。他们希望老师能引导他们探索知识，理清思路，并在学习过程中给予情

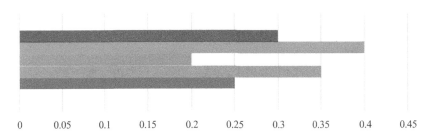

- ■ E. 实验或实践活动
- ■ D. 多媒体辅助教学
- ■ C. 小组合作探究
- ■ B. 互动式讨论
- ■ A. 讲授式教学
- ■ 问题二：在课堂上，您更喜欢老师使用哪种教学方法？（多选）

图2-2　受青睐的课堂学习方式

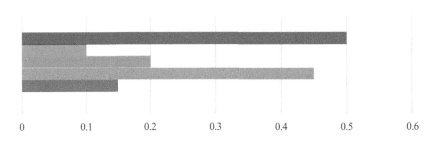

- ■ E. 情感的支持者
- ■ D. 课堂的管理者
- ■ C. 问题的解决者
- ■ B. 学习的引导者
- ■ A. 知识的传递者
- ■ 问题三：在"美丽课堂"中，您期望老师扮演什么角色？（多选）

图2-3　期待教师扮演的角色

感上的关怀和支持。相比之下，传统的知识传递者和课堂管理者的角色在学生心中就显得不那么重要，显示学生期待老师能在教育和情感上发挥更积极、更全面的作用。

大多数学生表示他们有很多或较多的机会表达自己的想法和观点（见图2-4），表明在当前的课堂环境中，学生有一定的参与度和话语权。

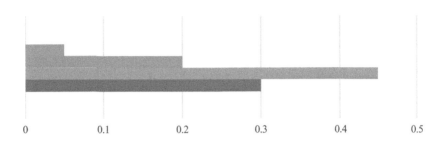

■ E. 从没有机会
■ D. 很少有机会
■ C. 有一些机会
■ B. 有较多机会
■ A. 总是有很多机会
■ 问题四：在您的课堂上，您通常有多少机会表达自己的想法和观点？（单选）

图2-4　表达想法和观点的机会

在课堂评价方面，学生普遍认为"美丽课堂"的评价应重视学生的课堂参与度和团队合作表现。具体来说，65%学生倾向将课堂参与度作为评价指标，这体现了他们对积极参与课堂讨论的重视。同时，45%学生选择了团队合作表现作为评价指标，凸显他们对团结合作、共同完成任务的期待。此外，50%学生选择以考试成绩作为课堂评价指标（见图2-5），说明在五年级学生的观念中，学习成绩同样受到重视。学生的观念既体现了他们对全面发展的追求，也表达了他们对教育评价体系多元化和人性化的需求。

综合考虑，从低年级到高年级，学生对于"美丽课堂"的期待呈现不同的特点。低年级学生更注重课堂氛围的轻松有趣以及实践性和角色扮演的机会；中年级学生则开始关注教师的授课风格和课堂内容的丰富性，希望在课堂上能够

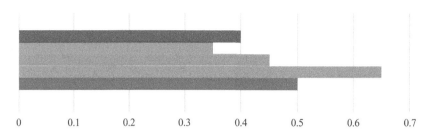

- E. 自主学习能力
- D. 创意思维能力
- C. 团队合作表现
- B. 课堂参与度
- A. 考试成绩
- 问题五：您认为如何评价学生在"美丽课堂"中的表现更为合适？（多选）

图2-5　评价学生表现的方式

表达自己的观点并得到关注；而高年级学生则更加重视教学方法的多样性和教师角色的引导性，期望在探究学习中得到情感支持和引导。

总体上，学生普遍期望课堂充满乐趣、互动和探索的元素，能够在愉快的氛围中全面发展。作为教师，应当积极倾听学生的声音，关注他们的需求和兴趣点，创造充满活力、乐趣且民主的课堂环境。通过提供多样化的教学方法和情感支持，让学生享受学习过程，充分展现他们的潜力，并在创新素养培养下不断地成长和进步。

二、众人拾柴：塑造"美丽课堂"全新样态

在深入倾听学生的声音并仔细分析他们的需求后，我们倍感欣慰。在当前的教育背景下，学校学生展现了许多积极的特质：他们思维敏捷、充满灵性、个性鲜明，且对课堂抱有无限的期待与憧憬。通过对学生的深入了解和高度关

注,让我们更加清晰地认识到课堂转型的紧迫性和内在需求,也促使我们更加积极地寻求创新,以满足学生的个性化需求,并促进他们创新素养的全面发展。

于是,我们着手寻求行之有效的破解之策,以塑造一个全新的课堂形态。各学科教师也达成共识,为了实现课堂塑型这一目标,必须从多个维度进行深入的改革与探索,包括改变教师传统的授课方式,丰富课堂的教学内容与形式。

通过学校教研平台,我们精心策划并实施了以创新素养为核心的"美丽课堂"主题系列研究。在这项研究中,各学科组紧密围绕课堂教与学方式的革新,以培育学生的创新人格、创新思维和创新能力为关键目标,深入探索与学生创新素养紧密相关的思维方式和行为倾向,不断地梳理并总结实施"美丽课堂"的有效策略,并逐步清晰,形成了融合创新素养培育的"美丽课堂"新样态。

经过多轮的实践与探索,七色花小学的"美丽课堂"已经初步提炼出五大核心特征:氛围宽松、生动有趣、多感官参与、自主探究和有效联结。这些特征既体现了课堂的创新性,也确保了学生在学习过程中的积极参与和深度体验。

为了帮助教师更好地理解和实施"美丽课堂",我们研发了教学支架,旨在指导教师优化教学目标和内容,形成灵活多样的教学策略,从根本上,为唤醒学生的创新意识,激活学生的创新思维提供了无限的可能。

1. 涵育创新素养,厘清"美丽课堂"特征要素

在前期文献研究中,项目研究小组留意到孵化式教学模型(the Torrance Incubation Model, TIM),它是由被誉为美国"创造力之父"的著名心理学家托兰斯创立,适用于天赋儿童和普通儿童的创新教育教学模式。该模型包括"提高预期、深化期望、持续下去"三个交互而有序的阶段,每个阶段都包含一个策略目录,通过利用儿童的好奇心,激发他们深入思考所学知识,让儿童通过提问

和科学研究的方式钻研所学内容,最终达到运用知识的目的。

该模型的三个阶段各具特色且相互衔接,旨在全面提升学生的学习体验与成效。在提高预期阶段,首要任务是激发学生对即将学习的内容产生浓厚兴趣与高度期待。通过设计多样化的趣味活动,有效吸引学生的注意力,激发他们的好奇心与求知欲。同时,设定明确的学习目标,让学生明白学习的方向与价值,从而增强他们内在的学习动机。这一阶段为后续的知识学习奠定了良好的情感与认知基础。在深化期望阶段,在于引导学生深入探索学习内容,促进深度学习与思考。鼓励学生学习不要停留在表面信息的获取上,而是要通过反复思考、多角度分析、运用多种感官体验(如视觉、听觉、触觉等)以及直接与学习材料互动的方式,以深化对知识的理解与掌握。在持续下去阶段,要通过各种手段引导学生将所学的知识和方法应用于课堂之外的生活中去,解决实际问题。

TIM作为一个良好的策略模型得到了广泛的运用,也为学校构建"美丽课堂"形成了较好的蓝本。对接已有的美育特色,关联创新素养培育的9个关键要素,项目组从课堂文化、课堂教学方式等角度,逐步厘清了"美丽课堂"的五个关键特征。而这些特征之间并非相互独立、各自为政,而是相互联系、相互作用,均以创新素养培育目标为导向,着力形成"美丽课堂"。

特征一:氛围宽松

根据孵化式教学模型第一阶段(提高预期阶段)中提出的"注重激起学生的好奇心和求知欲、提高学生的动机"相关策略要点,同时对接"好奇、发散思维、问题解决"等培育目标,我们将"宽松氛围"作为创新视角下"美丽课堂"的首要特征。

从审美心理学层面来看,情感是审美活动中最重要的心理因素;在教学过程中,通过对情感因素的充分重视和有效调动,最大限度地发挥情感因素的积极作用,能使学生获得深刻而持久的快乐和满足。具体到课堂教学问题上,学校需要营造一个宽松、和谐、民主的学习氛围,鼓励学生发表不同意见,尊重他们的个性,同时也要引导学生正确看待失败,鼓励他们勇于尝试和探索。让学生能够在这样的氛围中充分发挥自己的想象力和创造力。

特征二：生动有趣

学校在研究初始阶段开展的学生创新能力发展问卷调查[①]显示,在实际生活中,"课堂生动有趣"是学生们喜爱某一学科最主要的原因(见图2-6)。

孵化式教学模型第一阶段(提高预期阶段)中提出"需要通过各种各样的趣味活动来吸引学生的注意,这对于之后的知识学习十分重要。"据此,对接"好奇、形象思维、发散思维"等培育目标要素,我们认为,"趣味性"应成为"美丽课堂"的内在特征之一:课堂教学生活应该是富于变化且充满情趣。在教学过程中我们可以通过吸收多种艺术表现形式,如分组比赛、游戏、表演、手工制作、操作等为我所用的思路,着力增加学生对课堂之"趣"的体验,充分激发学生的想象,活跃学生的思维,激起学生对课堂全程参与和全情投入的热情。

特征三：多感官参与

从创新素养发展的年段特点来看,小学生的思维阶段以形象思维为主,并由形象思维逐步过渡到抽象逻辑思维。他们好奇心强,对动态的、可自己动手操作的学习内容或学习方式倍感兴趣。法国诗人波德莱尔提出的"通感理论",形象地指出了一切感觉都是相通的,不同感觉之间在交相呼应、相互影响,甚至一种刺激还能同时激起多种感官的不同感知。这种感官挪移融通的作用,构成了人们认知事物的心理和生理基础。

---

① 该问卷调查的时间为2020年10月,在三至五年级中各抽两个班级学生进行问卷。

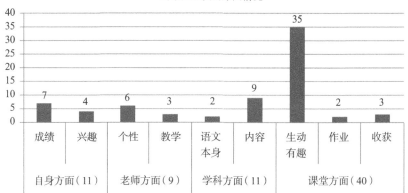

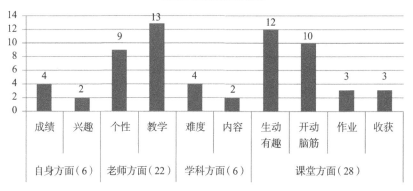

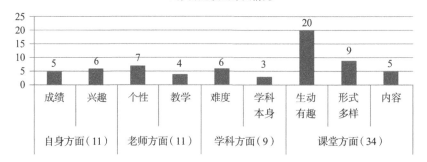

图2-6　学生喜欢各学科的原因及分布

因此，我们认为，可以依据孵化式教学模型深化期望阶段的理论要点，在美丽课堂的教学方式转型上，着力引导学生调动多种感官，运用丰富表征、具身认知等多种方式与手段，通过与材料接触等方式观察并处理信息，帮助学生精炼不同感觉之间的通道，触动学生丰富的感受与体验，使一些抽象的、难以理解的知识，通过丰富的感官体验、动作操练等变得具体化、形象化，同时保障学生有充分的时间开展自主学习，学会自我挑战，这是契合"好奇、自主、形象思维、问题解决"等素养培育目标，促进学生主动参与，提升学习效能的有效方式。

特征四：自主探究

安德森修订的布卢姆教育目标分类学是针对探究学习提出的，认为：教学行为要特别关注高阶思维品质，引导、鼓励学生主动探究，提出具有挑战性的问题，并对此做出猜想、操作验证和解答。而美育其实是"另一种思维"教育，主要体现在思维的探究和发现过程中，讲究思维的主动建构性、个性化和开放性。可见，强调学习的自主性和探究性，是创新素养培养与美育的共同导向。

而在孵化式教学模型的深化期望阶段，安德森也指出，需要通过鼓励学生深度思考、运用多种方式观察、处理信息并发现问题，使学生将自己沉浸于活动之中。据此，我们结合培育目标，将"自主探究"作为"美丽课堂"又一特征要素。在课堂教学中，通过准确捕捉、筛选、整合信息，积极引发与推动学生去探究与发现，激发他们的兴趣，并产生情感共鸣，进而更快、更好地解决问题，生成开放、灵活的思维。

特征五：有效联结

美国学者埃德加·戴尔在1946年提出了"学习金字塔"理论，采用数字形式对不同的学习方式所达到的学习效率进行了研究。金字塔的顶层表示以知识灌输的方式,学生的学习效率只有5%;运用阅读方式,以声音或图片,再通过示范或演示的方式学习,学生的学习效率也仅为30%;运用小组讨论的方式学习,学生的学习效率可以达到50%;而金字塔的最低层表示,通过实践或者教会别人的方式学习,学生的学习效率可以达到90%以上。从"学习金字塔"理论不难看出,照本宣科、单向灌输的学习方式显然不及体验式的学习方式所产生的效果。而结合孵化式教学模型"阶段三"中指出的"持续下去"的要义,即"要通过各种手段引导学生将所学的知识和方法引用于课堂之外的生活中去",对于优化学习方式有着直接的指导意义。

故而,我们认为若从"问题解决、同伴合作、创意物化"等目标要素出发,教师应引导学生将学习与自己的生活经验关联,帮助学生养成倾听的习惯,经常开展互动性的讨论和促进性的交流;在课堂时空中,注重向学生的生活领域和社会活动领域进行多样化延伸,注重采用调查、研讨、展示等多样方式让学生亲历和体验活动过程,以提高他们综合运用知识解决实际问题的能力。

2. 对应创新目标,研发"美丽课堂"教学支架

教师在开展指向创新素养的课堂教学设计与实施时,特别要积极关注如何促发学生学习方式转型,面对新的课堂内涵指向,是需要相关工具支撑的。

华东师范大学崔允漷教授与浙江余杭高级中学的老师们一起建构的课堂观察框架,即是一个卓有成效的促进教师教育行为改善的工具。他们将课堂分解为学生学习(learning)、教师教学(instruction)、课程性质(curriculum)、课堂文化(culture)4个维度,每个维度下分5个视角,每个视角又由若干观察点组成,业界称为LICC范式。

在厘清"美丽课堂"核心特征要素的基础上,项目组基于LICC范式研发

了两个适用于"美丽课堂"的教学支架：一个是将上述5个"美丽课堂"核心特征进行细化描述形成"课堂观察量表"，通过观察，及时发现课堂教学中存在的问题，并提出优化建议，以促进师生教与学方式的转变；另一个是教学设计支架——研学表，引导教师在教学设计之初便将"美丽课堂"五大特征融入其中，并在各环节予以细化，积极助力学生转变学习方式。

支架一："美丽课堂观察量表"

项目组试图以LICC观察框架为蓝本，结合学校"美丽课堂"的内涵与特征，在原来的基础上进行了维度调整和构建，形成校本特色的课堂观察工具，以优化教师教学行为改进，促进学生创新素养达成。

1）观察维度分类及观察视角选定

LICC范式中一级观察维度是：学生学习、教师教学、课堂性质、课程文化，随后从这4个方面细分观察视角。原有的范式概括了课堂教学的方方面面，故需结合项目组的研究主题和学校实际情况进行调整。为此，结合创新素养培育九大关键要素，对标美丽课堂的"氛围宽松、生动有趣、多感官参与、自主探究、有效联结"五大特征，项目组将"美丽课堂"的观察重点放在：学生学习、教师教学和课堂文化三个方面，并选取那些外显创新素养培育中最重要、最典型的方面作为二级指标。

学生学习维度：教学的核心聚焦于学生，学生自主学习能力的培养以及积极主动性的发挥，将直接决定创新思维和创新能力培育目标的实现。因此教师应该重视学生的主体地位，以转变学习方式为出发点，关注以"主动参与、乐于探究、交流合作"为特征的学习方式开展情况。故项目组主要以学生在课堂上的"互动""自主"表现为观察视角。

教师教学维度：教师是课堂的引导者，其教学行为与教学能力对学生学习效果的影响至关重要。在优化课堂教学形式的过程中,教师如何促进学生的学习态度积极转变,从被动的知识接受者转变为主动的知识探索者,并推动学生从单一的学习方式向多元化、综合性的学习模式过渡,是教师教学行为变革的核心任务。因此,项目组针对教师主要教学行为,将观察视角聚焦在"呈示"和"对话"上。

课堂文化维度:主要指观察者深入实际课堂时所体验到的独特氛围,是一个涵盖多元要素的复杂观测领域。其核心在于营造一种宽松且民主的课堂文化环境,这样的环境能帮助学生形成和发展"心理安全"和"心理自由",不受批评、没有顾虑,敢于表达、勇于探索,才有可能迸发创造力。为此项目组选取"思考""民主"作为观察视角。

2）设定观察要点

依据上述观察维度的选取与确定,同时结合创新素养培育九大关键要素和"美丽课堂"5个关键特征,项目组设定了"互动、自主、呈示、对话、思考、民主"6个观察视角下的20个具体观察要点,最终确定了"美丽课堂"观察量表(见表2-2、表2-3)。

表2-2　"美丽课堂"观察量表(S)

| 课题: | | 课型: | 课时: |

| 观察时间: | | 观察者: | 被观察者: |

观察维度	观察视角	观　察　点	观察评分
学生学习	互动	1. 能运用所学知识与大家探讨	
		2. 有问题意识,在与同学讨论时提出问题与假设	
		3. 能顺利交流自己的探究成果	

（续表）

观察维度	观察视角	观察点	观察评分
学生学习	互动	4. 能与同学合作完成学习任务	
		5. 能运用所学知识说明生活实际中的问题或现象	
	自主	6. 能在一定的情景或教师的提示下自主学习	
		7. 自主学习时间充裕,形式多样	
		合计(总分)	

表2-3　"美丽课堂"观察量表(Ｔ)

课题：　　　　　　　　　课型：　　　　　　　　　课时：
观察时间：　　　　　　　观察者：　　　　　　　　被观察者：

观察维度	观察视角	观察点	观察评分
教师教学	呈示	8. 是否采用多种方式呈现知识	
		9. 过程中运用多样化的教学方式吸引学生的兴趣	
		10. 能创设适当的问题情景,启发学生多感官参与,让学生有探究的欲望	
	对话	11. 能关联学生已知经验、生活实际设计学习活动	
		12. 能根据学生回答,及时调整教学步骤和方法	
		13. 能根据教学目标,引导学生进行互相评价	
		14. 能针对学生学习的困难点,给予及时点拨指导	
		15. 能提出针对性的建议,引导学生创新表达	

（续表）

观察维度	观察视角	观察点	观察评分
课堂文化	思考	16. 经常设计具有探究性的学习任务,引导学生对问题的深入分析和理解	
		17. 通过激励性评价引导学生积极主动地思考问题	
		18. 积极创设活跃的、轻松的、平等的学习氛围	
	民主	19. 积极营造审美意境,引导学生体悟情感	
		20. 注重情感的共鸣,激发学生的学习兴趣	
合计（总分）			

学生创新素养的培育是一个系统而持续的过程,它要求我们在教育实践中保持全面性与均衡性,既不可顾此失彼,也不可有所偏颇。这一过程需要我们对每一个培养环节和观察点都给予同等的重视与关注,确保学生在创新思维、创新能力、创新精神等多个维度上都能得到均衡发展。所以项目组将两张量表中共计20个观察点的满分都定为5分,最终得分是所有观察点分数的总和,即满分应为100分。具体借用了李克特五级量表的赋分标准,分为"非常符合、符合、一般、基本不符合、完全不符合"5个等级,分别对应5分到1分。

各教研组在开展听评课时,可随堂观察或者借助电子仪器开展记录,并在评课环节紧扣观察数据展开分析,提出改进建议。

支架二:"研学表"

备课,是教学5个环节中至关重要的一环。如何在教师备课的时候,便引导其将创新素养的关键要素融入其中;如何在活动设计及资源配置时,以"美丽课堂"内涵特征为指向;如何引导教师以转变学生学习方式为根本出发点;为此,项目组以LICC范式中的课堂观察,即以"课程性质"维度作为基本框架,研发了专门工具——"研学表",引导教师将美丽课堂的核心特征要素落地、细化。

在研学表的设计过程中,项目组依据创新素养培育目标,以"美丽课堂"5个特征要素为支点,以新颁布的《课程标准》为纲要,强化创新教育视角下的"教—学—评"一体化实践。沿用LICC"课程性质"中"目标、内容、实施、评价、资源"的5个维度,"研学表"确定以"学习目标、学习内容、学习活动、学习评价、学习资源"为5个主要板块,如表2-4所示。

表2-4 "美丽课堂"研学表

"美丽课堂"研学表

课题: 课型: 学年学期: 单元课时: 执教者:

学习目标	学习内容	学习活动	学习评价	学习资源

在具体填写时,主要依循5个板块的要求。

学习目标——以学生为学习主体,围绕课标将传统教学设计中的教学目标转化为可操作、可验证、可落地的学习目标,充分融合创新素养培育的九大关键要素,并用表现性行为来界定学生应该达到的学习结果。

学习内容——在既有的教材中需要根据学情,即基于大单元、大概念、不同主题,以及对标创新素养目标要素设计学习内容,同时对所选择的知识进行情景化处理,贴合学生的生活实际,促使意义学习的产生。

学习活动——引导学生在真实的任务情境中全身心地、充满好奇地开展学习,将知识学习与创新素养培育紧密结合,通过自主、合作、探究等多样的学习方式,激发学生的学习动力和兴趣,促进学生的主动学习和深度思考。

学习评价——运用多元的评价方式,评价活动伴随学习活动,注重评价的激励和导向作用。

学习资源——打破学科壁垒,整合各个学科的资源,预设文本、多媒体、实物等多样的资源,以此丰富多维学习情境,推动创新素养培育的行动实践。

综上所述,"美丽课堂观察量表"与"研学表"这两个教学支架有效融合了学校"美丽课堂"的核心特征要素,为教师的日常教学提供了实用的指导,帮助教师更好地理解"美丽课堂"的核心理念,并将其应用到实际的教学活动中。通过这两个工具,教师可以系统地观察和评估自己的教学实践,以便更好地满足学生的学习需求。这种融合符合学校学科教研的实际需要,为教师在教学实践中成功实施"美丽课堂"提供了具体的方法和步骤。

三、异彩纷呈: 各学科课堂的悄然变革

经过各学科教师的共同协作与深入探索,七色花"美丽课堂"的核心理念和关键要素已日渐清晰,并正在悄然引领各学科课堂的变革。各教研组紧紧围绕课堂教学的核心,积极投入优化教与学行为的实践中。在新颁布的《课程标准》的指引下,教研团队以"美丽课堂"的5个核心特征要素和课堂观察表中的20个观察点为依据,系统梳理教学内容间的逻辑关系,力求在教学设计与实施过程中实现整体性、关联性和进阶性的高度统一。

为了持续精进教学水平,教师们积极地投入多轮备课、听课和评课活动。他们深入反思教学实践,挖掘典型课例的深层价值,并通过再观察、再研究的方式,不断地推动教学质量提升。

尤为重要的是,各教研组以培养学生的创新素养为核心目标,将研究焦点

锁定在学生的学习上。教师运用"美丽课堂"观察表,细致地观察学生的学习状态,详细记录他们在课堂中的表现。课后,教研组依据这些观察数据,结合学生的学习实际,进行深入研讨和教学过程反思。这种基于实证的课堂研究方式,既为教师提供了全面而深入的学生学习状态信息,还促进了他们的日常教学行为改进,为课堂的转型提供了强有力的支持。

目前,各学科教研组已经结合自身的学科特点,有针对性地开展研究与实践。他们在实践中不断地积累典型案例和成功经验,为其他教师提供丰富的参考和借鉴。这种具有学科特色的研究路径,不仅丰富了"美丽课堂"的内涵,而且极大地推动了学校整体教学水平的持续提升。

案例 1

氤氲语文味——让语文课堂有滋有味

有幸走进七色花的语文课堂,你会发现,孩子们有时沉浸在《走月亮》的文本世界,在琅琅读书声中细细品读"啊""呦""哦"的文字味道;有时融入声、光、影多维交织的"魔法空间"中,赏析作者的谋篇布局,感受着《四个太阳》带来的结构之趣;有时在充满诗情画意的春季里,感悟春情,创作诗歌,化身文化的使者。

究竟是什么让七色花的语文课堂如此有滋有味呢?秘密就在于老师们以文本为载体,关联学生已知经验和生活实际,聚焦语言运用、思维能力、审美创造和文化自信,设计并开展多样化的学习活动,落实语文学科核心素养的培育。

一、咀嚼文字的味道,把文言"品"出来

"哈哈哈……"银铃般的笑声回荡在教室里。原来是一年级的小朋友们正

在上《端午粽》。屏幕上一幕幕中国人吃粽子的画面引人入胜。

"外婆包粽子用的箬竹叶、糯米、枣都是什么样的呢？"话音刚落，孩子们便迫不及待地从课文中找起了答案。"老师老师，我知道，箬竹叶是青色的，糯米是白色的，枣是红色的。""我也知道，箬竹叶是青青的，糯米是白白的，枣是红红的。"

"青青的，白白的，红红的，你真棒，谁来读？"孩子们跃跃欲试："箬竹叶更——青了，糯米——更白了，枣子——更红了。"

课堂上一会儿小组读、一会儿男女生对读、一会儿师生合作读，在多种形式的朗读中，孩子们渐渐品味出叠词的秘密：使颜色显得更浓更美了。

品词析句是语文学习的有效途径。课堂上，老师不再是机械的灌输，而是鼓励孩子们在读一读、比一比中，主动探索未知，联系自己的已知经验，品出作者用词的精准和趣味。

"你觉得这只搭船的鸟有哪些特点？"老师的驱动性问题瞬间引出了各组孩子的"头脑风暴"。这是三年级《搭船的鸟》的课堂缩影。在一番兴致勃勃的圈圈画画后，各组争先恐后来到台前汇报。

"你看，你看，这是一只彩色的小鸟。"

"还有呢，羽毛是翠绿的，翅膀是带着一些蓝色的，长嘴是红色的。"

"你们发现了吗，它比鹦鹉还漂亮呢！"

在小组轮流汇报中，大家发现了这是一只色彩丰富的美丽小鸟。

当孩子们还沉浸在成功解答问题的喜悦中时，新的挑战又来了。"除了颜色丰富外，这只搭船的鸟还有什么特点？"在老师的继续追问下，孩子们开始了新一轮的"头脑风暴"。

"我发现，这只翠鸟还是捕鱼高手呢！"只见一位小男孩，来到投屏的文本前,"刷刷刷",不一会儿就圈出"冲、飞、衔、站、吞"5个动词,分享着自己的发现:"你们看,翠鸟捕鱼的动作一气呵成,作者都写出来了。"

"我来补充,翠鸟捕鱼的动作还特别快。"一位小女孩抢答道。只见她在"一会儿、一下子、一口"三个词语上分别画了一个大大的圆圈。

"真是太棒了!"教室里掌声四起。《搭船的鸟》是一篇散文,老师正是联结作者的表达,通过问题驱动,让学生在读读、比比、圈圈、想想等学习活动中,和作者"共语",品出散文的文辞优美,发现作者的观察细致。

二、探寻文学的味道,使文意"悟"出来

什么是语文课的"文学味"?它是文本背后所体现的匠心构思和丰富情感。阅读鉴赏的目的不仅是读懂文本"写了什么",还要认识"怎么写"以及"为何这么写",通过联结作者的构思用意和思想情感,体悟文本背后的文意。

看,三(1)班的师生正热火朝天地讨论着"卖火柴的小女孩的愿望,顺序可以换一换吗?"一个孩子振振有词道:"我觉得不能调换。如果把和奶奶一起飞走了放前面,就表示小女孩已经得到光明和温暖,就不再需要温暖了。"

另一位同学点头附和道:"我也同意不能换。她得先有温暖,才会有后面的快乐时光。"

"小女孩已经冻僵了,如果不先用大火炉给她温暖的话,她可能快死了。"

"这里的幻想,与后面是有关系的,这里幻想得到温暖,后面写到没有寒冷;这里她想得到食物,后面写没有饥饿;这里写圣诞节时,她只能在大雪纷飞时卖火柴,很痛苦,后面写到了没有痛苦的地方。"

"叮铃铃……"此时,铃声与掌声一齐为孩子们的精彩思辨喝彩呢!《卖火柴的小女孩》是一则耳熟能详的童话故事。老师通过组织一次次的讨论活动,让孩子们主动发现作者谋篇布局的精巧。

而在《跳水》的课堂上，五年级的孩子们化身为小侦探，努力抓到把孩子"推向"险境的真凶。看，大家正在分享着自己搜集到的"证据"。

"我们小组认为是水手。因为我们发现水手笑得越欢，孩子就越觉得没面子，把孩子笑到了险境。"

"是猴子把孩子逼入了险境。文中有7处关于猴子的描写。它摘了孩子的帽子，一边往上爬一边逗孩子，最终把孩子气到桅杆顶端的横木上了。"另一小组的孩子马上反驳。

旁边小组的孩子马上反对："不对不对，我们觉得是孩子自己。他控制不住自己的脾气，冲动之下中了水手和猴子的招，把自己逼到了绝境。"

老师不禁竖起了大拇指，夸道："大家分析得都有道理，大作家托尔斯泰就是通过设置重重矛盾来推动小说情节发展的。"孩子们课后不禁感叹："读小说太有意思了！"课堂上，学生是阅读者，更是思考者。在层层分析推理中，孩子们发现了小说家独具匠心的构思和用意。

语文课不再是简单的了解文本内容，而是通过联结文本，让学生有所"感"，又联结作者的写作意图，让学生有所"悟"。学生们也在思辨讨论、合作探究的个性化阅读中，抽丝剥茧地将作者隐藏起来的文意主旨、作品的思想内涵和文学价值体悟出来。

三、传播文化的味道，让文心"亮"出来

在语文学习中，学生的思维能力、审美创造、文化自信都以语言运用为基础。学校组织学生开展"摩天轮"阅读综合实践活动，在迁移运用中，传播文化味道，树立文化自信。

"沐书苑"里，低年级的孩子们正三五成群地填写着阅读记录卡，从《古希腊神话》《中国古代神话故事》到《山海经》，经历着天马行空的想象。高年级的孩子们围坐一圈,在"邂逅神话"的读书分享会中用思维导图的方式交流着自己的阅读感受。

看,教室这头,同学们正各显神通,绘制着盘古、夸父、普罗米修斯等神话人物卡。拿起一看,发现其中还大有乾坤呢。卡上不仅有人物简介,还赋予了人物贡献值和神力值。一下课,大家像献宝似地纷纷拿出手中的卡牌,玩起了"中外神话人物PK赛"。耳边回荡着欢声笑语,热闹非凡……课堂内外,大家化身为文化使者,让更多人感受到神话的无限精彩。

多样化的语文实践活动联结了文本与生活,拓展了学生的学习空间。从学语言到用语言,孩子们不仅体验到了学习的乐趣,还涵养了自身的文化气度。

一堂好的语文课是怎样的? 难道仅仅是教课文,把识字写字、阅读鉴赏、交流表达割裂开来吗? 不是。好的语文课应该是"文字""文学""文化"的翩翩起舞; 是在文本、读者和生活之间架起联结的桥梁。七色花的语文老师们通过让孩子们经历品味文言、理解文意、润泽文心的学习活动,落实语文学科核心素养的培育。这就是七色花语文课堂充满滋味的秘密。

撰稿: 费妮娜

案例 2

"玩转"数学

如果要问七色花小学数学课堂的魅力何在? 那一定是孩子们在课堂里玩玩转转,在多维互动的情境中解释实际生活中的问题与现象。

走进七色花的数学课堂，你会发现：孩子们或摸、数、拆，沉浸在长方体和正方体"点、棱、面"的世界中；或跟着老师穿梭于"时间隧道"，饶有兴致地探究着数学城堡内的无限奥秘；或走近真实情境的各类数学问题，在大胆猜想、多维思考、完整表达中一次次迸发创新思维……不妨跟随我一起走进孩子们的课堂，亲自去感受吧！

一、"玩"出几何规律

当镜头聚焦到二（1）班的数学课堂，眼前浮现的是老师正切着土豆的画面，一刀、两刀、三刀……随后，她把切好的土豆分给了每个小组。孩子们在组内传递，触摸着被切成方方正正的土豆。土豆也可以进入数学课堂，它会给数学课堂带来怎样的惊喜呢？当我走近细细观察，小心询问，才知道原来孩子们是在用稚嫩的小手触摸土豆上"平平的面""直直的线"和"尖尖的点"。明白了！土豆是让孩子们感受长（正）方体的面、棱与顶点的生动教具！

"那么，长（正）方体面、棱、顶点的数量是多少？它们所有的面/棱都相等或不都相等？"老师的话音刚落，孩子们便化身小小探究员，通过拆解长（正）方体模型来验证自己的猜想。瞧！他们分工合作着，有的通过数来验证面的数量，"上下前后左右地数，长（正）方体有6个面"；有的借助"重叠"的方法来探究面的大小，"把正方体的面重合在一起，我们发现所有的面都相等"；还有的尝试着以"有序分类"的方法来探究棱的特征，"长方体的棱可以分成3类，有的相等、有的不相等"……

就这样，孩子们在"玩"土豆、"拆"模型等活动中碰撞思维，探索出几何规律。瞧，他们还数起了教室里长（正）方体装饰物的面、棱、顶点呢，联结生活的数学课堂可以这样有趣又好玩！

二、"转"得时间奥秘

有幸走进过三年级《年 月 日》的课堂。惊叹于教师的智慧：竟然能将1949年新中国成立、1997年香港回归、1999年澳门回归、2008年北京奥运会、2010年上海世博会等重要时刻以"时间隧道"的方式展开。目睹着孩子们尽情地在时间隧道里穿梭、游弋，甚是感慨：孩子们徜徉的是历史长河，脑海里勾转的却是对平年和闰年的无限探知欲啊！

为什么会有"平年"与"闰年"之分呢？当一双双渴求的眼睛凝望之际，老师如魔术师般，让一段神奇的"地球绕太阳公转"的科普小视频霸了屏。出乎意料，视频还没播完，孩子们七嘴八舌开了，教室里瞬时"炸开了锅"：原来每隔4年日历上就要多出将近一天的时间，为了解决这个"余数"，就要在日历上多插入一天，闰年就此产生了。

更有趣的是孩子们在最不起眼的"有余数的除法"数理中，找到了帮助判断是否是闰年的小锦囊："2008年北京奥运会发生在闰年。"一位男孩自豪地说。"我还知道今年（2023年）是平年，再过一年，2024年就是闰年。"另一位男孩抢答道。瞬间，大家化为时间探究员，你来我往，争相回答，课堂热闹极了！

沉浸课堂，孩子们在真实的情境中发现问题、提出问题，并分析、推理，他们相互交流、表达结果。时间的奥秘就在课堂里，就在孩子们数次的游转间得到了答案。

三、翻"转"数形位置

从七色花小学到黄陂南路地铁站之间的距离是多少呢？"老师，我通过观察地图中的标识得出两地的距离可以这样计算：'50+510'或'510+50'，结果都是560 m。"这是四年级数学课堂上的一幕，是孩子们正在用计算解决真实情境中的数学问题。

"老师理解了，50+510＝510+50是吗？""老师，没错！""那么，交换任意两个加数的位置，是否和都不变呢？""我猜是的。"班级里热闹开了，孩子们纷纷表示认同。于是，老师把面积图、集合图、小棒等学具分散摆放，笑眯眯地说："孩子们，大胆开始你们的验证吧！"课堂里，目之所及，都是孩子们三五成群地在一次次"翻转"着数形位置。没过多久，老师的板书也被翻转，似乎在轻声述说：无论是组合图形面积的求和还是整数、分数、小数的计算，都可以满足加法交换律。

谁知孩子们还是意犹未尽，他们还奇思妙想地尝试探究乘法、减法和除法中是否存在类似的交换现象，甚至有孩子举出反例：3－2＝1但2－3不等于1；3÷1＝3但1÷3不等于3。他们从多维辩证的视角对交换律本质的理解从模糊走向清晰，深刻体验了合情推理，积累了丰富的活动经验。

就这样，数学课堂在孩子们的"观察—猜想—验证—结论"等互动活动中得到翻转。看见孩子们乐此不疲，甚是欣慰。

四、"玩转"度量世界

"老师有一张长方形纸片，你会选用什么图形铺出它的面积呢？"三年级的孩子们利索地从材料袋中选出各种图形，有圆、三角形、长方形、正方形……他们兴奋地在小组内展开属于自己的数学学习活动，旨在探究长方形与正方形的面积。

小组交流开始了："我发现用圆、三角形都不能铺满！""我也有发现：长方形的长与宽不同，计数单位就不一致，很容易混淆用！"孩子们你一言我一语，最终确认用面积单位为 $1\,cm^2$ 的小正方形平铺做测量工具最合适。

锁定了测量工具，孩子们开始忙碌起来。你会发现：有小组通过"铺满"的方式数出长方形的面积是 15 cm²；有小组通过铺一条宽和一条长得出面积是 15 cm²；还有一组却只用 5 个小正方形铺设就测出了面积，见好多孩子投去了赞赏的目光，他们解释道："只要测量每行小正方形的个数、摆的行数就能得出面积大小。"

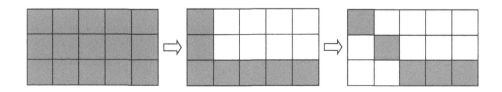

一石激起千层浪，一位学生迫不及待道："只要度量出长和宽有多少厘米，用长×宽就可以算出长方形的面积。"见大家疑惑不解，一位小男孩化身小老师，上台为大家娓娓道来："长是几，一行可以摆几个小正方形；宽是几，就可以摆几行；长与宽相乘就可以算出一共可以摆多少个 1 cm² 的小正方形格！"，他一边说还一边演示，孩子们豁然开朗，情不自禁，掌声雷动！"有了这个方法，计算面积就简便多了，我可以算出数学书封面的面积。"一个女孩兴奋地说。"我可以测算课桌桌面的面积。""我还可以算黑板的面积。"……孩子们滔滔不绝地举例计算，意犹未尽。

虽然度量的是二维的面积，但落脚点回归到了一维的长度度量，孩子们以数辅"形"，在"玩转"中充分感知了度量的一致性。

以上只是七色花小学数学课堂的一个个缩影，小花们在"玩转"的过程中不仅碰撞出思维火花，更激发出潜在的创新火苗。自主探究、猜测验证、多向辩证的数学课堂新样态"种子"正在七色花的沃土中生根发芽，茁壮成长。

撰稿：应杨姣

案例 ③

"语"出英姿——让英语课堂奏响华章

近年来,七色花小学的英语课堂以主题为引领,以语篇为依托,联系学生已知经验和生活实际,将学习理解、应用实践、迁移创新等学习活动融入教学设计中,促进学生语言知识、文化知识、语言技能、学习策略的习得,落实核心素养的培育。

走进课堂,你会发现:孩子们在歌曲演唱、韵文吟诵中,畅游丰富多样的动物世界,欣赏有趣多变的美丽天空;在创意信息卡片、设计思维导图的过程中,探寻世界儿童节之大不同,感受时间的弥足珍贵;在学校综合活动中,争做中华优秀传统文化的宣传员……

让我们一起在精彩的英语课堂奏响七色花"美丽课堂"的华美乐章!

一、"英"韵飞扬

在低年段的英语学习中,歌曲、童谣、韵文、对话等语篇比较丰富。于是,我们尊重学生的认知规律,通过创设有趣的情境,采用多样的学习方式,让学生在不断的体验中习得语言,让"英"韵飞扬!

"There's a tiger in the zoo. There's a tiger in the zoo. There's a tiger in the zoo. La la la la la la la..."听! 一年级的孩子们正沉浸于美妙动听的英语歌曲,快乐地学习Module4 Unit2 *Animals in the zoo*。

"La la la la la la la... Are you happy in the music?"老师问道。"Yes!"孩子们边回答边情不自禁地模仿起来。"What can you find in the song?"老师追问,"Animals!"孩子们异口同声地回答。"Who can be the animal in the song?" "A tiger!" May张大嘴巴，扮起张牙舞爪的老虎；"Monkeys!" Peter和同桌Ben扮起了抓耳挠腮的猴子朋友；"I'm Simba. I'm a lion!" Kevin扮起了电影《狮子王》成为狮子王时的辛巴……

随着悠扬轻快的旋律再次响起，孩子们围成了一个个圈，一边哼唱着琅琅上口的歌，一边惟妙惟肖地开始了歌曲表演唱。走近一听，有些孩子还创编了歌词呢！憨态可掬的熊猫、展翅飞翔的小鸟、甩着长鼻子的大象纷纷加入了这场"音乐派对"！

当英语遇到音乐，单词"tiger, lion, monkey"和句型"There's a ... in the zoo."等语言知识在由浅入深、关联递进、形式多样的语言实践活动中被孩子们习得、应用与创新。

二年级的英语课堂Module4 Unit1 *In the sky*也别样精彩。看！孩子们正在寻找韵文*The sky is fun to watch*的语篇特点呢！只见他们小声读着，神情若有所思。

"我发现每一段的结构都是相同的。""我觉得这篇短文读起来真的很美！""我发现最后一个单词都很像！"……在老师的不断鼓励和启发下，孩子们逐渐解锁韵文的"小秘密"：节奏鲜明、押韵规整、单词和句型复现。

当孩子们再次朗读韵文时，发现他们时而摇头晃脑、时而舞动胳膊、时而摆动身体……天空的明媚之美和静谧之美在孩子们的深情吟诵中被一一展现。

进入尝试改编韵文的环节了：有的孩子用"Look at the sun. It goes up up up. Look at the sun. It goes down down down."表现了太阳的东升西落；有的孩子用"Look at the moon. Sometimes it's like a ball. Look at the moon. Sometimes it's like a boat."赞美了月亮的阴晴圆缺；有的孩子用"Look at the stars. They are twinkling. Look at the stars. They are shining."描绘了夜晚的星光闪烁……

就这样，孩子们在问题的驱动下和实践的感悟中不仅习得了韵文的表达特点，更掌握了"the sky, the moon, the stars"等单词和句型"It is fun to watch."等。

二、"语"韵悠长

步入小学中年级，我们发现，表达语言可以运用多种语篇类型，如介绍类短文、科普类短文、简短书面指令等说明文，有配图故事、童话、寓言等记叙文，还有贺卡、邀请函、活动安排等应用文……

那么，老师们又是如何在中年级的英语课堂通过关联学生已知经验和实际生活，设计多样的学习实践活动，来帮助他们探寻语言之韵的呢？

在三年级Module4 Unit2 *Children's Day* 的课堂中，老师化身导游，用视频为孩子们开启各国儿童节的探秘之旅。"How many countries do you see in the video?"话音刚落，孩子们细数起来。"Yes, seven! What're they？"孩子们兴奋地抢答，"Thailand.""Japan.""The UK."……

随即，老师又化身魔法师，拿出介绍各国儿童节的口袋绘本分发给各个小组，鼓励孩子们自选两个国家的儿童节文本进行阅读，并寻找不同文本在表达上的相同之处。不一会儿，耳边传来："They both have the date!""两篇文章都说到了孩子们会干什么""孩子们参加活动时的心情不同"……"When""What""How"三个问题引领的行文布局被孩子们"不经意间"提炼。

最后，老师引导孩子们分组参与制作儿童节信息卡的活动。只见孩子们分工明确，在欢快的音乐声中，有的剪裁花纸材料，有的填写信息卡，有的为信息卡配上插图……一阵忙碌之后，原本被认为最具挑战性的环节成了最让人惊喜的时刻。小组交流开始了：孩子们像是一个个"文化小使者"，不仅大方地展示着制作完成的信息卡,还自信地向大家介绍着各国儿童节习俗。

走进四年级的英语课Module3 Unit2 *Kitty's Friday evening*的课堂,你会惊喜地发现:孩子们正在用时间轴的方式打开Kitty的周五晚上。"What does Kitty do on Friday evening?"在问题的引领下,孩子们漫步于Kitty的时间轴。时而在任务单上圈一圈、写一写5:45、6:30、7:45等时间的正确表达;时而以时间轴为语言支架,大胆地表达Kitty在放学后的生活安排;时而与同伴扮演起Kitty和她的家人,谈论关于时间的安排……孩子们在这样多种形式的学习体验中,感悟着合理管理时间的意义。

"What do you do on Friday evening?"问题一出,教室中沸腾了起来。原来,在教室的屏幕上呈现出一根My Friday evening的新时间轴,孩子们都明白了!于是,他们迫不及待地拿出任务单,设计起了属于自己的时间轴。在小组分享活动中,孩子们激昂的学习兴趣、对生活的无限热爱以及在繁忙的生活中获得快乐的体验让人印象深刻。

三、"语"出精彩

"Can you show us and say about your design about Chinese festivals?"老师话音刚落,五年级的孩子们便将小手高高举起,迫不及待地想要向同学们介绍并展示自己设计的中国传统节日宣传资料。瞧!有的设计了春节的主题小报,有的制作了介绍端午节的书签,有的写了一封信讲述了屈原的故事,还有的编了一首元宵节的儿歌……孩子们用自己喜爱的方式表达着对中国传统文化的理解和喜爱。

为什么要设计关于中国传统节日的宣传资料呢?

原来从2007年起,七色花小学与爱尔兰科克市的学校就已结为姐妹学校,并且一直以来都保持友好的互动和往来。听说爱尔兰学校将举行"中国传统文化周"的活动，他们希望能了解中国的传统节日。在真实任务的驱动下，不只是五年级的孩子，所有七色花的孩子都成了中国文化的"小小宣传员"，用自己喜爱的方式传播中华优秀的传统文化！孩子们在丰富多彩的校园文化活动中，演绎语言的别样精彩！

　　走进一年级的英语课堂，真是热闹非凡！"Happy New Year, happy New Year, happy New Year to you all..."五六个孩子正在表演自己编排的歌曲《新年快乐》，她们时而排成一行深情演唱，时而围成一个圈互送祝福，创意的动作和欢快的演唱让台下的观众们情不自禁地连连鼓掌；走进二年级的英语课堂，孩子们正沉浸在韵文的海洋，只见两个女孩身穿汉服，声情并茂地朗诵韵文 *Happy Happy Mid-autumn Day*，虽然只有短短的6句，但从字里行间能感受到她们的用心与用情；路过三年级的教室，墙上展示着许多传统节日的"创意"信息卡，有的用丰子恺漫画为信息卡配了插图，有的在信息卡上贴上了自己的剪纸作品，还有的在信息卡上书写了一副新年对联……到分享课了，只见孩子们手拿信息卡，一个个用流利的英语介绍着传统节日的日期、习俗和传统食物；四年级的英语课堂更像一个故事汇，孩子们指着自己搭建的充满童趣的思维导图，讲述着关于节日的故事。屈原的故事、年兽的由来、嫦娥的传说等，让同学们听得意犹未尽。

　　悉数七色花小学英语课堂的一个个小镜头，小花们在获取与梳理、概括与整合等学习理解类活动，描述与阐释、分析与判断等应用实践类活动，推理与论证、想象与创造等迁移创新类活动中，发展语言能力、培育文化意识、提升思维品质、提高学习能力，奏响七色花英语课堂的独特乐章！

撰稿：周颖

探秘音乐课堂"境"之美

《义务教育艺术课程标准（2022年版）》明晰：艺术教育主要聚焦审美感知、艺术表现、创意实践、文化理解等核心素养，围绕欣赏、表现、创造和联系4类艺术实践活动，让学生感受美、欣赏美、表现美、创造美。

七色花小学是一所以艺术教育为特色的学校。站在新的起点上，学校该如何持续基于"立美育人"的办学理念，让音乐课程的学科素养与学生创新素养的培育有机融合，让音乐教学的"寻美"之路走得更长远？

当走进一个个课堂后，我们甚是惊喜：瞧，孩子们或联系歌谱旋律与歌词意境体会着"旋转的"童年，或手拿平板电脑用"音虫"软件中的器乐演绎着"新赛马"，或围着"熊熊燃烧的篝火"手舞足蹈地表现着阿细人的"跳月舞"……七色花小学的音乐教师们正通过自己的实践让课堂悄然变化着……

我们发现，老师们以音乐课程内容和核心素养为纲，以积极营造审美意境、引导学生体悟情感为路径，让一节节音乐课由"境"入手，让音乐课堂迸发出属于七色花的特有之美。

来，让我们一同去音乐之"境"探秘吧！

一、入境——在丰富的学习场景中体验美

"小雨、小雨，沙沙沙、沙沙沙……"一年级的唱游课堂里传来了孩子们整齐而愉悦的歌声。走近一看，仿佛步入了"无界"视觉艺术馆：教室前方的屏幕正播放着歌曲《小雨沙沙》，生动的歌曲内容正以动画的姿态表现着，教室的侧屏同步播放着"阳光、雨露，春天大自然生长"的一段段生动小视频，孩子们有序

地散落在教室各个区域尽情歌唱,肢体与情境自由地律动着,好美……

"假如你就是一颗小种子,能演绎一下你的成长历程吗?"话音刚落,群情激昂,孩子们合着音乐,创作着自己想象中的那颗"小种子":有的用舞蹈动作表现"小种子"在阳光和雨水浇灌下慢慢变成大树;有的用富有弹性的歌声演绎着"小种子"的快乐生长;也有的选择用乐器沙球伴奏表现沙沙小雨帮助"小种子"生长……多场景的创设,让孩子们在唱游课中游弋翱翔,充满趣味。

镜头转向四年级歌唱课《旋转的童年》。眼前浮现的是孩子们时而顺时针转圈,时而逆时针转圈的场景。当音乐节奏与旋律发生变化时,孩子们有的蹲下、有的踮着脚尖……原来,老师正带领学生们在音乐情境中玩着儿时喜爱的"旋转木马"游戏,带入式体验着童年的快乐呢!

"让我们唱唱歌谱,想想旋律是如何表现'旋转的童年'的?""3212 3212和2161 2161这些音符不断地重复出现。"一个孩子抢先回答。"我发现它们都能串联成一个个圆圈,旋律就这样旋转起来了。"另一个孩子补充道。"那么,歌词里的哪些内容与'旋转'匹配呢?"老师指令刚出,孩子们就投入小组研讨中。不久,孩子们有了共识:原来与旋律相对应的歌词"太阳、月亮、星星、地球"都是旋转的。

就这样,老师在歌唱课中抓住了乐谱与歌词的内在联系,让学生们走进了词曲家的创作世界中,深刻理解歌曲《旋转的童年》的情感表达。

二、创境——在多维的信息技术中感受美

在阳光、草地、微风拂面的"春日郊野",孩子们三五成群自由组合,合着音乐节拍欢快地歌唱着"推开我的小窗口,阳光牵着我的手……"明朗的歌声展现了富有朝气的少先队员形象。这是七色花小学六楼"魔法空间"内的一堂三年级音乐欣赏课《阳光牵着我的手》。

"当不同的阳光牵着你的手,你有怎样的感受? 能不能创编动作表现呢? " 语音刚落,"魔法毯"与"魔法墙"把孩子们带入了一个神奇的学习场域,只见不同的区域出现了不同时间点的太阳形态:有初曦的朝阳、有正午的阳光、也有落日的斜阳。

学生们挑选各自喜爱的"阳光"区域,合作展开编创:"朝阳小组"模拟了琅琅读书的造型;"正午阳光组"在宽阔的"运动场"上打起了篮球赛,惊心动魄;"夕阳小组"则背着书包蹦蹦跳跳地离开校园,奔赴家园。"魔法空间"的美妙情境丰富了欣赏课的音乐情绪表达!

将场景转到学校网络演播室看看吧,此时音乐老师正在现场演奏二胡独奏曲《赛马》。伴随老师的激情演绎,四年级的学生们发现:乐曲主题的三次变奏,分别用了二胡不同的演奏方法来表现赛马紧张激烈、你追我赶的情景。

"加上'音虫'软件中的乐器与这段音乐合奏又会产生怎样的效果呢? "学生们跃跃欲试:手拿平板电脑,尝试使用软件中"中国打击乐器组"的不同打击乐器。听,排鼓、中国大鼓的演奏,仿佛群马奔腾、大地也在颤抖;铃鼓、串铃奏出了马脖上铃铛的响动;响板、木鱼生动地表现了马蹄的声音;各种虚拟打击乐器的演奏不仅再现了激烈的赛马情景,更烘托了场景周边氛围,似乎除了奔跑的赛马外,还有那茫茫草原以及场边欢呼奔跑的人群……

创新"音虫"软件的使用,打破了学校现有的课堂打击乐器限制,百余种乐器音效的探索,不仅激发了学生们欣赏乐曲的兴趣,也引发了他们在音乐实践中多感官的感知与表现,更丰富了他们的音乐情感体验。

三、融境——在沉浸的综合场域中表现美

当"音虫"软件与魔法空间同时出现时,音乐课堂又会碰撞出怎样的火花呢? 不如让我们走进三年级的音乐综合课《阿细跳月》的课堂一窥究竟吧!

　　"满天繁星"的魔毯情境下，学生们围着地面上"熊熊燃烧"的篝火欢快地跳着"跳月舞"。"篝火太小了，不够热烈怎么办？"老师问。同学们纷纷抢答："添柴！""煽火！""送风！"教师又问："阿细人的'跳月舞'还是不够热烈，还需要什么呢？""需要乐器伴奏！""女生拍手跳舞、男生弹奏大三弦！""如果有呐喊声气氛就拉满了！"

　　"那就让我们开始吧！"老师刚说完，孩子们在组长带领下，各组打开平板电脑上的"音虫"软件，先找到"民乐组——三弦"，然后看着墙面上显示的乐曲主题旋律进行虚拟演奏练习，弹到兴起时，不仅指尖在键盘上穿梭飞舞，孩子们还不由自主地摇头晃脑……

　　音乐再次响起，女孩子们围着"熊熊燃烧"的篝火边拍手边舞蹈，男孩子们有的呼喊着"呦……呦……"，有的手捧平板电脑伴奏。那一刻，真实地再现了云南彝族阿细人热烈的"跳月舞"场景。

　　老师正是通过信息技术赋能打破课堂围墙，助力孩子们换一种思维理解音乐文化；多维空间的精彩联动，激发了孩子们的音乐创编能力，音乐课堂的意境之美得以沉浸式体现。

　　七色花小学音乐课堂将欣赏、表现、创造等艺术实践内容通过各种情境的创设、多维技术的支持以及综合场域的运用，在听、唱、奏、动、创、演等多感官音乐实践活动中构成对音乐的感知，体验——认知、理解——表现、运用——创造，表达的完整学习链。小花们浸润在课堂中乐学、善思、优学，音乐素养、实践能力和创新思维在"境"之美中得以自主发展。

撰稿：俞维翡

体育课堂变形记

翻开七色花的课表,你会发现:每周5节的体育课藏着精彩与智慧!其中3节课主要落实国家教材《体育与健身》的学习任务,2节课主要以在每个年段各开设的一项专项运动学习为任务。

课表的悄然变革揭开了七色花小学体育课堂更多的精彩变奏、更多的课堂变形,纷呈至极!

无论在"魔法空间"里探索"模仿动物爬行"的奥秘,还是跟随宇航员叔叔漫步太空学习"匀速跑"等基本运动技能,抑或是在"高尔夫球场"的不同区域内,教练指导孩子学练专项技能,或体育教师通过主题游戏活动练就孩子的基本技能。生动有趣的教学内容以及多样化的教学方式无不体现七色花体育课堂的变化。

来,让我们一起走进七色花美丽的体育课堂吧!

一、变静态展示为动态导引

走进一年级《模仿动物爬行》的课堂,你会发现:借助图片演示和教师示范的授课方式已经被悄悄取代,六楼的"魔法空间"成了孩子们学习的殿堂。在"魔法毯"上,孩子们尽情地与动物朋友们嬉戏,不经意间习得不同动物的爬行要领。

瞧,小潘同学四肢着地,头微微上抬,在魔法毯海龟爬行影像的支持下模仿着小海龟的动作慢慢前行;虽然有些笨拙,但随着时间的推移,她的动作越来越熟练,俨然成了一只真正的小海龟。香香同学正在和大象亲密互动,不仅甩着长鼻子，还弯曲着膝盖，将重心尽力放在脚掌上，脚步沉重而缓慢，除了身形外，与地面上的大象几乎一样……

就这样，无论是在"海边"跟着鳄鱼学习低姿爬行，还是漫步"森林"模仿猩猩学习高姿走路，或是潜入"海底"学着鱼儿游动的样子扭动前行……教师运用人工智能（AI）技术引入生动的学习对象，让体育课的基本运动技能学习变得灵动、活泼，从静态展示到动态导引，生动的教学形式激发了孩子们的学习兴趣，课堂"变形"悄然萌发。

二、变单一场景为多元情境

还是在孩子们最爱的"魔法空间"里，将同学们喜爱的"跳跳糖"元素融入二年级《单双脚跳》的学习内容之中，课堂又会生出怎样的景象呢？

瞧！孩子们在"糖果韵律操""快速应答"游戏、探秘"糖果星球"生存技能、"糖果保卫战"等多种情境的带动下，一会儿舞动，一会儿跟着M豆先生做游戏，一会儿在"糖果星球"上依照糖果的摆放位置练习起了单、双脚跳跃……"我喜欢这颗糖果的动作，扭一扭、跳一跳！""你模仿得真像，给你点赞！""红色，单脚跳起来！""你的反应真快！""哇，病毒入侵糖果了，你们来加工'炮弹'，我们来消灭病毒"……就这样，同学们在不经意的你一言我一语中，将枯燥、机械的操练转化为多元情境支持的有效习得。

地面上的糖果、指示标志、交互墙上的挑战游戏、灵动的音乐已成为他们完成跳跃练习的"指挥官"，所需场景的转换在顷刻间即可实现，改变了以往"跳单双圈"场景单一、变换困难的状况。从单一到多元情境的"变形"，让学习的快乐处处迸发！

三、变枯燥操练为有趣体验

二年级《匀速跑》课堂上，小花们化身为"小小宇航员"，跟随"魔法墙"上的火箭发射来到太空的空间站，跟随宇航员叔叔们肩并肩跑步；观看"八大行星"运行规律，知晓匀速运动的特点。他们还步入"魔法毯"，乘坐"银河列车"在太空中穿梭，也跟着"欢乐太空猫"做热身操。

他们在魔法毯支持的匀速跑情境中学练，还不忘与魔法墙上的心率检测带互动。"滴滴，滴滴！""博文，你的心率有点高了，请调整你的跑速。"耳边传来老师及时且专业的安全提示，让孩子们感受着别样的体育课堂生态。

三年级《高尔夫韵律操》一课，是老师将基本运动与专项运动技能学习融会贯通的一个学习案例。看！孩子们手握球杆，随着音乐的节奏将高尔夫推杆、挥杆的动作元素融入变幻的韵律中……高尔夫动作优雅又不失活力，韵律操诠释着动与静的融汇。

而在声光影俱全的"趣味推球"游戏中，同学们则随着时间显示条的变换而交换着出场练习的顺序，枯燥的推球练习瞬间变得活泼，学生们的练习兴趣也高涨了起来。令老师们欣慰的是：孩子们在移动中控球的能力也大大提高了。

这不，小小年纪的他们，在一节体育课里，观天文、学地理、悟情怀，跟着杨利伟叔叔锻炼吃苦耐劳的品质，学习敢于拼搏的精神。在《高尔夫韵律操》课中感悟融合带来的趣味。就这样，原本枯燥的匀速耐久跑课、往常乏味的韵律操课，在被赋予新的意义后，变得生动而有趣，实实在在诠释着课堂的"变形"。

四、变局限空间为灵动场域

学校的小小场地是如何满足体育课堂需求的呢？教师根据教学活动的需要，灵活调整场地用途，让学生在有限的运动空间内得到最大限度的锻炼。

放眼操场，你会发现：三年级的双师攀岩课上，体育教师正在北面的抱石岩壁处组织学生进行着抓握、支撑等基本技能，并辅以相应的上下肢体能练习；专业教练则带领另一部分同学在操场东墙的难度攀岩墙处进行攀岩技术动作的教学与训练。

而六楼体育馆内的一年级高尔夫课上，只见教练和教师将场地灵活地划分成三片区域：一部分同学在场地右侧铺上打击垫进行挥杆练习；另一部分同学借助旁边的果岭进行推杆练习；而挥杆后侧的小小区域内，体育教师则巧妙地用体操垫隔成的综合训练区正带领班级其余孩子进行"穿越小树林"的基本技能练习。

这种灵活划分场域的教学方式，促使七色花小学的体育课在有限的运动空间呈现灵活多变的样态，在小场地里实现了大体育，体育课堂的又一"变形"随之而来。

五、变单向授课为多维交融

在"匀速跑"练习中，学生在教师的提示下，依照交互墙上显示的自己的跑速和心率，选择自己相应的跑道进行挑战练习；"红色出现，小A出发，小D你速度快、节奏稳，蓝色出现你来挑战……"四年级的"趣味推球"游戏比赛中，孩子们正依照"魔毯"上色块显示的时间协商着小组比赛的策略……有了信息技术赋能，课堂的学习方式变得有趣而多向，师生间、生生间的交流变得多维而交融。

看，棒球课上，有的同学正跟着Q教练学习棒球的自抛自接；有的同学则在S教练指导下进行下手抛接球的练习；而其余同学正跟着体育老师学习"躲避球"的游戏。在体能训练环节，教练和教师相互协同，一起带领同学做起了"棒球操"。在双师课堂上，学生不再是被集体授课，教师也不再是教练单纯的"教学助手"，学生们时而分散、时而集中；教练和教师也在各自执教与协同教学中穿梭。

学生的自主学练、"双师"的融合教研、场域的灵活划分、场景的生动创设、内容的趣味开发,正是体育课堂多维交融、有效教学的最强变音。

七色花体育课堂的变奏,由一张课表启幕,实现了由静态到动态、由单一到多元、由枯燥到有趣、由局限到灵动、由单向到多维的转变,成为孩子们提高运动能力、塑造健康行为和养成良好体育品德的七彩乐园。未来,我们将继续开展课堂"形变"的探索与实践,让"形"使致远的体育课堂开出更美、更艳的花朵。

撰稿:杨静

与美同行,美美与共

要问七色花美术课堂创意在哪里? 答案可能在这里:

在小花与大师名画联动,感受情感表达的"侧影"中;

在小花走进大自然美景,寻找雕塑魅力的"身影"中;

在小花漫步城市街头巷尾阅读建筑,发现设计灵感的"剪影"中;

在小花好奇画室里的一串小小脚印,探究印迹奥秘的"掠影"中。

美术课堂既可以有美学意味,又可以有创意趣味,让我们与美同行……

一、在欣赏中学创意,与美对话

"Starry starry night……"听! 在三年级《旋转的星空》课堂里,美妙的旋律、流动的画面、深邃的夜空、浩瀚的星河,老师运用数字魔法一秒把小花带到凡·高笔下的《星空》,与名画梦幻联动,感悟作品独特的魅力。

　　"你观赏过星空吗？""凡·高的星空有什么独特之处？"话音刚落，孩子们自由组合，深入赏析，有的借助局部"放大镜"，有的伸出手指"画星星"，不久就有了答案："凡·高的星星很有创意，都是由短线组成的，在排队转圈，在旋转舞动！"学生在多感官审美体验中欣赏表达，每一个瞬间都是这么栩栩如生，就像每一颗星星都那么熠熠生辉！

　　马上要毕业了！你会怎样表现自己独特的心情呢？这是五年级《色彩的心情》课堂中以任务驱动的方式展开的教学场景。老师引导学生从彩虹色环出发，探索蒙克的《呐喊》、马蒂斯的《生命之树》、李可染的《万山红遍》等名家名作，让学生很快感知色彩的情感来源于自然生活，色彩的美感存在于艺术作品。

　　"哪张作品的色彩最打动你？""画家用色彩表现了什么？""他们是怎样用色彩表现情感的？"小花们纷纷选择感兴趣的学习任务单，与大师展开灵魂对话。内容涵盖了"看一看介绍"——解读色彩内涵表达，"选一选作品"——分析色彩元素运用，"想一想情绪"——感受色彩情感传递。孩子们你一言，我一语："我想用绿和蓝表现毕业不舍的感受；我想用橙和黄表现毕业快乐的情绪；我想用红和紫表现毕业畅想的画面……"学生们在多途径欣赏、感悟中交流分享，向内探索自我，向外表达共鸣，心情在作品中尽情盛开，个性在画册中自信绽放！

　　与美对话，不仅是一次审美体验，更是一次情感传递，它让学生更深入地对话艺术，让课堂更生动地表达情感。

二、在造型中融创意，以美呈现

　　将自然元素融入二年级的《学摩尔玩泥》，课堂会有怎样的完美呈现呢？看！老师创意地将皱、漏、透、瘦鬼斧神工般的太湖石，与或坐，或站，或卧，或动的巧夺天工的摩尔人物雕塑巧妙联结，相映成趣。小花们迫不及待地带着学习任务单探寻藏在自然界中的雕塑："找到啦！海边晒日光浴的人！湖畔拥抱的母子! 树林里玩耍的父子!"从摩尔作品到真实的人物,再到模仿雕塑,学生们发现了摩尔雕塑的特点:造型简洁、动态夸张、源于生活、融入自然。

灵感一触即发,小花们纷纷化身大师,巧用山峦、礁石、树枝、湖泊等自然形态,一会拉长,一会弯曲,一会钻孔。看! 一个个灵动的作品跃然纸上:在太湖石的基础上捏一本书就有了《我爱读书》;加一支笔就成了《冲浪的人》;铅笔盒变身火箭就有了《小宇航员》;也有同伴合作组合成了《舞蹈姐妹》。学生从多视角欣赏探寻中,融合自然形态之美,呈现人物动态之美。

"OH oh oh oooh……"伴随着《疯狂动物城》欢乐的音乐、生动的画面,小花们竖起双手学兔子耳朵,伸长脖子扮长颈鹿,甩起胳膊当大象鼻子……大家纷纷用肢体语言模仿起动物的特征,感受动物的生动与可爱,这是二年级《浮雕小动物》课堂开篇的生动一幕。

窗户上的小猪挂件、黑板上的蝴蝶磁贴,直观对照让浮雕的抽象概念具象化,学生仿佛解锁了浮雕制作的"通关密码"——"层层、叠叠",学生欣喜若狂,豁然开朗。伴随着屏幕上的音乐进度条,开启了一首歌捏塑外形特征,三首歌叠加花纹细节的晋级挑战,大家你追我赶,比拼手速。看! 大象喷水开出了花! 孔雀鱼穿上了花衣裳! 还有细心的同学融合动物的喜好和习性、生活环境,多层次叠加装饰。瞧! 可爱的熊猫在爬树,快乐的火烈鸟在池塘跳舞,学生在多维度塑造呈现中,用满满的创意和爱意,捏塑充满想象、趣味灵动的浮雕小动物。

以美呈现,不仅是一种美的创作手法,更是一种美的独特诠释。它让学生更生动地表现创意,让作品更美好地融合呈现。

三、在设计中玩创意,用美表达

走! 一起"city walk"。一年级的课堂里,小花们化身"小小建筑师",在城市建筑间游弋穿梭,在街头巷尾里徜徉漫步,感受或高耸入云,或低矮朴实,或色彩斑斓的创意设计。"我看到了玻璃幕墙！我找到了弄堂砖块！我发现了木头结构！"小花们在老师的带领下，细赏阅读着建筑中的创意。

设计师们准备就绪，蓄势待发啦！小花们看看这张，摸摸那张，有的发现了凹凸，有的发现了花纹。"知道啦！彩色纸可以剪贴建筑外形，瓦楞纸可以装饰点缀内部。"慢慢地，从一幢房子到一组建筑，从高低组合到前后重叠，从外形设计到内部装饰，从色彩搭配到肌理运用……老师欣喜地发现，每个小组各有创意设计，不仅能综合运用纸张特点，还能变换多种拼贴，让建筑装饰各具特色。不一会儿，机器人造型博物馆、AI智能学校、未来小区等一一呈现……学生在多元化合作设计中，充分展示了创意的灵感，感受到创意的无限，表达他们对美好家园的想象与愿景！

瞧！画室里的一串小脚印！再看桌上的报纸、树叶，瓶子、蔬菜！原来小花们在熟悉却又不起眼的自然材料、生活物品中与《印迹的联想》展开奇妙的对话。每个小组都异常忙碌：有的借助"摸一摸"探寻哪些物品可以敲印出印迹；有的通过"敲一敲"探究怎样敲印出清晰印迹的方法；还有的尝试"变一变"探索如何敲印出不同印迹的技巧。一步步，一次次，一遍遍，伙伴都有了新发现——表面印迹、切面印迹、变化印迹。

小花们期待的互动演示开始啦！瞧！单个树叶印迹既可勾勒外形变成蝴蝶，也可添画变成女孩的舞裙。再看！多个纸团印迹组合串联成了一棵大树，两只手形印迹组合添画成了一对孔雀……学生的创意思维被无限激发，很快发现了从印迹联想到创意添画的"小锦囊"——正着看，倒着看，组合看，转一转。课堂渐入尾声，大家还意犹未尽地围绕在教室前后的台灯、屏风处快乐地敲印着……学生在多场景探索应用中，大胆想象，妙笔生花，灵感迸发，创意表达！

用美表达，不仅是一种视觉盛宴，更是一次创意绽放。让学生探索更多元的世界,让课堂联结更多彩的生活。

美术课堂可以各美其美,在与"自然万物、社会生活、人文情感"的同行中,通过"美的场景的生动营造、美的情感的和谐传递、美的元素巧妙融合、美的活动的趣味开发、美的形式的综合探索、美的思维在互动中的激发",学生的审美感知、艺术表现、创意实践、文化理解等美术学科核心素养也在美美与共的七色花小学"美丽课堂"的文化熏陶中逐步形成。

未来,我们将继续陪伴小花们在美术课堂中,寻找发现美,欣赏感知美,体验探究美,综合运用美,创造分享美,让小花们拥有"用一根线条去散步"的奇思,拥抱"让多种色彩去奔跑"的妙想……

撰稿:周颖

案例 7

悄悄播下科学的种子

科学课程的内容包罗万象,形式丰富多样,如何在其中找到属于自己的路径,七色花小学一直在探索着。

走进课堂,你会欣喜地发现,孩子们在与自然"对话"中感悟生命世界的神奇;在手拉手合作中一起畅游物质世界;在宇宙与地球中感受斗转星移、沧海桑田……在真实的情境中,在多感官的参与下,孩子们不断地经历自主探究,建立人与科学、技术、社会、环境之间的真切联系,在经历过程中科学素养得以不断提高。让我们一起走进课堂,来看看吧!

一、在生活场景中发现科学

春日暖阳下，校园里的植物一片生机。美丽的校园里到底有哪些植物呢？"桂花？""竹子？"……孩子们的回答支支吾吾，不太确定。"那就一起去看一看吧！"带着这个任务，一年级的孩子开启了校园植物探秘之旅。在操场边摇曳生姿的是两棵大大的桂花树。在跑道的一侧也有一排傲然挺立的竹子……孩子们或看，或摸，或闻，感叹校园里的植物真是多种多样啊！

再看另一边，在《鱼的外形与食物》课堂里，孩子们的桌上放了一个个小袋子，这是什么？原来是老师在课前就布置了探究任务：课前准备一小袋你认为小鱼喜爱吃的食物。孩子们根据自己的猜测，带了碎菜叶、小肉丁……看着这么多食物，老师问："小鱼究竟喜爱吃什么呢？我们如何验证？"小朋友们异口同声地答道："做实验！"在老师引导下，孩子们把食物分别喂给饿了几天的小鱼，伴随着实验结果呈现，无须言语，小鱼爱吃什么，答案自现。

低年级的孩子们在问题驱动下，开启了猜—做—知的探究过程，在与生命世界亲密接触的过程中感受自然的魅力，启发思维的发散性，形成富有创造性的成果。

二、在探究实践中感知科学

走进三年级的《磁铁的两极》课堂，这里正在进行一场如火如荼的关于物质性质的辩论赛："磁铁每个部位的磁性是一样强的！""不，是不一样的！"持两种不同观点的学生谁也不服谁。那真相到底是什么呢？老师提出先来玩一下，并将回形针分别放在条形磁铁的各个部位。孩子们发现，磁铁的两端都能吸住回形针，但一旦把回形针放到中间部位，它就马上"跑"到磁铁的两端。

老师提问："这个现象说明了什么？"刚才说"不一样"的同学声音响亮、自信满满地道："说明磁铁各部位的磁性是不一样的！"另一派同学紧跟着提出："我们觉得一个实验不能说明什么，要多做几组！而且要用不同的材料做实验。"老师点点头，肯定了孩子们的说法，鼓励大家可以用其他材料再进行实验。接着，老师就出示了回形针盒、铁屑盆、磁性强弱传感器，并提出活动要求："请小组讨论，选择什么材料，怎么做，观察什么。看看哪一组用的方法更多，结论更有说服力！"

孩子们根据老师给出的材料，开始了激烈的讨论，自主设计实验方案。在交流了方案的可行性后，孩子们立刻开展实验探究，借助"赛课堂"，孩子们的实验结果实时被传送到了教室大屏。孩子们一个个化身为"小小观察员"，仔细地盯着全部数据，渐渐安静了下来。纵向、横向梳理比较之下，原本各执一词的两派渐渐聚拢，归纳为一致的结论：磁铁的两端磁性最强，中间磁性最弱。可见，在孩子们对数据的分析中，科学思维的火花不断提升。在孩子们对数据信服的眼神中，严谨求实、用证据说话的科学态度已在他们的心中生根。

这样的自主探究活动在不同年级不同课堂上时有发生。看，二年级的孩子在尝试调整风帆的迎风角度，比赛谁能做出行驶最远的"风帆车之王"；四年级的孩子们在"杠杆平衡"一课上，不断地调整钩码数量和钩码到支点的距离，自己摸索归纳让杠杆平衡的规律……在这样的科学课上，孩子们的思维逐渐开放、灵动。

三、在项目活动中走进科学

"苏州河以前是怎样的，现在又是怎样的呢？"跟随视频，孩子们开启了苏州河的"前世今生"之旅。课上，以"苏州河的污染与净化"为线索，孩子们热情高涨，纷纷想为母亲河的净化出力。产生了探究需求，就要先明确问题：苏州河被污染的原因。孩子们利用多种渠道，发现"水浑浊的原因是泥沙颗粒导致的""水有异味的原因可能是异味物质进入水中"。这时，教师适时给予引导：

"那要怎么办呢？"

孩子们勇敢地踏出第二步：制订项目计划。他们根据生活经验说出"活性炭可以吸附异味""咖啡滤纸可以过滤"……在头脑风暴之下，孩子们一一罗列净水材料。"材料有了，还需要什么？""装载的容器！"确定了净水容器后，老师又问"那搭建装置的次序是否有要求？""有！我觉得滤纸放在最底下。""沙子应该在活性炭下面。"……各个小组根据各自的想法绘制了装置设计图，紧跟着图纸开始了操作。孩子们发现有的净水效果成功了，有的却失败了。

老师鼓励孩子不要灰心，一起分析："成功或失败小组的净水装置结构有什么共同点？""净水装置中什么物质会有颗粒？""滤纸在活性炭的上方只发挥了什么功能？滤纸在活性炭的下方又发挥了哪些功能？"老师帮助失败的小组找出了问题，对于成功的小组则提出了要从净水效果、材料成本两个角度继续优化装置的要求。一时，无论是成功还是失败的小组都积极投入产品改进环节中，并多次对自己的净水装置产品进行检核（见图2-7和图2-8）。

图2-7　第一次设计与净化　　　　　　　图2-8　第二次设计与净化

在不断的调整中，在对产品不断优化迭代的过程中，孩子们情不自禁地感叹着："净化污水是真的不容易啊！"深切感受到保护水资源的重要性。保护环境的态度和责任在不自觉间就融入其中。最后，孩子们还主动提问："净水装置净化的水可以直接饮用吗？"面对这样一个生成性的实际问题，老师在给出回答的同时，还引导孩子们自己去搜集自来水厂的资料深入调查，促进孩子们将所学知识与实际再次有效联结。真实的苏州河案例带领孩子们经历了一系列工程探究实践的过程，在培养孩子们工程思维的同时，也为他们未来成为工程师打下坚实的基础。

在问题驱动下用多种方式开展持续性活动的模式在各个年级不断辐射。例如：三年级"生物的启示"，四年级"自主探究——生态瓶研究"，五年级"制作标本"和"地壳运动与地形变化的关系"……孩子们围绕问题，创造性地解决问题，并应用迁移，就像一个个真正的科学家那样。

跟随镜头不难发现，七色花小学的自然课堂，包含了丰富多样的学习活动，让孩子们在多感官参与中，沉浸式地在科学田里探索，从而形成科学观念，培养科学思维能力和探究实践能力，树立基本的科学态度。相信在这样一片欣欣向荣、充满生机的七色沃土里，必然会看到科学的种子生根、发芽、成长、开花……

撰稿：陈鸣姿

案例 8

妙趣生情　行之有"道"

道德与法治课程是基于社会发展和学生成长的需要，以正确的政治思想、道德规范和法治观念对学生进行循序渐进的系统化教育，旨在提升学生的思想政治素质、道德修养、法治素养和人格修养等。

走进七色花小学的道德与法治课堂，你会看见孩子们时而沉浸在欢乐的游戏世界中,与大自然嬉戏、感悟生命的宝贵;时而穿梭在校园的小径上,开展调查与采访,寻找与伙伴和谐共处之道、探访校园的安全秘密;时而在生活化的场景中,通过角色扮演和实践演练,深化对安全知识的理解、展现中国公民的道德风采。

我们以引发与推动孩子们的学习兴趣和产生情感共鸣为核心要义,通过设计多样的学习活动,打造出生趣灵动的课堂。

一、在多感官的体验活动中动之以情

在声、光、影交织的魔法空间里,一年级《风儿轻轻吹》的课堂正在如火如茶地开展。"风宝宝在和我们捉迷藏,请你找一找!"孩子们仿佛置身神奇的大自然中,化身小小探险家。有的指着地面投影说:"我看到风宝宝吹动了小草。"有的摇头晃脑地说:"我感觉脸上被风宝宝吹得凉凉的。"有的屏息凝神地说:"我听到了风宝宝跑过去,发出了'呼呼'的声音。"

"那你们喜欢风宝宝吗?想不想和它玩游戏?"老师略带神秘地问道。话语间,魔法地毯徐徐展开,琳琅满目的游戏材料,在此起彼伏的"哇哦"声中一一呈现。来到游戏区,孩子们分成数个小组,有的"哗哗"地煽动垫板,有的"啪啪"地甩着纸炮,有的"呼呼"地吹起风车,有的在"嘿哈"声中抛起降落伞……孩子们乐此不疲地在游戏中体验,在体验中学习。

就这样,孩子们在看、听、触等感官刺激下,不仅体验了风的魅力,更感受到自己与大自然的紧密联系。热爱大自然的情感就像春日的嫩芽,悄无声息地在他们心中萌发。

三年级的《生命最可贵》课堂里,正在进行一场别样的比赛。三位同学站在教室中间。第一位同学神情松弛、满脸笑意;第二位同学戴上了眼罩,神情略显紧张;第三位同学一只手放在背后,做出了难以置信的表情。

"你们猜猜谁会第一个戴上红领巾?""肯定是第一位!""也不一定,眼睛

看不见,不会影响手的动作啊!"同学们对看似显而易见的答案展开了争论。"3,2,1 开始!"三位同学都在努力地完成指令,第一位同学最快完成了任务!"看吧,每一个器官都很重要!""看不见的时候会有点害怕""只能用一只手,太不方便了!"

通过紧张又刺激的游戏体验,孩子们深切地体会到身体每个部分的重要性,珍惜生命的意义不言自明。

走进我们的课堂,孩子们的感官体验被充分激发,健全的人格、道德修养等抽象名词,在丰富有趣的活动中渐渐地具体化、形象化,变得可感、可触、可见。

二、在任务驱动的探究活动中晓之以理

镜头转向二年级的《大家排好队》课堂。只见孩子们分小组围在魔毯边,眉头紧锁、聚精会神,就像一个个面对疑难杂症的"小医生"。原来,他们在诊断校园中的不文明排队现象呢!发现问题后,他们立刻展开了小组"会诊"。

"他让好朋友排他前面,这是插队!他应该跟朋友一起排到最后面。""他们队排得挺好,但是你看,这个方向不对,会挡着走廊里的小朋友,要横着排队才行!""小医生"们边说边拿起手边的道具,在小黑板上画起了示意图:有的在餐盒位置添上"一米线",有的在进校弄堂里画上小脚丫,有的在走廊里贴上行进方向的箭头……大家踊跃地献计献策,自信地开出一张张"处方单"。这还没完,为了展示智慧成果,孩子们还创编情景,生动地演绎着保持距离、勿扰他人、文明礼让等排队规则。

无独有偶,这段时间的校园里总能看见四年级的孩子三五成群聚在一起。他们有的围成圈,交头接耳热烈讨论;有的面对面,正襟危坐一问一答;有的奋笔疾书,在小小的本子上写满了"机密";有的侃侃而谈,仿佛在自豪地讲述着什么"英勇事迹"。待"会晤"结束,孩子们或若有所思,或心满意足。他们在进行什么秘密活动吗？走进四（3）班《我们班 他们班》的课堂，疑惑随之迎刃而解。

原来，孩子们正在用自己的方式探究"其他班和我们班的不同之处"呢！"每次路过四（1）班，我都会被他们教室的整洁惊呆！于是我们向他们的班主任老师申请现场学习他们的大扫除活动。快看！这些照片就是我们发现的好方法。下次，我们也能试试！""还记得上周的运动会吗？四（2）班拔河的时候，同学们齐心协力太让人感动了。这不，合唱比赛即将来临，我们赶紧去取经，探讨合作技巧。真是收获满满，感觉我们的团队也更有凝聚力了。"

孩子们你一言我一语，用调查、研讨、展示等多样方式，兴奋地分享着自己的"道德秘籍"。

就这样，在问题驱动下，孩子们如同探险家般，兴致勃勃地踏上了探索的旅程。这种自主的探索氛围，不仅激发了孩子们的学习热情，更提升了他们的学习效能。

三、在真实情境的实践活动中导之以行

"欢乐派对"秒变"火灾现场"？别慌，这是一年级的道法课《校园里的号令》。

一（2）班的孩子们正在载歌载舞，突然警铃大作。一时间，他们愣在原地，面面相觑。片刻后，有的孩子飞快地奔向老师，大声呼喊："着火了！"有的则迅速找到了地面上的安全出口标志，在老师引导下，不一会儿便迅速捂住口鼻排好队有序地撤离。

在这堂别开生面的道德与法治课上，孩子们在真实的情境中重现了生活经验，发现实际存在的"真问题"，让疏散演习这个"旧知识"以螺旋式上升的学习方式不断地深化和拓展，满足孩子们安全成长的需要。

五年级的孩子已经初步形成了公民意识，怎样将无形的意识化成生活中的实际行动呢？我们走进五（1）班《公民意味着什么》的课堂探秘吧！

"请大家跟我到英国看一看,这边的驾驶座都在右边,与我国的交通法规是不同的……""现在我们来到了印度,因为风俗习惯不同,饮食上与我们有很大的差异。""今年春节,我去了美国。街上挂着好多红灯笼,还看到了舞狮表演呢! 如果我也能把我们国家的传统文化传播出去,那该多自豪! "

没想到,在道德与法治课上,还能跟着"小导游"一起周游世界! 孩子们津津有味地讲述着自己的旅行经历,在分享中思考:作为中国公民,应该怎样展示良好的国际形象。孩子们将生活中的所见所闻梳理、归纳,图文并茂地描绘着"遵守当地法规""尊重不同习俗""传递中国文化""展示文明形象"等小贴士,一张张靓丽的"中国名片"制作完成! 最后,再带着这些名片回归生活,时刻提醒自己和他人,把中国公民的责任感和荣誉感化成实际行动,落到实处。

以上仅是七色花道德与法治课堂的一瞥,每一次探索都能领略不同的惊喜和启迪。我们畅游在丰富多彩的体验活动中,让感官与心灵共舞;我们敞开心扉,让探究与知识碰撞出火花;我们融入情境化的实践,让学习与生活产生共鸣;我们沉醉于妙趣生情的课堂,让小花行之有"道"!

撰稿:应佳雯

阅读上述案例,可以感受到七色花小学各学科在携手构建"美丽课堂"过程中,如何深入把握学科核心素养,从不同的研究视角,将"美丽课堂"所倡导的五大特征融入教学各环节中并予以细化,共同推动教与学方式的深刻变革。

例如,语文教研组深谙让字、词、句、篇建立认知关联之道,以"美丽课堂"的"有效联结"作为研究的重要切入点,将字词知识的学习、认知情感的激活、语言表达的训练,整合在"文字""文学""文化"这样一个相互生成的立体建构场中,引导孩子们品味文言、理解文意、润泽文心,不仅强化了语言学习要素,更关注了每一个学生独特的体验,使整个学习呈现"文以载思、思而至情、情动言表"的良好状态,提升了学生的语言运用能力、阅读鉴赏能力和审美创造能力。

数学教研组积极构建自主探究、猜测验证、多向辩证的数学课堂新样态,致力于思维的主动建构性、个性化和开放性。带领学生在"玩玩转转"的系列活动中,探索几何的奥秘、揭示时间的规律、理解数形的变换、把握度量的精髓……在这些过程中,教研组注重引导学生经历多样化的思维碰撞,对比不同思维路径、思维方法的异同。在多维互动的学习情境和深度对话辨析中,学生加深了对知识间关联、知识概念本质的理解,促进了思维的深度成长。

而英语学科则立足于单元整合,深入挖掘文本内涵,通过主题、情境和任务等驱动教学内容重组,引导学生形成学习策略,促进学科理解。在教学过程中,英语教研组强调多感官学习的融合,运用丰富表征、具身认知等多种方式与手段,鼓励学生在视觉、听觉、动觉等交互作用下,获得更加丰富、立体的学习体验。这一探索路径不仅让"英"语之美得以充分展现,更让"语"言之韵意味深长。

另外,从音乐、体育健身学科所呈现的学科研究案例中,可以清晰地看到这两个学科的教研组有所侧重地在教与学的方式变革中,将环境、资源组织方式的改变作为"美丽课堂"研究的一个重要聚焦点,致力于探索数字时代的课堂变革。教师们围绕学科核心素养,深入探寻数字技术与教学深度融合之道,通过充分利用学校"魔法空间"等现代信息技术支持,精心构建了一个又一个既富有趣味性又充满探索与挑战的学习场景,触动学生丰富的感受与体验,引导学生在沉浸式的学习中感受音乐韵律之美,体验体育健身的活力与激情,并通过亲身实践深化对学科的理解。

同样,在道德与法治、自然以及美术学科的深入探索中,不难发现一个共通之处，即这三个学科均致力于探索与生活紧密相连的学习情境，将"自然世界、社会生活、人文情怀"融入教学，努力桥接学科知识与学生的日常生活。教师们通过组织丰富多彩的实践活动，实施任务驱动学习等策略，引导学生在真实的生活化情境中学习、感悟与成长，从而加深他们对学科知识的理解和掌握，促进他们的创新思维与实践能力发展。而这一切的努力和探索，都在七色花"美丽课堂"核心理念的滋养下悄悄绽放。

尽管各学科在探索"美丽课堂"的路径上有所侧重、各具特色，但它们共同秉持着促进学科核心素养发展的目标，通过创造性地引入情境化、生活化的学习策略，将原本可能抽象的知识点融入生动的学习场景之中，不仅激发了学生的好奇心和想象力，还极大地提高了学生的学习内驱力，促进学科知识与创新实践能力的有机融合。

更为重要的是，在美丽课堂"研学表"引领下，各学科任务驱动式的教学创新成为推动学生主动探索、合作学习的关键力量。通过设计具有挑战性和层次性的学习任务，引发与推动学生去探究与发现，引导学生在解决问题的过程中主动建构知识体系，养成思维的开放性、灵活性。

四、沉浸采撷：细品课例研究中的无限精彩

微风和煦，春意满园，枝头新绿在暖阳的照耀下渐次舒展。随着"美丽课堂"项目研究的不断深入，教师扎根于课堂，以满腔热情投身于这一创新的探索之中。他们对创新素养的培育目标有了更为深入的理解，对美丽课堂所应具备的"宽松氛围、生动有趣、多感官参与、自主探究、有效联结"这5个内在特征也形成了更为清晰、深刻的认知。这一转变更新了教师们的教学理念，极大地推

动了课堂的转型与发展。

在各级各类教学研讨活动中，教师们积极参与，呈现了一节节精彩纷呈的示范课，孕育出一系列具有示范意义的典型课例。这些课例不仅展示了教师们的教学风采，更为我校的教学研究提供了宝贵的经验和启示。

正如教育家杜威所言："经验是理论的生命之源，一盎司的经验价值远超一吨空洞的理论。"课例研究作为教学实践与理论探索的桥梁，其核心在于深入挖掘、精心提炼教师们在日常教学中积累的宝贵经验。通过筛选典型、反思提升，使这些经验更加贴近实际、易于操作，进而引领教师们在自我反思与专业成长的道路上稳步前行。

"美丽课堂"项目以深度的课例研究为基石，促进教师对自我及同行教学行为的深刻反思与持续改进，精准把脉教学实践中的症结所在，积极实践创新素养培育目标与学科核心素养发展的深度融合。

正是教师们这份不懈的探索与追求，使"美丽课堂"的实践研究得以不断向前推进，学生们在这样的课堂中得到了充分的滋养和成长，他们的创新素养得到了有效的培育和提升。

启程文学探索之旅

——四年级语文《陀螺》观课有感

"玩的时候先把绳子缠绕在陀螺上，然后将绳子用力一抽，陀螺便转动起来了……"一名学生正饶有兴趣地向大家介绍着陀螺的玩法，一旁的同学们凝视着,满满是对陀螺的好奇心。

这是陆校长在执教四年级语文课《陀螺》时的一个小镜头,我有幸观摩了整整两个课时的教与学,也从中感受到一场"美丽课堂变革"正在七色花的课堂上悄然发生:教师们通过设计关联学生已知经验与生活实际的"品文言""悟文意""长文心"等丰富的学习活动,让孩子们沉浸于语文学习,解锁不同的文学体裁之中的氤氲之味。

一、挖掘阅读深度,鉴赏语言魅力

批注式阅读是一种深入挖掘文本内涵的学习方式,它呈现的是一个动态的思维过程。批注时,学生可以结合自身特点,主动运用已有的生活经验和知识储备,通过不断地勾连前后文本,从各个方面对文本进行理解、感悟、阐释、发现和点评。

本课课文所在单元的人文主题是"成长故事",如何在感受童年的酸甜苦辣中落实批注阅读的策略呢? 看,陆校长在课堂上是这样做的。

在初读文章后,陆校长通过"作者与陀螺间发生了哪些故事? "这个问题,引导学生把握文章的主要内容与谋篇布局。学生们有的在段落的最后画上两道斜线,有的用括号括出关键语句,还有的在段落边写上几个字……在边阅读、边批注、边思考的语言实践活动中,学生们和老师一起逐步将作者削陀螺、盼陀螺、得陀螺、抽陀螺和战陀螺的故事完全解读了出来。

紧接着,陆校长又问:"随着故事的发展,作者的心情又有怎样的变化? "随着音乐声缓缓流淌,学生们边品读边写下自己的批注。我关注到,小陈同学先快速默读,再微微沉思后,在一个字下点上点,并在旁边写下"程度、郁闷"这两个词。课堂交流时,他说道:"'曾有很长一段时间我的世界堆满乌云……'中的'满'字让我感受到作者当时郁闷的程度是非常深的,因为在生活中只有当天气极差时天上才会满是乌云，这不恰好反映了作者削不出陀螺时极度郁闷的心情吗？"他的回答赢得了满堂喝彩。

在聚焦"斗陀螺"的精彩语段时，学生展开想象的翅膀，又一次给了我们惊喜。小翟同学读完"小陀螺战胜大陀螺"的故事后意犹未尽，化身小小评论家，写下了自己的观战心情。他先用曲线划出"两个陀螺狠狠地撞上了"，然后在旁边写道："看到小陀螺和大陀螺战在一起，我可真为它捏一把汗，恨不得冲进书里为它加油鼓劲。"随后他又圈出"辉煌、胜利的滋味、幸运的甜头"三个词，在旁边调皮地画了一个鼓掌的表情包，并配文"为胜利欢呼"。

二、激发表达兴趣，交流思维智慧

在交流作者心情变化时，小沈同学代表小组走上讲台，与老师一起补全板书，完成思维导图。填写"抽陀螺"对应的心情时，小沈同学显得有些犹豫不决。此时，陆校长意识到，这里对学生来说或许是一处难点。果然，在集中交流时，这里作者的具体心情成了很多同学的难题。

"我们一起回到文中，看看句子里有哪些关键词能帮助你理解作者当时的心情？"

"我认为是'士气大减'和'不敢挑战'。"

"关键词找对了。刚刚小沈同学写的'难过'一词还不够恰当。当你期盼已久的陀螺还没拿出来应战就遭到别人的嘲笑，你会是怎样的心情呢？"

"我会感到不知所措，很尴尬。""我会感到很失落，有挫败感。"

陆校长的即时点评与适当引导将学生的思路一下子打开了，课堂气氛变得更加火热。随着课程进展、思维导图逐渐完善，学生们发现，故事的发展伴随着作者心情跌宕起伏，一开始引发他们浓厚兴趣的折线图，原来就是作者的心路历程图啊！

本堂课的最后,陆校长将所有人的注意力吸引到作业单上(见图2-9)。"以小组为单位,仔细观察作业单,说说你发现了什么小秘密?"学生们议论纷纷。

图2-9　《陀螺》作业单

"我们发现作业单的三个部分里都出现了思维导图的身影。"第一组组长首先举手发言。

"我对第一组的发言有补充,"第三组组长回答道,"课前预习部分的思维导图帮我们整理了前两课所学的批注角度,也告诉了我们这节课依然要用这种方法来学习。而课堂练习部分的思维导图则将又长又零散的课文内容浓缩成了一张图,太神奇了!"

学生们在小组观察、交流、分享中发现了思维导图的运用贯穿整个学习过程:它在课前任务中帮助学生总结知识点,预示本课学习重点;在课堂任务中帮助学生厘清文章的谋篇布局,感悟作者的独特表达,初步感知散文"形散"的特点;在课后任务中通过语言实践活动,提供学习支架,培养语言能力。

思维导图在语文教学中的广泛应用,为学生提供了一个全新的学习视角,可激发学生的创造力和想象力,让他们的阅读训练和自主学习更加有趣、高效。

三、梳理文本脉络,探寻语言精髓

当本堂课即将进入尾声时,陆校长问道:"文章最后写道:'人不可貌相,海水不可斗量。'谁能结合课文内容把这句话改一改,夸夸陀螺的厉害?"话音刚落，一只只小手已经迫不及待地举了起来。"陀螺不可貌相，实力不可斗量！""我还能改得更工整些！'陀螺不可貌相，实力无可限量'。"

陆校长追问："那么作者是用何种方式来揭示这个道理的呢？"

这个问题一下子把学生们难倒了，他们陷入了沉默。过了一会儿，一只小手举起又放下，最后仿佛下定决心，将手高高举起。这位男生回答："我通过课堂任务的思维导图发现，作者写了与陀螺之间发生的几件事以及当时的心情，以此向我们揭示这个道理。"

陆校长顺势总结道："我们一起来看看板书，正如这位同学所说，课文中看似零散的事件，作者用心情的变化将其串联起来，情感就成了一条贯穿全文的线索，这就是散文最大的特点——形散神聚。今天的课后作业，同学们也可以学着作者的表达方式和谋篇布局来写一写自己心爱的玩具，希望大家都能成为一名小小散文家。"

通过对文本的细致解读，我们能够理解作者的思维逻辑和行文风格，把握文体的特点。同时，探寻语言精髓也成为提高语言表达能力的重要途径，它能让我们更好地掌握语言的魅力和运用技巧。

我们汲取生活中的智慧与灵感，以文字为舟，徜徉于文学的广阔海域中，让学生的语文学习自得其乐，让学生的语文能力自然展现，让学生的心性品格自省完善，让思维在碰撞中"可感、可见"，这是我们七色花全体语文教师正在做的，更是未来不断努力和探索的方向。

撰稿：陈梦伊

言语绝伦 点亮语文

——以二年级语文《寓言二则——亡羊补牢》为例

"通过预习,我知道了'亡'在这里就是丢失的意思,'牢'指的是羊圈……""养羊人丢了一只羊,没有修补窟窿,又丢了一只羊,他赶紧堵上窟窿、修补羊圈,从此再也没有丢过羊。"

以上场景发生在二(1)班的一节语文课上,孩子们正在老师引领下复述寓言故事《亡羊补牢》呢!你会发现,上台分享的孩子脸上洋溢着自信和坚定。复述不仅尊重原文表达,更植入了复述者富有创造性的、合理的语言。

那么,老师开展的教学设计怎样才能既让孩子们在语文课堂里经历"品文言""悟文意""亮文心",又能让孩子们在丰富的语言实践中诠释"言语绝伦,点亮语文"的呢?

一、巧用课题,让复述有迹可循

"我知道'亡'在这就是丢失的意思,'牢'指的是羊圈……"课堂伊始,小夏像个小老师似的,一本正经地说,"现在谁知道课题的意思呢?"

"我知道!我知道!'亡羊补牢'的意思就是丢失了羊,要去修补羊圈。"

小胡高高地举起小手,迫不及待地和大家分享。

"没错,先'亡羊'后'补牢'。知道吗?理解了课题的意思,就能帮助我们学好今天的新本领——复述!"我故作神秘地说着,"其实,许多文章的标题就提示了文章的主要内容。"

孩子们不住地点头,仿佛在说:"简单的课题不简单,简单复述全靠它。"

一旁的我补充道："孩子们，要把故事说好不是一件容易的事哦！别以为只要把原文背下来就行了，它不仅需要我们用积累的语言来帮忙，也需要合理地创造语言，更需要学会运用不同的方法。"

二、搭建支架，让复述完整又具体

听！"唰……唰唰……"课堂内的空气仿佛凝固了，只有笔尖在纸上划过的声音在回荡。这是怎么回事呢？

只见同学们都埋着头，不停地在课本上圈画……

不一会儿，小顾同学站了起来，自信满满道："养羊人丢了两次羊，补了一次羊圈，结果再也不丢羊了。"他用三句话回应了我的三个问题：

养羊人丢了几次羊？

又修补了几次羊圈？

最终的结果又是怎样的呢？

答案固然正确，但小顾同学根据问题直接一问一答，是不是缺少了点语文味？

如何帮助孩子完整地复述呢？我想到了图表这一学习支架，重点指向让孩子通过说清事情的起因、经过与结果来完成复述。

于是，孩子们根据图表内"遭遇了什么？养羊人怎么做？结果怎样？"这三个问题开始了分组协作学习。

借助图表来梳理文本信息后，孩子们能否流畅而完整地复述整个故事呢？我的内心充满了期待与不安。

"这里填少了一只羊。"

"这里应该是堵上窟窿，不是不听劝告。"

"养羊人丢了一只羊，没有修补窟窿，又丢了一只羊；他赶紧堵上窟窿并修补羊圈,从此再也没有丢过羊。"

见第一组代表小苏能按照事情发生的先后顺序,把养羊人丢羊以及补羊圈后的结果说清楚了,我顿时如释重负。

精彩还在继续……

"有一天,养羊人发现羊圈里少了一只羊,没有及时修补窟窿。谁知,第二天又少了一只羊。他赶紧堵上窟窿,修补了羊圈。从此,再也没有丢过羊。"

见第二组小辰同学通过加上表示时间的词后让前后语句更连贯,连接词的运用,让故事复述变得既完整又流畅,我建议全班用掌声鼓励一下。与此同时,我把修正过的、记录着孩子们表达过程的图表再次展示(见表2-5)。

表2-5 《亡羊补牢》复述(一)

	遭遇了什么?	养羊人怎么做?	结果怎样?
第一天	少了一只	不修	又少了一只
第二天		堵、修	再也没丢过

"老师,为什么任务单的中间有一列是空白的?"我的心里一阵惊喜,善于发现也是最好的学习哦!

于是,我追问雯雯:"你猜猜该填什么呢?"

没过几秒,小手踊跃举起……

"我猜是养羊人的心情,因为后面要说清是'怎么做的'!"

"我觉得是'为什么会丢羊'!"

就像石子触碰湖面,泛起了涟漪,孩子们各抒己见。

"都说得有理有据,现在揭晓答案。"我走到小韩跟前,跟他击了个掌,恭喜他答对了,空白列确实是为表达养羊人的心理活动准备的。具体如表2-6所示。

表2-6　《亡羊补牢》复述（二）

	遭遇了什么？	心情怎样？	养羊人怎么做？	结果怎样？
第一天	少了一只		不修	又少了一只
第二天			堵、修	再也没丢过

"现在是不是能根据图表把故事复述得更完整、更具体了呢？"

"我来说！"小朱第一个举手，自信地说道，"有一天，养羊人发现羊圈里少了一只羊，原来羊圈破了个窟窿，夜里狼从窟窿钻进去，把羊叼走了。养羊人不以为然，没有及时修补窟窿，第二天狼又从窟窿钻进去，把羊叼走了。他后悔极了，赶紧堵上了窟窿，修补了羊圈。从此再也没有丢过羊。"

话音刚落，教室里传出雷鸣般掌声。

学习支架真神奇，不仅能帮助学生有的放矢地提炼出关键信息，还能帮助他们在复述时快速获取内容，让学习任务高效、有趣地完成（见表2-7）。

表2-7　《亡羊补牢》复述（三）

	遭遇了什么？	心情怎样？	养羊人怎么做？	结果怎样？
第一天	少了一只	不以为然	不修	又少了一只
第二天	又少了一只	后悔极了	堵、修	再也没丢过

三、激发想象，让复述生动又有趣

见各小组对复述《亡羊补牢》的故事还是兴致勃勃，我又开始卖关子了，继续呈现那张图表（见表2-8）。

"我来说说我的发现。"小娜起身说，"图表最后又留了一行，是要我们续编故事！"

表2-8 《亡羊补牢》复述(四)

	遭遇了什么?	心情怎样?	养羊人怎么做?	结果怎样?
第一天	少了一只	不以为然	不修	又少了一只
第二天		后悔极了	堵、修	再也没丢过
从此				

我有点兴奋,说:"孩子们,的确是这样! 故事虽然很短,但让我们读起来意犹未尽,到底藏着什么秘密呀?"

"寓言故事里都藏着一个道理!"

"那么这个故事要告诉我们什么道理呢?"我问。

"让我们发现问题就要及时改正。"

"对极了! 那就展开我们想象和智慧的翅膀,让故事更生动有趣吧!"

课堂内,在明亮的灯光下,学生们又一次分组围坐,投入激情创编中,他们的脸上写满了专注和投入。

瞧,他们有的在表格里写下关键信息;有的把不恰当的内容擦去,留下空白……

不妨听听我们的学习成果吧!

"有一天,养羊人发现羊圈里少了一只羊,原来羊圈破了个窟窿,夜里狼从窟窿钻进去,把羊叼走了。养羊人不以为然,没有及时修补窟窿,第二天狼又从窟窿钻进去,把羊叼走了。他后悔极了,赶紧找来工具,把羊圈修得结结实实的。

从那以后,他经常去检查羊圈,发现问题及时修补。他的羊儿们更安全了,丢羊的事件也没再发生过。"详见表2-9。

表2-9　《亡羊补牢》复述（五）

	遭遇了什么？	心情怎样？	养羊人怎么做？	结果怎样？
第一天	少了一只	不以为然	不修	又少了一只
第二天		后悔极了	堵、修	
从此			检查、修补	再也没丢羊

　　我抑制不住地上扬嘴角：孩子们能够借助任务单，发挥奇妙想象，把故事讲得如此有趣而有意义！他们的言语如此绝伦，语文就这样被孩子们点亮。

　　课堂接近尾声了。

　　"现在还觉得复述故事有难度吗？谁能来说说复述的小锦囊？"

　　"我们可以先从题目入手，抓住关键词就可以知道故事大概在说什么。"

　　"我们还可以借助图表，把故事梳理清楚，这样就方便我们复述得完整而具体啦。"

　　"我们还可以发挥合理想象，把故事说得更有趣更生动。"

　　上完本课，我有这样的感悟：基于学习要点开展精准的教学设计，可以为孩子们解锁"文本"的氤氲之味。引领七色小花们在语文的旅程中享受探索的乐趣，让他们的语文才华如泉水般自然流淌，这正是七色花小学语文老师需要在未来继续秉持与追寻的目标。

撰稿：冯嘉怡

寻"序"建构数感,"智"解生活迷思

——以一年级《20以内数的排序》为例

"一二一,一二一,立——定!"伴着老师嘹亮的号令,两条并列行进的男女生队伍迅速停下,"从前往后依次报数!"一声令下,孩子们的报数声在操场上此起彼伏。一年级学生的热闹声响引得我驻足留意,只听见前十个数,大家报得都很流畅,速度不相上下,可到队伍后半,两位女生产生了迟疑,开始从1数起反复确认……不一会儿,传来了男生胜利的欢呼:"耶!我们赢了!"

体育课堂中一个普通的小镜头,让旁观的我不禁思索:学生们对20以内数序的认识仍是停留在一个数词和另一个数词间机械地建立前后联系,内核还是要明白数序的关系。

数序是每一个数在数列中的位置以及与相邻两数之间的大小关系,对一年级学生而言是非常抽象的。那我是否可以尝试在进行《20以内数的排序》教学时,摒弃以往只凭借"依次认数"来记忆数序的教学行为,而是以"玩"为路径,在多样的数学实践活动中把学习的核心聚焦于理解数序的做法?这也就有了我对《20以内数的排序》教与学方式变革的再实践!

一、眼中有"形",心中有"数"

步入七色花小学六楼的"魔法空间",只见"魔法毯"上排列开一行带有数字的彩色房子。我说:"这些彩色房子都是数字宝宝们的家。可是,数宝宝7和12迷路了,我们一起做一回向导,带他们回家吧!"话音刚落,孩子们在组内交头接耳起来。

　　我走近一位高举小手的男孩身边聆听："这个空的绿房子应该是12宝宝的家，因为它前面是11，11后面就是12呀！"身边一位大眼睛的女孩跃跃欲试："数字宝宝7应该在6和8彩色屋子的中间。"我不禁鼓起掌来："孩子们，你们真棒！不仅发现越往右数字越大，越往左数字越小，还运用有序数数的方法帮助数字宝宝7和12找到了家。"

　　见大家意犹未尽，老师又提出帮另外4位宝宝找家的任务。眼前呈现了这样一幅美好的画面：孩子们分工明确，配合默契！有的选择依次报数、有的寻找左右邻居、有的指出数字位置……不一会儿，数卡被准确地摆放到位，迷路的10、13、16和20这几个数字宝宝都找到了家！

　　大家欢呼雀跃，"魔法墙"如魔术师一般，不仅将归家的数字宝宝们幻化到数射线上，还带来了孩子们最喜欢的兔子和袋鼠两个小伙伴。只见它俩在数射线上做起了跳跃游戏，玩得不亦乐乎！

　　"孩子们，仔细观察，它俩跳跃时有什么相同之处？"一位圆脸的孩子不假思索地答道："它们都是从左往右跳的，就是从小数跳到大数。"一旁的同伴急忙补充道："它们都是两格两格跳的。"一旁的我不禁为孩子们敏锐的洞察力点赞。

　　见大家眼睛还忽闪忽闪，我继续追问："谁还观察到它俩玩跳跃游戏时的不同吗？"随着小动物跳跃画面的再次呈现，孩子们更迫不及待了！一位小女生顾不着举手，起身就说："我发现小兔子经过的1、3、5、7、9这些数字都是单数。""我发现袋鼠经过的2、4、6、8、10这些数字都叫双数。"右边一位小男孩补充道。"都发现了！现在就让男孩女孩分别扮演兔子和袋鼠，和它俩一起玩数数游戏吧！""小兔子"的"1、3、5、7、9"和"小袋鼠"的"2、4、6、8、10"的欢快声音不绝于耳。

像这样，借助"帮数字宝宝找家"的游戏，让孩子们在"找数"的过程中对有序数数有了初步感知。我又依托数射线上的跳跃活动，让孩子在经历观察、比较和分享等数学活动中，不仅形成了对单数和双数的认识，还再次巩固了数的大小次序。这样递进式的数数游戏帮助孩子们借助眼前的直观"数形"，逐步建立起心中的"数序"，不断加深对数的理解，丰富对数的感悟。

二、用"数"感"序"，"序"以致用

数学来源于生活，也要应用于生活。七色花的数学课堂不仅来源于生活问题，更是帮助学生将更多的生活情境带入课堂，引导他们在更多的数学实践中体验数学思想，亲身经历数学在实际生活中的有用、有趣和有益！

当数学课过半时，我利用"魔法墙"，设计了三个场景。看！"快下楼，上学要迟到了！""魔法墙"上一位妈妈正催着孩子上学，孩子却紧紧地盯着电梯仪表盘上数字的变化，在数字的叠加与减少间推测着电梯的上行与下行。再看！不久，孩子到达了学校附近的淮海中路与雁荡路口；他见红灯亮起急忙停步，目不转睛地注视着红灯在倒计时，还情不自禁数起来：10、9、8、7……最后看到的是进入班级不久，孩子们的语文作业都交好了；细心的小红发现老师一边按学号从小到大地轻声数着，一边还记下了没有及时递交作业的学生学号。我想用源于生活的情境创设告知孩子们：我们的生活中，处处都蕴含着数序的秘密。

光影继续切换，"魔法空间"顷刻间变身为硕大的操场，我也化身为体育老师，即将组织孩子们进行"花式报数大比拼"。为了公平起见，孩子们按男女分列两队，编号均为1～18。"我们要比比哪支队伍的报数方法多。比赛规则是：每队组长说报数方式，组员按照自己对应的号码依次报数，报数方式不可重复"。

一听要一较高下，孩子们个个摩拳擦掌，一副势在必得的样子。随着我一声令下，"操场上"一下炸开了锅：男孩子拔得头筹，从小到大依次报数；女孩们也不甘示弱，从大到小依次进行。最后男女生还不忘轮了个回，好不热闹！首战双双告捷。而后，两队又在单双数报数比赛中不相上下，将比赛推向高潮……

比赛进入白热化！我要求各组组长将即将开始的报数法轻声报给我，然后一声令下："开始！"只听见女生在"智多星"组长小李的指挥下，5个5个地报数；男生也在"阳光张"的组织下3个3个地报数……

一旁的我无限感慨：比赛第二，友谊第一！教师应该把设计联结生活的、有趣味的数学活动作为一种教学习惯，让孩子们在解决生活问题中化解"数序"这一难题。

彼时，神奇的"魔毯"上幻化出一组"数房子"图案，老师正引导学生们按数序从小到大地玩跳格子游戏。只见一个小胖墩气喘吁吁地跳到了终点，还不忘自豪地为自己点赞；一个小女孩轻盈地按从大到小的数序又跳回了起点！孩子们乐此不疲！

几轮过后，格子消失，地面上出现了一个神奇的大集合圈，只有符合条件的数字才能进入圈中。我的"魔棒"一点，"11～20的单数"提示闪现，许多持有单数号码的孩子跑动起来，争先恐后地往圈中集合。"9号你不能进入，你比11小！"这个孩子只能失望地离开了圆圈，自言自语道："原来不仅要注意单双数，还要注意范围。"

我的"魔棒"继续履职，集合圈显示"比17小比10大的数"。或许有了前车之鉴，能感受到孩子们不再蜂拥而上，而都在原地、在心中找准哪些数在范围内。当看到他们奔跑起来，我欣慰：他们有自信会赢！

几轮游戏过后，孩子们进入集合圈的反应越来越快，准确率也越来越高。就这样，在与数字相关的各项游戏体验中，孩子们对数列的范围和次序的理解更加深刻。

以上只是七色花"玩转"数学的一例！我们始终秉持的理念是：数学要在多维互动的情景中解释、解决生活中的问题与现象。孩子们应该在老师的陪伴下，在活动中"玩"数学，在实践中促思维，逐步学会用数学的眼光观察、用数学的语言表达、用数学的思维思考。

撰稿：杨璐

传统节日在英语课堂的别样演绎

——以四年级4B Module4 Unit2 *Know more about Chinese festivals* 为例

"我为大家介绍端午节的由来。"

"可以让我来分享端午节的习俗吗？"

"我来负责把大家的精彩语言以韦恩图的方式呈现在书签上吧！"还没等May说完，Marx就接上话茬，"我可以做你的帮手，我们一起商量如何表达、制作……"

以上一组镜头采撷于朱伊苓老师执教的四年级英语课Module4 Unit2 *Know more about Chinese festivals*。

不一会儿，一张张设计精美、富有创意的，承载着孩子们丰富的语言表现的端午节等四大节日的英语书签呈现在教室右侧的展板上。

作为观课者，我想说：本课例，不仅实现了小朱老师自我教学观的颠覆，更是七色花小学英语课堂生态的翻转，在创造性的以单元主题"Festivals in China"为引领，通过"如何为爱尔兰'中国文化宣传周活动'制作中国传统节日的宣传资料？"的真实任务为驱动，以"制作书签"的实践活动一以贯之，实现对四个中国传统节日的精彩演绎。

那么，朱老师又是如何将英语学科的素养置于核心地位，以丰富的、富有创意的教学活动推进课堂转型的呢？不妨让我们走进课堂！

一、任务驱动，学思结合

"Do you remember what our task was in the last class?"朱老师刚说完，Ben起身就说，"我们制作了有关春节、元宵节、端午节、中秋节的书签的一部分，主要是用单词或短语呈现了Date（节日的日期）和Traditional food（传统食物）等信息。"

"Great!"朱老师竖起大拇指，而后又带着学生们重新回到语境中，"作为小小的文化使者，你们觉得我们在书签上还需要补充哪些信息？"

不一会儿，分享会开始！

"我们小组觉得，每个传统节日的背后一定都有着特别的故事。"

"故事承载了节日的由来，所以'节日的故事'要讲清楚！"

"每逢传统节日，中国人有着独特的习俗。"第三小组组长接着说，"为什么会有这些习俗的呢？"

朱老师有些惊喜，提议大家掌声鼓励。随后，屏幕上缓缓地展开一本名叫《中国节：我们的传统节日故事》的绘本。"刚才大家的提议都在这本绘本里了，我们来见证一下！"

在音乐的伴随下，小组研读再次开启，孩子们的学习热情又一次被点燃，大家围绕朱老师给到的关键提示词"when, who, what"，开启了一段中国传统节日的文化之旅。

"端午节那天,屈原投河而死。人们往河里扔粽子给小鱼吃,为的是保护屈原!"Peter理解了故事后,尝试用感叹句表达对爱国英雄屈原的钦佩。

"很久很久以前,人们点鞭炮、敲鼓都是为了赶走'年'这个怪物。"Ben用简洁的英语句子概括了人们祈求平安和幸福的新年愿望。

"很久以前,玉皇大帝想在正月十五这天,用火烧了村庄。而人们用点红灯笼模仿火的方式保护了自己的家园。"Eddie用自己圈画的关键信息道出了元宵节阖家团圆的寓意。

就这样,在朱老师的任务驱动下,孩子们将已知经验与阅读所得建立内在联系并提取关键信息,为本课时制作书签背面的学习任务奠定了坚实的基础。

二、 多维实践,学用结合

再次回到课堂,见大家滔滔不绝,朱老师礼貌地打断:"Do you still remember the task?""要将刚才获取的这些信息转载到书签上,让外国友人一目了然又充满兴趣可是需要智慧的。"朱老师补充道。

"书签不大,我们应该用简洁的语言描述节日背后的故事。"

"我们是不是可以用对比的方式呈现过去和现在不同的节日习俗?"

"好主意! 思维导图的方式可行吗?"

朱老师边鼓励边启发着孩子们,脸上露出了满意的笑容。当屏幕上出现一张陌生的思维导图——韦恩图时,在各小组内顿时刮起了一场头脑风暴。

"我们可以在左圈内写上古人的节日习俗。"

"那我们就在右圈内罗列当代人们的过节习俗。"

"在两圈的集合处,我们可以填上节日的文化内涵和沿袭至今的习俗!"

见大家跃跃欲试,朱老师发给每个小组一张任务单,每组可以选择一个传统节日,在学习单上写下设计意图。

终于轮到小组交流了！

看第一组！他们表示：在左圈填入"hit drums, put up red decorations in their houses"等词组；右圈写上"People watch the Spring Festival gala."和"How fantastic it is!"等句子；中间圈可以写上人们祈求平安和幸福的新年愿望，并图示点鞭炮这个流传至今的习俗（见图2-10）。

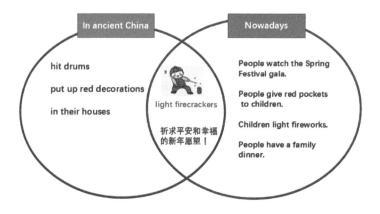

图2-10　第一组：春节韦恩图展示

瞅瞅第二组！左圈他们用"In ancient China, people watched the moon and put the fruit and the round cakes on the table to remember Change."右圈打算写："So many kinds of food we can eat at this festival! They're taros, beans, and ducks. How happy!"中间准备写下中秋节阖家团圆的寓意和古今人们共有的中秋节习俗"watch the moon"和"eat the mooncakes"。

第三组也按捺不住了！左圈他们用词组"threw rice dumplings into the river, rowed the boats"和"hit the drum"；右圈也通过词组"watch the dragon boat races"进行表达；还用词组配图片的方式将"eat the rice dumplings, row the boats"等词组呈现于集合圈，并标注了端午节文化内涵——纪念屈原。

一个个小创意,让孩子们有机会将中国故事和节日文化浓缩于小小方寸的书签上,也有机会让孩子们在内化语篇内容和文化知识的过程中,实现在绘本故事和现实中的对比和穿梭。

三、文化融通,学创结合

"现在,请各小组充分用创意完成中国节日书签的制作并准备开启文化小使者的精彩讲解!"

朱老师话音刚落,教室里瞬间炸开了锅,小组内不断激起思维的火花,也就有了文章开头的一幕,更有了小使者们神奇、充满创意的使者之旅。

使者姜同学说:"我们的书签像什么?没错,月饼!它的反面可有意思了,以'watch the moon, eat the mooncakes'这样的短语描述并配上插图来呈现当代人的过节习俗。"

第三小组随后朗诵道:"Long did I sigh and wipe away my tears, to see my people bowed by griefs and fears..."在大家深情朗诵了爱国诗人屈原的《离骚》后,使者李同学说道:"看!这是一张粽子造型的绿色书签,正面除了端午节的基本短语信息外,还配了'丰子恺漫画'的插图,我们将艺术课程的习得作用于英语学习,有创意吧?"

"Happy New Year! Happy New Year! Happy New Year to you all!..."第一小组唱起了英语歌,使者王同学随后交流:"这是一张倒'福'汉字的外形书签,一看便知我们小组要介绍春节呢!书签的正面我们是这样呈现的:The Spring Festival is a big festival in China. Sometimes it comes in January. Sometimes it comes in February. At this festival, different people like different traditional food. In the south, people like eating spring rolls, but in the north, people like eating dumplings. Watching the gala is the most exciting moment for Chinese people."左圈呈现怪兽年的简笔画插图可有趣了。

"Besides bookmarks, what can we make to introduce Chinese festivals?"临近下课,朱老师再一次向大家征集"创意"。

"我们可以做一张节日海报来宣传节日文化。"

"我们可以以写信的方式传播节日文化。"

"我觉得录制一段节日文化视频是不错的形式。"

"这些方式都很棒！下周,我们要用视频连线的方式向爱尔兰友好学校展示和交流节日文化。大家准备好哦！"

本课例演绎的只是英语课堂华美乐章中的一个篇章！朱老师以语篇为依托,将学习理解、应用实践、迁移创新等融语言、文化、思维为一体的多维学习活动融入教学设计,又将英语教学与文化认知相融合、艺术创意与生活实际相融合,让七色小花在丰富的综合实践活动中,不仅用英语传递中国声音,更用英语讲好传统文化故事！

撰稿：张懿

多维意境　让音乐炫美

——以四年级音乐欣赏课《赛马》为例

蓝天如洗、白云悠悠,一片辽阔无垠的草原上,一群"骏马"在肆意奔腾……

老师拿着二胡，站在孩子们的中间，深情演绎着乐曲；孩子们置身于宛如乐池的"魔法空间"，让双响炮、沙球等乐器与二胡和鸣……

八组学生人手一个平板电脑，正沉浸于奇妙的"音虫"软件中，随着魔法墙屏幕同步投映出演奏律动，眼前仿佛有万马在奔腾……

以上镜头采撷于我执教过的四年级音乐欣赏课——《赛马》。

如何实现学校音乐课堂以"营造审美意境，引领学生情感体悟"为实施路径的转型，我们一直在路上。同时，我们也幸福地体悟到了当孩子们沉浸于丰富的情境中，在有趣的学习任务驱动下，在听、唱、奏、动、演等音乐实践活动后迸发出对音乐感知、理解和创意的无限美好。

一、境内的欣赏美

一望无垠的草地、散落的蒙古包，那可不是蒙古，是学校的"魔法空间"里营造出来的蒙古大草原美轮美奂的情境……

作为一名音乐学院二胡专业的毕业生，我怎么会放过用二胡表现《赛马》的经典呢？

听！琴声激越而奔放，犹如草原上奔腾的骏马，带着无尽的活力和热情……

看！孩子们随着旋律禁不住手舞足蹈起来，好似驰骋在草原上的小小骑士！

一曲奏罢，孩子们兴奋了："我感觉自己就像那草原上奔驰的骏马！"一个孩子更是激动地模仿着骑马的动作，嘴里不住地喊着："驾！驾！"

随后，我让孩子们在魔法空间里围坐。"现在，我们要听一听第一主题旋律，能发现它们的特点吗？"话音刚落，魔法毯上一匹匹音符小马儿在绿茵茵的草地上腾越而出。一个孩子惊喜地叫道："老师，我发现有很多'LA'的音！"另一个孩子也兴奋地补充道："没错！我也看到了，这个主题都是围绕着'LA'在进行各种节奏变化的！"

　　孩子们不由自主地走近草地，又坐了下来，还伴着音乐轻声哼唱起第一主题旋律。神奇的一幕发生了：旋律在高低变化，草地上的音符小马儿仿佛受到了召唤，时而奔腾如飞、时而缓步徐行，居然与音乐节奏完美契合！

　　再看看孩子们，居然也在魔毯上与小马驹同频共振呢。真有意思！我不经意间设计的将视觉、听觉与想象相结合的识谱方式，竟引领着孩子们将对乐谱知识的理解转变为生动有趣的实践活动。孩子们在"魔法空间"情境里熟悉主题旋律、感悟草原魅力和赛马激情的画面至今让我记忆犹新。

二、境中的表现美

　　见孩子们对学习充满激情，我顺势将课堂推进，带着孩子们充分感受并表现乐曲的第二主题旋律。

　　我请出本班二胡社团的三位小小演奏家们，看着他们拿起二胡正襟危坐，俨然就是"小老师"。于是，我干脆让一位小老师带着A组学生在观察与触摸中了解二胡主要由琴杆、琴轴、琴弦、琴筒、琴弓等构成；另一位带着B组学生学习了二胡的三种不同演奏方法；还有一位则引领C组学生在多次倾听和模仿演奏中了解二胡的音域较为宽广，内弦音色丰满、柔和，外弦音色明亮、刚健……就这样，三组同学在轮换中充分体验了一把"二胡瘾"。

　　"现在，你们能模仿二胡的长弓、短弓、拨弦等演奏技法吗？"在"小老师"们的指导下，所见即是弓在弦间穿梭、手于弦上跳跃，所闻便是时而悠扬、时而激昂的第二主题旋律，仿佛他们就是那驰骋在草原上的小小赛马者，正与马儿一同奔腾呢！

　　"这段主题表现了怎样的赛马场景？"一段赛马小视频的霸屏回应了教师的提问。

"你追我赶的赛马场景。"

"周围的人们在呐喊助威。"

"除了二胡外,还能用什么乐器来表现这个场景?"

"可以用课堂的打击乐器伴奏来表现。"

"是呀!打击乐器最适合表现这样恢宏的场面,我们一起来试试吧!"

还没等我说开始,孩子们便迫不及待拿起任务单,认真挑选起了自己熟悉的课堂常用小乐器,小小打击乐队算是临时组合了。

刹那间,魔法空间的茫茫草原情境里:不时被敲击的双响筒仿佛是哒哒的马蹄声,不断摇晃的串铃仿佛马铃在迎风叮当,舞动的沙球好似马儿奔驰而过时扬起的尘土……

如此,孩子们投入的演奏状态与打击乐器有节奏的声响交织出一幅生动而充满活力的图景。在老师引导下,他们仔细聆听着乐曲的每一个细节,不断地调整自己的演奏力度与速度,伴奏与乐曲旋律的配合逐渐完美。

我感慨万千:二胡这一民族乐器,能让孩子们参与模仿、交流、表现与探索等音乐表现活动中,不仅让他们认识与感知了二胡的演奏,理解了乐曲的情绪、烘托了情境氛围,也更加深刻地理解了第二主题旋律表达的情感。

三、境里的创意美

"还有什么方式能让乐曲磅礴气势的表现更为生动呢?"见"魔法空间"里静静躺着的平板电脑,一个孩子兴奋地回答:"可以用我们的音乐课堂特有的'音虫'软件!"

不等我发令,孩子们便自由组合,各自手捧平板电脑席地而坐,开启了指尖上的"旅行"。他们在百余种乐器音效中乐此不疲地寻找着最适合《赛马》乐曲的伴奏乐器。所幸,孩子们最终达成了共识:"中国打击乐器组"最为合适。

他们的探究与创意真能产生别样的音乐之魅?

看!他们有的运用排鼓,巧妙地模拟出马蹄声急促有力的节奏;有的选用木鱼,清脆的敲击声仿佛悦耳动听的马铃声;中国大鼓的震撼低音,在孩子们的手中化为群马奔腾时大地颤抖的生动场景;钹与大锣的铿锵交响,更犹如赛马场边观众热血沸腾的呐喊助威声……

最为精彩的非合作展示环节不可。只见孩子们手中的平板电脑此刻仿佛变成了神奇的指挥棒,引导着各种打击乐器奏出美妙的旋律。见前方魔法墙的屏幕上不时投映出各组实时的演奏画面,自己和伙伴们的精彩表现清晰可见,孩子们的身体不由地随之律动……"魔法毯"上骏马飞驰的场景与魔法墙的各种魔幻变奏交融了!骏马冲刺、尘土飞扬,令人震撼!

就这样,我引领孩子们通过多感官联觉参与、体验、实践、创造,他们以自己的方式无限创造,让乐曲焕发出新的生机与活力。当意境营造融合孩子们良好的音乐素养和创意的表现,音乐欣赏课也可以妙不可言!

这就是七色花音乐课堂所呈现的新样态:丰富的音乐实践活动。孩子们欣赏感知音乐、认识理解音乐、创意表达音乐,其乐无穷。他们又在丰富的学习场景中体验美,在多维的信息技术中感受美,在沉浸的综合场域中表现美。我们坚信:在"境"之美中七色小花们的审美感知、艺术表现、创意实践、文化理解等艺术核心素养一定会得以滋养与发展。

撰稿:金莉

当高尔夫遇上韵律

——以《高尔夫韵律操》一课为例

"让我们随着音乐的律动,试着用球杆优雅地击球吧!"

"5、6、7、收,馨馨你能伴着韵律将收杆动作流畅表现,就像在空中画出了一道完美的弧线,自信而大方!"

以上是我执教的三年级《高尔夫韵律操》一课中的两个镜头。

作为一名执教多年的体育教师,我一直在思考:如何才能转变韵律教学只在固定场地内伴着循环播放的音乐开展机械练习的传统教学模式?如何将其与学校特色体育课程、空间和信息技术有机融合,实现体育教学"变形"?

我很惊喜:在学校的"魔法空间"里,我邂逅了体育课堂的美丽"大变样"!

一、"魔法空间"里的律动

一个阳光明媚的上午,在"魔法空间"里,一群红袍少年置身于梦幻般的场景中,伴随着美妙的旋律翩翩起舞。

在音乐的律动下,他们一会儿与小棒共舞;一会儿与小球嬉戏;一会儿两人合作挑战双棒传球游戏;一会儿又围成一个圈,随着音乐的起伏,时而高高跃起将球传给伙伴,时而俯身接住落下的球。伴随韵律转换,他们互换角色进行着律动……

镜头下的孩子们,仿佛化身为一群欢快的小精灵。随着音乐跳跃,他们踏着轻快的步伐,像与空气中的音符共舞。放眼望去,每个小朋友的脸上都洋溢着运动带来的欢乐与满足……

就这样,我完成了对传统的韵律操教学缺乏趣味性和吸引力的革新!"魔法毯"发挥了它的神奇力量，丰富多样的律动场景让孩子们可以充分感受到律动所带来的魅力和乐趣，不经意间让韵律教学的课堂焕发出新的活力。

"来一场技巧的对决，看看谁能让小球随着音乐的每一个节拍跳跃！"

"记得那段韵律动作吗？让我们一起重温，跟着节奏摇摆吧！"

"看，那些光点仿佛也被音乐唤醒，在空中起舞，我们也跟着它们一起跃动吧！"

场景在不断地转换，孩子们的挑战也在不断地升级。看，他们有的在律动中挑战用棒子夹球的技巧，球在他们的棒子间灵活地穿梭；有的则伴随音乐节奏进行着抛球击掌的竞赛，每一次击掌都充满了节奏感；还有的在举手投足间不断地挥舞出音乐的旋律，那是对体育课堂真真切切的热爱啊……

以上呈现的只是课堂的热身部分。我利用"魔法空间"巧妙地创设了充满魔幻和神奇的多元场景，让孩子们尽情体验在嬉球、玩棒、与画面共舞、随光点律动中玩转韵律操，为课堂韵律学习注入新的活力。

二、"魔幻场域"中的灵动

热身刚结束，画面一转，学生们来到了另外一片天地：这里阳光明媚，绿草如茵。定睛一看，原来是一片高尔夫球场。放眼望去，面前"交互墙"上一位小姐姐正在高尔夫球场推杆、挥杆，姿势准确，体态优美……

见孩子们还沉浸其中，我悄悄地按下了翻页键。瞬间，"魔法毯"的高尔夫球场上出现了许多练习区域，每一处都有着自己独特的标识：发球台、球道、沙坑、果岭、水障碍，它们一一变身为孩子们练习的灵动区域。木杆、铁杆、推杆动作都可以在这里完美展现，而刚才示范的小姐姐也即刻化身成"小老师"分布在各个练习区域内进行着灵动的示范教学。

孩子期待的眼神让我忍不住按下了活动启动键："我们在发球台练习发球吧！"

"你的挥杆姿势真标准，要是下场准能开个120码！"

"嘘,保持安静,小R正在练习推杆进洞呢!""沙坑里,'荷包蛋'的打法我还是第一次接触呢!"

看孩子们兴致盎然,一段音乐缓缓开启,它时而激昂有力,时而婉转悠扬……当我环视四周,猛然有了惊喜:只见在激昂的音乐中孩子们的挥杆更有力了,在悠扬的音乐声下孩子们的推杆更加稳了,他们个个挥得痴迷、推得执着……

就这样,孩子们拥有了灵活的场域划分、独特的音乐配置、多维度的动作演示,开启了一段段全新而精彩的学习体验。在这里,没有场地束缚,没有老师不断的指令,孩子们只需跟随"魔法毯"和"交互墙"上活泼可爱的"小姐姐们"的演示,便能轻松掌握新技术,享受学习的乐趣……

更重要的是:韵律与高尔夫也在不经意间被融合,它们之间的碰撞悄无声息地给体育教学带来了新的智慧。

三、"光影世界"里的炫动

将韵律与高尔夫技术动作深度融合会是一种什么样的效果呢?让我来揭开它们神秘的面纱。

只见"交互墙"上呈现《小棒推推推》和《小棒挥挥挥》两节韵律操的视频。孩子们欣喜若狂,禁不住跟着视频中的示范,一边哼唱着节奏明快的歌曲,一边挥动小球杆模仿着高尔夫球的推杆和挥杆动作。每一个动作都精准到位,每一个节奏都恰到好处……

当孩子们还在尽情尽兴,"魔法毯"上瞬间变出许多光圈,只见它们正以独特的节奏闪动着。同学们先是一愣,进而被它的节奏带动起来。

看,场地里每个小光圈正以它独特的节奏为孩子们的律动打着节拍呢!

"1、2、3、4,送杆、收起",孩子们在韵律中尽情炫动自我,身体姿势一会儿呈"钟摆式",一会儿呈"倒C"型。手中的小棒一会儿平举于胸前,一会儿垂直于体侧,一会儿放于腰间,一会儿收于脑后……顷刻间,他们仿佛都是职业高尔夫球手,每一次挥杆都显得那么自然、流畅;而有的孩子则更加偏向于活力和创意,他们的动作虽然不那么标准,但却充满了青春的气息和独特的魅力。

"小凯,你的动作很熟练了,来我们快节奏光圈里挑战一下吧!"

"思雨,你的动作优美大方,这边光圈的节奏适合你,赶紧加入我们吧!"

"我的动作还不是很熟练,比较适合慢光圈。"胖嘟嘟的小婷自言自语着,朝着节奏比较慢的光圈走去……

光圈闪烁的奥秘很快就被小朋友们"识破"了,"只要能够跟着小光圈的节奏跳出高尔夫韵律操,挑战成功后,它就会消失!"

"我们相邻的几个同学挑战都成功后,小光圈消失变成大光圈了,大家一起挑战大光圈的节奏,太有劲儿了!"

孩子们学练的劲头儿被无限催生……看着"交互墙"上的高尔夫韵律视频,他们不断模仿,不断挑战……一个看似普通的光圈效应,却为孩子们韵律操的学习带来了神秘与新奇,枯燥的运动也变得有趣了!

这个课例,只是我将特色课程高尔夫与国家课程韵律进行融合教学的一个尝试。它的更大价值意义在于:通过多元场景下的自由律动、灵动区域内的高尔夫练习、"光影世界"里的融合炫动等多样化的学练体验,让每一个孩子都找到属于自己的运动激情,他们在这里尽情释放活力,享受信息技术带来的课堂新魔力,体验着多维交融教学带来的魅力。

只要他们沉浸其中,他们的学练样态就会无限美好,这不正是七色花"多变"体育课堂的最美诠释吗?

撰稿:李思嘉

寻美·探美·创美

——以二年级美术《学摩尔来玩泥》为例

"我的雕塑是一位爱跳舞的女孩,她在花园里快乐地跳舞!"徐同学小心翼翼地拿着她捏塑的"跳舞女孩",轻轻地放到了教室小花园里。

"我做的是喜欢看书的男孩,他在图书馆看书。"邵同学指着图书角旁的雕塑大声介绍。

"我做的是冲浪运动员,看,他正在冲浪呢!"只见周同学手握一支铅笔,把"运动员"放在铅笔上,随着铅笔的上上下下,"运动员"神气地冲起了浪……创意的作品、精彩的展示获得了师生们阵阵热烈掌声。

以上是我在执教二年级美术课《学摩尔来玩泥》时捕捉到的几个小镜头。综观我的教学设计和教学现场,这正是对七色花小学倡导的"既有美学意味,又有创意趣味"美术课堂新样态的诠释。

我一直期待:有趣的学习任务、多样的学习体验,能为学生插上自由想象和无限创意的翅膀!我很惊喜:带着他们去发现、探究、共情摩尔作品的美,感知摩尔人物雕塑的造型元素、表现方式、思想情感,在审美熏陶中充满激情、充满自信地创作出一件件美的泥塑作品。

一、寻找摩尔作品的形态美

"老师把摩尔的作品藏在自然风景中,请小组长带领成员一起找到它,完成学习任务单。"(见图2-11)教师的话音刚落,学生们就迫不及待了,他们的眼睛里闪烁着好奇的光芒,五六个小脑袋头碰头围在一起,"在这里""我也找到

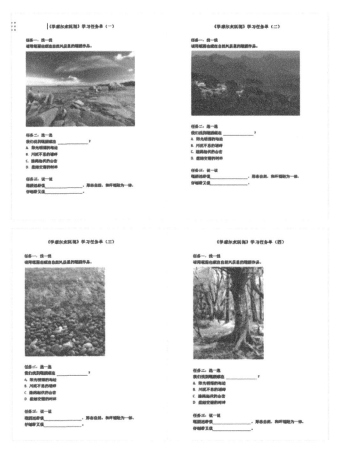

图2-11 《学摩尔来玩泥》学习任务单

了""快圈起出来""我觉得这个雕塑像两个人在晒太阳"……激动的声音在各个小组响起。

就像玩"捉迷藏"游戏一样,大家都尤为兴奋,寻找着摩尔的作品,感受着发现雕塑作品的愉悦和作品中摩尔人物雕塑形态自然的美感。

"我们找到的雕塑藏在阳光明媚的海边,远看像礁石,形态自然,与环境融为一体,仔细看又像两个人在晒太阳。"

"我们小组找到的雕塑藏在川流不息的河畔,远看像鹅卵石,仔细看又像妈妈抱着孩子。"

"我们找到的雕塑藏在连绵起伏的山峦，远看像山峰，仔细看像侧躺着的一个人。"

"我们小组发现的雕塑藏在盘结交错的树林里，远看像树枝，仔细看像妈妈带着孩子在玩耍，她们很快乐！"

组长带领着组员将观察、探究、想象的成果轮流分享给全班同学，赢得阵阵掌声。具体、生动的描述，使学生在不知不觉间受到审美陶冶，也为完成自己的作品后，能将作品融入生活中的创意展示埋下铺垫。

放大摩尔的作品，学生在欣赏中还品味到雕塑中蕴含的生动、鲜活的情感。

"这件作品看上去圆润光泽，表现了母爱的细腻柔美。"

"侧躺怀抱孩子的作品中，母亲的形象蕴含着像山一样的伟大力量。"

"这件作品中的人物很纤细，显得非常轻盈、快乐，富有动感。"

学生在学习任务单的引领下"寻找大师作品的自然形态之美"，不知不觉受到材料表现、造型元素、表现方式、思想情感的审美陶冶，激发创作的灵感。

二、探秘摩尔作品的表现美

"观察比较雕塑《国王与王后》与真实人物有什么不同？"教师刚出示作品和照片并提出问题，学生的眼神由好奇变成了探究，争先恐后地发表自己的发现。

"摩尔雕塑中的王冠没有复杂的细节，简化成了一个圈。"

"雕塑中五官只用一个小圆孔表现人物的眼睛。"

"真实的人物服饰华丽有很多装饰，而雕塑没有细节，只有衣服的下摆，十分简洁。"

"雕塑人物拉长了身体的比例。"

学生们通过观察、对比和思考，从摩尔雕塑中汲取了"造型简洁、夸张"的造型灵感。

"比一比,有孔洞的和没有孔洞雕塑,哪一件作品和环境更相融?"这一问题让学生联结上节课学过的太湖石"透"的知识点,获得雕塑要"融入环境"的灵感。

"有孔洞的作品和环境更相融。"

"就像太湖石一样,透过孔洞,我们可以看到后面的风景,所以有孔洞的雕塑能和自然融为一体。"

在更多的《斜倚的人像》欣赏中,各位学生与同桌讨论、分享。

"摩尔的雕塑很多像石头、树根本身的样子。"

"雕塑很大,有的放在高山上,有的放在草地上,与周围的环境融为一体。"

"我觉得摩尔的雕塑很有生命力。"

学生对雕塑艺术的感悟加深了,对摩尔雕塑的特点及蕴含的思想情感理解了,对雕塑美的规则和呈现方式也初步掌握了。

在多样的"探美"过程中,学生们积极欣赏、观察、比较、联结、共情,努力汲取摩尔人物雕塑美的造型、美的元素、美的表现,在丰富的意蕴感知下,孩子们拥有了创作的冲动。

三、展现学生独特的创作美

"你能找到雕塑人物的头、躯干和四肢吗?""谁能模仿雕塑人物的动作?""你能做出不一样的动作吗?"教师提出三联任务,引导学生观察—模仿—创意表现。

学生的思维形态发生了变化,每一位学生都萌生了行为表达的愿望,"变身"成一件件雕塑:有的模仿摩尔雕塑,一丝不苟地校对动作;有的定格踢球、投篮、拉小提琴、芭蕾天鹅舞等瞬间动作;还有的不拘小节地双手抱头、跷腿,惬意地躺在地上看云卷云舒……这不就是现代"行为艺术"吗?学生顿悟:"原来摩尔的雕塑不是凭空想象出来的，而是'源于生活'的创作""我可以做出和大师不一样的雕塑"……多感官参与让创作灵感一触即发。

学生纷纷化身为"大师"，有的巧用自然物体形态的捏塑方法，在太湖石、山峦、树根的基础上捏一捏、挖一挖、扭一扭，创意变成人物；有的学习整体捏塑的方法，一会儿拉长四肢，一会儿弯曲动态……学生沉浸在快乐、大胆、自由、个性的捏塑创作中，一件件灵动的人物雕塑作品在学生手中诞生，他们还别出心裁地加上小道具进行创意展示：捏了一本书就有了《看书的小朋友》；加了一支笔就成了《冲浪的人》；铅笔盒变身"火箭"，《做空中实验的宇航员》就有了场景；也有同伴合作完成主题创作《爱跳舞的姐妹》；有一位学生捏塑的是妈妈抱着小朋友在花园里玩乐的《亲昵》，因为超轻彩泥的特性，纤细的人物总是软塌塌的，无法达成她的预期，她一次次地尝试，最终在人物中加纸卷得以支撑，她那锲而不舍的精神让人感动，寻找解决问题方法的勇气弥足珍贵……

他们还兴奋地将作品融入教室、花园、图书角旁、窗台等，践行"美源于生活，我们还要将美融入生活，让生活更美好"的意愿。

学生无拘无束地主动探索、多感官参与，丰富审美体验；像摩尔一样发散思维，融合自然形态之美，创造新的艺术形象，表达自己的思想情感，展现艺术的美感；更将作品融入周围的环境，让艺术与生活广泛联系。

这就是七色花美术课堂所呈现的新样态：教师陪伴学生以愉悦的情感主动参与其中，在师生、生生开放的探索性学习任务完成过程中，激发对美的独特理解和感悟，点燃内在的创造欲望，充分展现学生对艺术、对生活的审美感知能力和创意表现能力。

撰稿：唐臻琼

案例 **8**

与生活和鸣　奏响生命之歌

——以三年级道德与法治课《生命最宝贵》为例

"如果乐乐是你的好朋友,有什么话想对他说呢?"我的话音未落,一只只小手就高高举起。

探探站起身来,看着屏幕里手缠着绷带正在哭泣的乐乐,语气温柔地说道:"乐乐,爸爸妈妈辛苦养育我们,你可要好好照顾自己呀,这样就是对爸爸妈妈最好的回报啦!"

"对啊对啊,你知道吗?当你受伤,不只自己疼得哇哇叫,你的家人也会心疼得不得了!"小萌语气急促,眼神里是满满的担心。

以上小片段来自三年级《生命最宝贵》一课导入环节,而故事中的"乐乐"原型就在我们班里。本课的学习内容是一个有效落实小学道德与法治课中的"生命安全与健康教育"的载体。我将孩子们真实的生活经历融入课堂,学生通过身边鲜活的例子,产生了强烈的情感共鸣,自然而然地引起学生对健康身体的关注。

原来,当道德与法治课堂以学生生活为基础,通过多样联结自己、自然与社会的学习活动,能够有效地引导孩子们发现问题、分析问题、解决问题。

让我们继续回到课堂里好好感受一番吧!

一、融情于"理"

承接导入部分的故事,我又继续创设了乐乐一只手绑着绷带垂头丧气地回到校园的场景。

"升旗时,乐乐发现自己的红领巾松开了,这可怎么办呢?"我问道,"谁愿意上来演一演乐乐,试着只用一只手系好红领巾?"小王等三位同学被请到教室前面,小心解开胸前的红领巾,满脸微笑地做好准备。

"受伤的右手要藏在身后,只能依靠左手完成红领巾佩戴,不可以求助他人哦!"孩子们点点头。

"开始!"音乐缓缓响起,我隐约感受到三位同学的表情也随着音乐旋律的转换由淡定自信转为面露难色。

时间在一分一秒过去,其中两位同学小脸通红,他们或许觉得成功的希望渺茫,干脆宣布放弃。只有执着的小王仍在坚持,还试图用下巴夹住红领巾的右侧,左手捏住红领巾的左侧那一头想要缠绕成圈。见小王屡试屡败,座位上的同学也为他捏了一把汗,加油声此起彼伏。

"唉,太难了!"小王耷拉着脑袋,深深地叹了口气。

"现在后悔吗?有什么话想对大家说呢?"

"真的很后悔。自己太调皮了,现在手受了伤,一点小事都做不好。"说完,小王垂头丧气地回到自己座位上。

"那么,爱护自己的身体重不重要?"

大家异口同声地回答:"重要!"小王更是一边回答,一边用力点头。

瞧,学生们身在情境"场"中忘却自我,沉浸其中,产生了真切的体验。他们感受到不爱护身体所带来的烦恼与痛苦,明白了自身安全健康的重要性。这样经历"通情",必然"达理"。

二、迸发"理"智

听!乐乐的故事仍在继续。"该吃午餐了,乐乐又遇到了新麻烦,需要大家来帮忙,你们愿意吗?""愿意——""先来听听乐乐的新麻烦是什么。"

乐乐说："我对蚕豆过敏，浑身会发红发痒，如果吃了，对自己的身体是不健康的；如果不吃，又会担心老师和同学说我挑食。明天学校的午餐蔬菜就是蚕豆，我到底该怎么办呢？"

这下，可见不到孩子们高高举起的小手了！目之所及，他们或眉头紧皱，或面面相觑……

"看来这个问题似乎有点难倒大家了。那就请你跟小组同学合作讨论，看看是否可以碰撞出思维的火花。"

只见各小组迅速围坐在一起，大家你一言、我一语，讨论十分热烈……

三分钟后讨论结束，孩子们开始分享自己的办法。

"提前跟老师说自己不能吃蚕豆，向食堂申请是否可以另外备一份蔬菜。"

"自己准备一份蔬菜，把蚕豆分给爱吃的同学。"

"第二天跟老师交换蔬菜。"

……

孩子们的机智解答令人惊喜，更值得称赞的是他们在小组讨论时宽松而专注的交流氛围。在这样的互动环节中，每个组员都能够自由地表达观点、交流想法，并从多个角度深入剖析同一个问题。通过集思广益，他们成功地探索出多种有效的应对策略，充分发挥集体智慧的力量。最终，他们成功地解决了现实生活中真实存在的、关乎个人生命健康的两难问题。

三、以"理"促行

接着，让我们继续把镜头转向模拟生活真实情境的实践活动——"乘地铁时，我们该如何保护自己的身体？"

看！七色花号列车进站啦！一条灰色地垫在教室中间的过道里缓缓铺开。

"请5组同学演一演地铁车厢中的'乘客'。同时，另一小组的同学担任'观察员',站在教室的各个角落,详细记录每位'乘客'在乘坐地铁时自我保护的表现。"

"哐当、哐当……列车即将到站,请乘客做好准备……"耳边传来熟悉的地铁运行和广播声音。孩子们煞有其事地在"地铁"门前排好了队。

"滴滴滴……"随着车门开启,"乘客"们纷纷走进车厢。站稳后,他们有的握拳举过头顶,拉着"手环";有的双手在身前紧握,把着"扶手";有的扎起了马步,保持平衡……列车启动了,"乘客们"也随着车厢的晃动左摇右摆,你推我挤……

两分钟后,模拟体验活动结束,"乘客们"纷纷回到座位上。"哪位小观察员来评价一下乘客的表现,看看他们是否做到了爱护自己的身体?"

小顾上前一步说:"我看到好几位同学都拉着把杆,防止摔倒,这样做很正确。"大家都点头表示赞同。

淇淇说:"我有一个疑惑,可可同学刚刚一直把右手臂横在胸前,这是为什么呢?"

这个问题问得好,有疑惑就有思考探究,就有可能解决学生真实存在的问题。我赶紧再次质疑,引起更多学生的关注:"你观察得真仔细,老师也很想知道为什么。可可,你来为大家揭开谜底吧!"

可可站起来说:"我们的心肺都在胸部位置,横着的手臂可以适当地为自己隔开一点安全距离,防止被挤窒息或受伤。"教室里顿时响起了一阵掌声,可可真会想办法。

小杰迫不及待地举手表示有补充:"现在是感冒多发季节,很多同学都没有戴口罩,我想提醒大家记得乘坐地铁时请戴好口罩,为自己和他人的健康设一道小小的安全屏障。"教室里再次响起热烈的掌声……

回味这节课上学生们的活泼灵动、自主乐学,我深切体会到:在情境支持的实践中,在合作探究的学习模式下,学生们爱护身体、珍爱生命的安全意识明显增强了,解决问题的能力也得到充分的发展和提升,学习的广度和深度也在不断地延伸、拓展。

从这样的课堂走向生活,相信学生们会收获更多成功的体验。

小学道德与法治课程强调在生活中学习生活,注重对学生生活实践智慧的培育。因此,本课教学设计以学生生活的实际需要和问题为出发点,创设源于学生生活现实的活动情境,在学生参与活动的过程中,注意唤起他们的生活经验,引导学生在反思自我生活、镜观他人生活的视野中,过好明天的生活,奏响生命之歌。

撰稿:高荣

案例 9

探秘自然　走近生命科学

——以一年级《鱼的外形与食物》一课为例

"鱼的身体到底由哪些部分组成?"

一个小男孩一边用手指在大家面前勾勒出鱼的轮廓,一边说"鱼有头、身体、尾巴……"

"知道鱼儿爱吃什么吗?"

"我查过资料,大鲨鱼喜爱吃比它们小的鱼。"我的话音刚落,孩子们热闹开了，"草鱼、鲢鱼喜欢吃植物性的食物"。

再次回首那堂一年级的自然课——《鱼的外形与食物》，我依旧万分感慨：科学课堂不只是传授知识的地方，更应是孩子们探索世界、发现奥秘的乐园。我要做的，就是在这片乐园里，悄悄播撒科学的种子，让科学住进孩子们的心间。

让我们与孩子们一起进入鱼的世界，开启科学探索之旅吧！

一、探秘生命之美

"有头没有颈，身上冷冰冰，有翅不能飞，无脚却能行。有谁知道这是什么？"话音未落，就听到孩子们口中的"鱼"字连成了串儿。看来，孩子们对鱼的特征还是有所了解的。

接着，我搬出了一缸金鱼。看到游动的鱼儿，孩子们"哇！"的一声欢呼了起来。待大家安静下来后，我说："今天我们的第一个学习任务是选择合适的工具，了解鱼儿的身体由哪几部分组成。"

"开始！"我一声令下，孩子们立刻展开行动：有的孩子不断地变换自己的位置，以便从各个角度观察金鱼，寻找不同的细节；有的则选择了放大镜，仔细地观察金鱼的头、躯干、尾和鳍；有的禁不住轻轻地伸出手去触摸金鱼，感受金鱼运动时各个结构的动态变化，理解金鱼运动的方式……

进入交流环节了，孩子们迫不及待。一位男生拿起一块金鱼的拼图，指着说："我观察到金鱼有头、身体和尾。"孩子们不住点头与微笑，这是最好的认同。

"我发现金鱼身上有许多的鳍。"另一个孩子立刻补充道，"它们能帮助金鱼在水中自由游动。"

"所有鱼的身体结构都一样吗？我们用什么办法证明呢？"随着我的追问，教室里霎时鸦雀无声。

"我们可以通过查阅资料来找到答案。"不一会儿，一个戴眼镜的小男孩怯生生地说道。

"是呀！孩子们，老师知道大家方法很多，都是小小科学家！"

被激励的孩子的确有创造力。不一会儿，孩子们利用平板电脑观看视频、观察图片等方式，在比较多种鱼的外形特征后找出了规律：大多数鱼都是由头、躯干、尾和鳍组成。

就这样，孩子们在观察活动中，发现了鱼类的身体结构特点，并通过讨论和查阅资料，验证了观点。科学之美悄然植入他们心间。

二、解锁生命之谜

"金鱼在水中不停地张着嘴巴寻找食物，那它们究竟喜欢吃什么呢？"

"我觉得金鱼最喜欢吃青菜。"

"我觉得金鱼喜欢吃肉！"

……

科学探究往往源于一个简单的生活现象。就如以上，我的一个话题即可引起孩子们的科学猜想。

"你们的判断是否正确呢？如何验证。"

孩子们借助以往学习经验，不假思索地异口同声："做实验，找证据！"

"对了，那这次做实验的目的是什么呢？"我重申问题。

"是找到这些食物中金鱼最喜欢的食物？"孩子们清晰的思路得到了我大大的赞！我继续追问道："那怎样确保实验的公平呢？"

"放食物的时候，不能有先后，要同时放到它们的盆里。"昊昊说。

天天也按捺不住地分享着他的思考："做实验的时候，不能大吵大闹，不能打扰小金鱼进食。"

思维碰撞之后，各小组纷纷开展讨论，设计着自己的实验方案。明确要求后，实验开始了！

目之所及都是孩子们专注的身影：大家凝神屏气，各小组操作员小心翼翼地将青菜、虾子卵于同一时间均匀地撒入鱼缸。看到金鱼朝着虾卵方向纷纷游去的画面，我觉得孩子们心中已有了答案。

"除了金鱼，其他鱼也喜欢吃虾卵吗？"一个孩子又提出了自己的疑惑。

"查找资料呗！"孩子们默契十足，开始从桌上的文件夹里寻找有用的资料。

看！他们一边认真阅读资料，一边时不时在关键词、句上圈圈画画做着记录。不一会儿，答案得到揭晓：

"原来不同的鱼喜爱吃的食物也是不一样的啊！"

"鲤鱼和鲫鱼等既吃植物性食物，也吃动物性食物呢！"

"金鱼也是动植物都吃，它们是杂食性的！"

孩子们从一个简单的现象开始，经历了提出问题→设计实验方案→实施方案→记录结果→得出结论的过程，在实验、探究中初步认识了科学探究的一般规律，点亮了科学之慧。

三、感悟科学之魅

"若要饲养金鱼，我们还需要知道哪些知识？"

当孩子们得知有机会运用所学知识饲养小金鱼的消息后，高兴得手舞足蹈。

"我们必须了解金鱼适合的生活环境。"

或许是对饲养金鱼的渴望，孩子们的回答如此精准到位。倍感欣慰的同时，也激发了我对教学的热情，及时向孩子们展示饲养活动记录表。

伴着轻松的音乐声，孩子们的科学探究又启程了！

他们有的翻阅资料，有的热烈讨论，有的精心绘制着设计图……那分明是一个个尽责的为小金鱼创设既舒适又安全的生活环境的小小饲养员，每一个细节都是孩子们对生命的尊重和对自然的敬畏。

音乐声戛然而止，分享会开始了！

"我们组准备把鱼缸放在阳台的一侧，这样小金鱼就能每天都晒到阳光了。"

"我们想在鱼缸中布满装饰物，让鱼儿的生活环境更美丽。"

"我反对，资料中提到裸缸更有利于日常管理和控制水质，所以我认为不应该放太多的装饰物。"

……

孩子们你一言，我一语，在尊重与批判中主动完善自己的设计方案，让方案更有科学性。

课堂结束后，我把小鱼分发给大家，引导孩子们让课堂实践走向生活……成果展示那天的情景依然让我无限回味！有的孩子带来的小金鱼神气活现，甚至还多加了几条金鱼与它作伴；有的孩子告诉我第一次饲养金鱼失败了，在总结原因、查阅资料后又重新购买了金鱼，这一次他成功了；还有的孩子很沮丧，他们的小鱼死了，但还想再试一次……

于是，我召集大家围坐在一起，分享他们的金鱼饲养经历。喂养成功的孩子自豪地说："我定时喂食，及时关注水质，现在鱼儿们都活得很健康。"

小辰同学说："我生怕它饿着，起先我一天喂四五次，结果鱼儿没两天就死了。后来查资料得知，鱼儿要保持适度的饥饿。我的这条金鱼每天或隔天喂五六粒鱼食就可以了。"

旁边的小玥同学接嘴："我把鱼缸装饰得很精美，结果两条鱼中的一条死了。爷爷告诉我，养鱼的水要太阳晒过才好，鱼缸不要过多装饰。我及时纠正了错误，保住了剩下的这条鱼。"

成功的秘诀、转败为胜的经历以及继续再"战"的策略此起彼伏……那何尝不是一次次课堂的观察、探究、实践让科学之光融进了孩子们的心里?

一节课,意义非凡!这是一场双向奔赴的科学之旅!孩子们置身真实的科学实境,在不经意间投入其中;在任务驱动下,多感官参与自然学科的各类学习活动中,不仅参与了生物的生命历程,真正地成了课堂的小主人,与科学亲密"触碰",寻找证据验证猜想,科学思维、科学精神更是长进了孩子们的心头。

立足于学生核心素养的发展,七色花小学的自然课堂正在悄然发生着改变,科学的种子在学生心中萌芽,必将迎来未来的绽放……

撰稿:施建琦

从上述一个个课例中,我们得以窥一斑而知全豹。各学科教师根据学校创新素养培育目标,紧密围绕学科教研组的核心研究主题,精心设计了一系列更加贴近学生兴趣与需求的教学活动。这些看似细微的教学片段,不仅展现了课堂的多元与活力,更深刻地折射出学生们学习方式发生了根本性转变。这种转变,超越了外在行为的简单变化,而是深入学生的思维模式与学习态度的内核之中。学生们开始更加深入地关注问题的本质,运用批判性思维去细致分析、灵活解决各类问题;同时,他们也更加注重团队合作和沟通交流,学会在集体中发挥自己的优势,与同伴们协作,实现共同的目标。

在七色花般绚丽的校园里,各学科的"美丽课堂"正悄然经历着一场深刻而美妙的变革。学生们在多姿多彩的学科实践中,感受着课堂的温暖、情愫、韵味和力量,充满自信地展现着各自的独特风采。

匠心育美

"美丽课程"里的小荷露尖

　　课程是实现教育目标的核心途径，也是塑造人才的关键环节。科学设计课程体系对学生身心全面发展具有深远的影响。同时，学校也需构建独特的课程体系，以塑造自身独有的教育风貌。

　　历经多年的教育实践，我校精心打造并推进了"立美育人"的课程体系。该体系以"立美—整合"为总体开发思想，细分为以"美丽课堂"为实施主干的"一品红"基础型课程、以模块分层实施为主要形态的"橄榄绿"拓展型课程以及以"问题墙"为实施主渠道的"蔷薇紫"探究型课程三大板块。这一课程体系横跨艺术、体育、德育和科技等多个学科领域，不仅夯实了"一品红"基础型课程的教学内容，更赋予它新的深度和广度。

　　在校本特色课程的开发与实施中，我们始终立足学校的文化根基，充分考虑学校的实际情况，尊重并发挥师生间的独特性与差异性，并将"立美育人"的办学理念深入贯彻其中。

　　教师从生活多元视角出发，设计了一系列丰富多彩的课程活动，着力熏陶学生的多元艺术取向，并增强其实践体验：依靠兴趣社团和特长社团的多元模式培养学生的兴趣爱好，并促进特色发展；利用学生创意工作室、"小小地球村"文化展示以及孔子学院等活动形成多元文化，激发学生的自主性和创造性，促进国际理解和包容精神的发展；借助星光大道、爱心义演、义卖等活动进行多元合作，让学生学会团结协作，关心他人和社会。这些课程活动的设计与实施，都呈现了"立美育人"特色课程的多元性，蕴含着"立美育人"课程的价值追求，为学生提供了多方位的美育体验。

近年来，随着区域创新教育的不断深入，学校对创新教育的研究力度日益加大。特色课程作为创新教育理念下的核心实践载体，其育人价值愈发凸显。然而，如何进一步挖掘和发挥特色课程的育人潜力，仍是我们面临的重要课题。这需要深入剖析特色课程的核心理念，明晰其与创新教育的内在联系，并在日常教学中有效实施，以实现育人目标。

尽管七色花小学的特色课程内容丰富多彩，但在各模块间的分布上尚存在不均衡性。艺术、体育类项目如丰子恺漫画、李守白剪纸、高尔夫、棒球等种类繁多，深受学生欢迎，为校园生活增添了浓厚的艺术氛围与活力。然而，在德育和科技类项目的开设上，还存在一些不足。德育课程尚未形成全面且系统的教育框架，科技类项目也相对薄弱，未能充分满足学生日益增长的对科技创新的兴趣和需求。为了更好地促进学生全面发展，我们亟须对这种不均衡的现状进行深入的分析和调整。

在完善特色课程的同时，我们也在不断地探索课程实施形式的创新。我们计划引入更多的创新元素，如跨学科的项目式学习和实践性学习等，以引导学生更深入地理解和应用所学知识。通过这些创新性的学习方式，期望能够培养学生的创新思维和实践能力，使他们能够在实践中不断地探索、学习和成长。

此外，我们意识到教师队伍建设是创新素养培育视野下提升课程育人效果的关键。我们将加强教师的专业素养和创新意识培养，通过广纳外界优质教师资源、开展教师培训和交流活动等途径，不断提升教师队伍的整体水平。

立美育人　花开斑斓

综合上述思考,在创新素养培育的背景下,学校特色课程体系亟待深度重构与优化,以契合社会发展的新需求。为此,项目组集聚全校教师智慧,将"美丽课程"作为融合校美育特色的第二大项目。在全体教师的共同参与和建设中,项目组紧紧围绕培育学生创新素养这一核心目标,由点到面,不断深化,逐步清晰"美丽课程"的目标定位和内容框架,并形成了有效的实施路径。

一、花园探秘

1.建构凸显创新素养的"美丽课程"框架

对学校而言,培养学生的创新素养,最为关键的是要建构基于学生创新素养培育的校本课程框架体系。依据创新素养培育目标,我校项目组将课程目标、内容结构和具体安排等要素加以整合,搭建起"美丽课程"整体框架。

1）廓清"创新素养"课程目标

校本化的课程群建设是在学校办学理念引领下,为实现学校的育人目标,将学校课程内容的结构、类型和具体安排等要素加以整合而形成的有机整体。它是促进学校内涵式发展、开展学校教育教学活动、实现学校办学理念和育人目标的载体。

鉴于此,我们联通课程要素,连接真实的生活,盘整与开发学校校本课程,致力构建既具有学校特色又能够真正支撑学生创新素养培育的校本特色课程。

在学生创新素养培育的整体目标下,我们将"美丽课程"项目的目标确定为立足学校办学特色,将艺术、体育、德育、科技本身的欣赏创造之美、坚韧拼搏之美、求真求善之美、求新求实之美统整融入校本课程教学之中,突出创新人格、创新思维和创新能力三个维度的协同发展,为孩子们打开课程视野和边界,使他们学习兴趣更加浓厚,在富有挑战的任务面前,敢于质疑、多角度思考,创造性地解决遇到的问题;在实践中能够合作探究,不怕失败,大胆创新。

2)形成"美丽课程"总体架构

在目标定位逐渐清晰的基础上,项目组基于学生的年龄特点和认知规律,全面复盘整合、梳理课程内容,整体布局,形成了序列化、兼有普及与提高的指向学生创新素养培育的"美丽课程"总体架构,并对子课程进行目标与内容的细化,保持整体的一致性。

(1)编排四大课程板块。"美丽课程"项目涵盖了学校艺术、体育、德育、科技四大领域,基于学生创新素养培育目标,形成了"艺术大舞台""律动俱乐部""心灵小驿站"和"玩美工作坊"四大特色课程板块。

四大课程板块覆盖一至五年级,呈现螺旋上升的结构,既有关注全体学生的普及类课程,又有引领学生特长发展的兴趣类课程,更有多元化的综合实践活动,为学生搭建展示和交流的平台。"美丽课程"总体架构如图2-12所示。

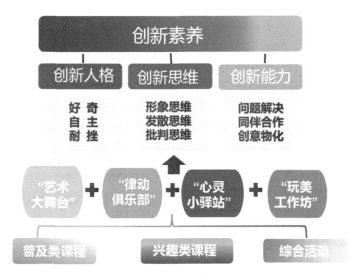

图2-12 "美丽课程"总体架构

（2）细化目标盘整内容。因"艺术大舞台""律动俱乐部""心灵小驿站"和"玩美工作坊"四大课程具有不同的课程特点，故项目组在发挥课程育人功能的同时，还在细化课程目标和内容设置中各有侧重地融入了创新素养培育目标的9个关键要素。各板块课程目标和内容设置如图2-13和表2-10～表2-13所示。

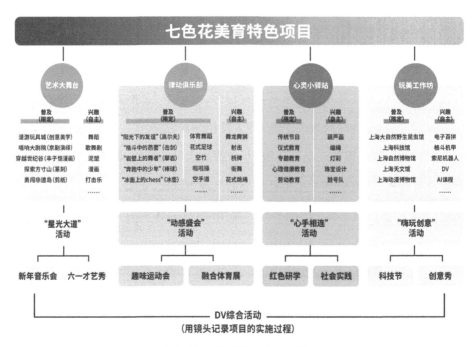

图2-13　"美丽课程"课程内容概览

表2-10　"艺术大舞台"课程目标和内容设置

课程目标	聚焦"好奇、形象思维、创意物化"等要素，盘整与开发学校艺术类特色课程。引导学生在课程学习中拓宽艺术视野、提高艺术鉴赏水平，培养他们具有浓厚的艺术学习兴趣以及审美感悟和艺术表现力，使学生在美的情境中大胆创新，交流展示，提升创新思维能力，培育创新实践力。

（续表）

课程内容	普及类课程	在"丰子恺漫画、李守白海派剪纸、篆刻"等艺术类经典课程传承的基础上，基于特色开发相关课程。目前，一至五年级的普及类课程分别为"漫游玩具城——玩具设计""唱响大剧院——京剧演绎""穿越世纪谷——丰子恺漫画""探索方寸山——篆刻"和"勇闯非遗岛——剪纸"。
	兴趣类课程	更多关注学生艺术特长和艺术素养的培育。通过引进小荧星艺术团、上海京剧院、区青少年艺术中心等校外专业资源，开设舞蹈、歌舞剧、泥塑、漫画、打击乐等涵盖人文与专业的艺术兴趣类课程。
	综合活动	"星光大道"综合活动作为艺术课程展示的平台，以"新年音乐会"和"六一才艺秀"为载体，展示学生的学习成果和艺术学习风采。上学期的"新年音乐会"，关注的是以音乐的方式展示普及类课程的学习效益；下学期的"六一才艺秀"，旨在创意、综合地展示学习效果。

表2-11 "律动俱乐部"课程目标和内容设置

课程目标		聚焦"好奇、耐挫、形象思维"等要素，梳理开发学校体育特色课程。引导学生在高尔夫、花跳、击剑、攀岩等体育活动中感受运动的魅力，体验坚韧不拔的体育精神，以审美的眼光欣赏体育，以不怕失败的体育精神自信地展现学习成果，激发创新活力。
课程内容	普及类课程	旨在落实市教委"五课、两活动"的课程计划，开展国家课程的校本化实施和活动课普及类课程的实践。 国家课程的校本化课程实施：一至五年级分别为"阳光下的少年——高尔夫""格斗中的芭蕾——击剑""岩壁上的舞者——攀岩""奔跑中的少年——棒球"和"冰面上的CHESS——冰壶"。 体育活动课普及课程：一、二年级分别为体育舞蹈、花式足球、空竹；三年级为游泳（保龄球）；四年级为啦啦操、攀岩、空手道；五年级为射击、啦啦操、空手道。除三年级外，每年级共设3门课程，以"课程大转盘"的形式在年级内开展。

（续表）

课程内容	兴趣类课程	为满足学生多样化的体育兴趣和锻炼需求，学校开设舞龙舞狮、射击、棒球、街舞、花式跳绳等兴趣类课程。积极引进市、区等校外专业软硬件资源，促进学生养成运动好习惯，运动技能不断提升，身体素质不断增强，更提升学生耐挫、坚毅的个性品质。
	综合活动	"动感盛会"综合活动作为体育课程展示的舞台，旨在以"趣味运动会""融合体育展"等活动展示学生的体育锻炼风采。"趣味运动会"指向的是普及类课程对学生身体综合素质提升的影响；"融合体育展"是对两类课程实施学习效益的成果展现。

表2-12　"心灵小驿站"课程目标和内容设置

课程目标		聚焦"自主、批判思维、同伴合作"等要素，挖掘我国传统节假日、纪念日等活动的丰富内涵，开发和整合系列德育校本课程。引导学生"发现美、欣赏美、创造美"，唤醒每个学生的审美意识，培养学生对传统文化的热爱以及对多元文化的认同，提高学生对善、恶、美、丑的批判思辨能力，同时在互相交往中实现自主管理、持之以恒等创新人格的培育。
课程内容	普及类课程	一至五年级课程主题分别为"仪式教育""专题教育""传统节日""劳动教育""心理教育"和"行规教育"。通过丰富多彩的德育体验课程，促进七色小花全面而有个性的发展。
	兴趣类课程	开设葫芦画、编绳、灯彩、珠宝设计、鼓号队等人文类课程，提升学生对善恶的判断力、对文化理解力和对审美的感知力；使每一朵七色小花在实践活动中，拥有积极的精神面貌与向上而生的力量，迸发出创新的活力。
	综合活动	以"心手相连"综合活动为平台，分别在两个学期开展"红色寻访""社会实践"等以美育为主题的实践活动。融合普及类与兴趣类课程的技能与素养，为学生创设道德立美的舞台，让学生带着发现美的眼睛，吸取他人之长，引领学生向美而行。

表2-13　"玩美工作坊"课程目标和内容设置

课程目标		聚焦"发散思维、问题解决、创意物化"等要素,设置各年段的科技类校本课程。引导学生在聚焦创造性问题解决和产生成果的科创活动中,形成问题意识、创新思维,学会深度学习和迁移运用。
课程内容	普及类课程	一至五年级的普及类课程分别为"上海大自然野生昆虫馆""上海科技馆""上海自然博物馆""上海天文馆""上海动漫博物馆"。通过"馆校合作",以项目化学习方式,从情境体验、探究思辨、合作互动三方面激发学生的探索欲望,促进创新能力的发展。
	兴趣类课程	注重智美融合。开设了电子百拼、DI等科技创新课程;AI编程、格斗机甲、智能机器人等人工智能课程;珠宝设计领衔的创意设计课程以及磁力建模等模型课程,通过引进区青少年科技活动中心等专业资源、跨学科的体验学习和实践操作,培养学生科学素养。
	综合活动	每年的"嗨玩创意"综合活动作为科学课程展示的平台,以"科技节""创意秀"为载体,展示学生创新成果的盛会。活动以彰显主题性和挑战性为特征,注重实践与体验,旨在培育学生的实践能力和创新人格。

综上,4个板块的课程内容设置都是开放而多元的,紧扣本项目创新素养培育的关键要素,整合富有美感的教学内容以及表现形式,将艺术、体育、德育、科创类项目内容延展与贯通,让学生在真实的学习情境和丰富的学习经历中实现自我挑战与超越。

3)研制"美丽课程"科目纲要

"科目纲要"是课程灵魂的体现,是教师在参考课程标准、课程指南、教材及多种教学参考资料的基础上,撰写的体现本门课程各要素的指导学生"学"与教师"教"的教学计划,涉及课程目标、内容、实施与评价。

紧紧围绕科目纲要的设计要素,项目组组织教师对应课程标准和学校的创新素养培育目标,对课程教学内容和教学过程进行系统而理性的再思考,研磨形成了"美学创意、创意京剧、丰子恺漫画"等课程科目纲要。

在撰写"美丽课程"科目纲要时,我们主要关注了以下要点,以凸显创新素养培育成效。

(1)课程目标:明确课程的教学目标和培养目标,以及学生通过学习应具备的能力和素质,尤其要融入我校创新素养培育目标。

(2)课程内容:涵盖艺术、体育、德育、科技四大领域,关注创新人格、创新思维和创新能力3个维度,以及9个关键要素,通过多元化的内容设计,培养学生创新素养,同时在课程安排中不仅要规定课程的总课时数和每个模块、主题的课时数,还要对每节课的教学内容和实施要点作出说明,注重教学的时效性和针对性。

(3)课程实施:注重实践性和探究性,引导学生主动参与、积极思考。根据学生的年龄特点,重点探索"主题项目"实施方式,以"项目学习"的形态贯穿学习过程。

(4)课程评价:说明课程的评价方式和标准,内容应包括兴趣和习惯、欣赏与分析、创作与分享、交流与展示等,要注重过程性和结果性评价相结合,通过富有激励性的评价方式陪伴和指引学生积极地开展创意实践。

2. 形成培育创新素养的"美丽课程"实施方略

学校深度挖掘立美办学特色的积淀,盘活课程资源,尝试跨界连接,聚焦教师的教和学生的学,以"项目化"学习方式着力推动校本课程建设,深化并提炼"美丽课程"的行动方略。

方略一：盘活课程资源

课程资源是培育学生创新素养的肥沃土壤，激活课程资源，打破传统思维的桎梏，能够让创新素养在学生心中萌发、生长。多元化的课程资源，能够让我们从多角度、多层次为学生提供支持和引导，激发他们的创新潜能。在"美丽课程"的推进过程中，我们致力于引进校外专业精英和大咖，以及专业场馆的力量，以滋养创新素养的培育。

1）牵手专业大师，持续发挥名人影响力

学校借助市、区级各类平台引进专业大师、行业精英、大咖等，在指向创新素养培育的目标引领下，结合自身专业领域，融合学校美育特色，为学生带来别样的艺术体验。

（1）以名人效应扩大视野格局。在推进"美丽课程"的过程中，名人大师是我校借助的重要资源。通过引入各行业名师、大师，借助名人效应帮助学生拓宽视野，深入了解艺术、体育、科技、德育等领域的发展趋势和动态，激发他们对学习的好奇和热情。

我们诚邀艺术领域中的佼佼者来校举办讲座。如篆刻大师张炜羽、丰子恺漫画传承人宋雪君、海派剪纸大师李守白等艺术家，或是独具慧眼的DI导演等。通过聆听他们的讲座，学生有机会一窥艺术、体育等各领域的奥秘，掌握创作的技巧和方法。同时，他们也可以从名人的成功经验中获得启示，为自己的创作之路寻找灵感。

此外，我们还将名人的作品引入课堂。如丰子恺漫画、张炜羽老师的篆刻作品、李守白大师的剪纸作品等，让学生们能够近距离欣赏和理解这些经典之作，培养他们的艺术鉴赏能力和审美意识。通过分析名人的作品，学生们可以深入了解艺术的魅力和价值，也可以从作品中学习创作技巧和表现手法。

与此同时，学校还积极建立校外辅导员制度。邀请艺术领域的知名人士担任学生的校外辅导员，为学校提供创造性的指导和建议，为学生提供艺术实践的机会，帮助学生提高创作能力和技巧。同时，辅导员们分享自己在艺术行业的经验和见解，让学生们及时了解艺术行业的实际运作情况和发展趋势，开阔学生的眼界。

（2）以"双师课堂"开展协同教学。学校充分调动校内外优质师资，采取了"双师课堂"的模式。它不同于一般意义上"以强带弱"的双师授课，而是采取"强强联手"，即"校外名师+校内专业教师"，他们既有类似专业背景支撑，也有各自的特长优势。在课程实施过程中，充分发挥"双师"的主动性与能动性，以学生学习方式改变为着力点催生课堂的创新性。

"双师课堂"既体现课程学习的专业性，也展现多领域的融合性。因为"双师"拥有不同的专业背景和教学经验，他们可以针对同一主题，创设问题情境，分工合作，引导学生从不同的角度探究问题、解决问题。课堂上引入更多的互动环节，提高学生的积极性和参与面。例如，在篆刻教学中，篆刻家张老师和学校青年书法老师协作，从篆刻与书法融合的角度进行启发式教学，两位教师通过新颖的教学内容启发孩子们丰富想象、深入思考，从多个角度为学生们开拓思维，引发创意。

2）链接场馆资源，丰富学生沉浸式体验

情境学习理论认为，学习不仅是个体的行为，而且是与情境紧密相连的。学生在场馆中，可以接触到真实的问题情境，通过观察、交流和亲身体验，对知识进行深度理解和应用，从而培养创新思维和解决问题的能力。从多元智能角度，学生在场馆中，可以通过参与各种活动和项目，激发和挖掘自身的多元智能，从而提升创新素养。

在课程推进中,我们不断地探索馆校结合的方式,紧扣学校创新素养培育九大关键要素,深入挖掘、形成了丰富的场馆资源,并在馆校合作中逐步探索出"场馆研学"的新路径。

(1)全面挖掘,形成覆盖四大课程的场馆资源库。我们紧紧围绕创新素养培育目标,在全面梳理现有场馆资源的基础上,寻找与"美丽课程"四大子课程相匹配的场馆资源,形成了涵盖艺术类场馆、体育类场馆、科技类场馆以及德育元素浓厚的博物馆等延伸校内课程的校外场馆资源库(见表2-14)。

表2-14 学校课程场馆资源库

艺术大舞台	律动俱乐部	心灵小驿站	玩美工作坊
黄浦科技艺术中心	区少体校高尔夫球馆	黄浦区劳技中心	上海大自然野生昆虫馆
上海京剧院"小不点剧场"	区少体校击剑馆	瑞金社区红色基地	上海科技馆
丰子恺"日月楼"走访丰子恺故里(桐乡市石门镇)	黄浦市民健身中心攀岩馆	农耕劳动教育基地——溪进农庄	上海自然博物馆
韩天衡美术馆	昊至保龄球馆	思南公馆	上海天文馆
田子坊守白工作室	区少体校冰壶馆	西点军校	上海动漫博物馆

(2)深入实践,找到"场馆研学"路径。"场馆研学"是一种综合的、开放的、为学生提供真实的学习环境、创建自主探究学习空间的非正式学习,通过实地参观和实践体验,让学生更深入地了解和学习相关知识或技能,拓宽学生的视野,增强学生学习的热情和兴趣。在"美丽课程"推进中,我们依据课程内容的不同,连接场馆资源,逐步打磨出独具特色的"场馆研学"路径。

互动体验：面向1～2年级学生，对接场馆资源，开发以互动、体验为主的场馆课程。如在"唱响大剧院"课程中，带领同学们走进"小不点、大视界"剧场，与世界著名艺术家面对面，在沉浸式场景中全身心参与体验，增强互动，于无痕中提高学生的学习兴趣，提升他们的艺术表现力和创意表达能力。

联合开发：面向3～5年级学生，结合场馆资源，联合开发课程，如三年级的丰子恺漫画课程、四年级的篆刻课程、五年级的剪纸课程等。在校内知识、技能学习的基础上，每学期组织相应年级的学生，带着学习任务单步入场馆，面对面接触大师作品，学习作品的背景知识和所需技能，开展丰富多样的实践活动，从而拓宽学生的视野，丰富他们的想象，提升他们的创新能力。

嵌入沉浸：将学校课程嵌入校外场馆专业课程学习中，如律动俱乐部中的高尔夫、攀岩课程。组织学生进入专业场馆进行体育专项技能的学习、训练与比赛，帮助学生更好地了解体育文化，提高体育竞技水平，从而丰富他们的学习经历，锻炼他们的耐挫力，提升他们解决问题的能力。

方略二：共享行动策略

在"美丽课程"实施的过程中，我们紧扣创新素养培育目标中九大关键元素，提倡项目化学习方式，强调"基于真实情境、注重问题驱动、引导合作探究、开展评价交流"四大策略，在实践中积累了典型案例。

1）基于真实情境

建构主义学习理论强调知识的获得不是单靠教师的传授，而是学习者在一定的情境下，借助他人，利用必要的学习资料，通过意义建构的方式获得。在"美丽课程"项目化学习推进中，教师精心选择与现实生活相关的主题，让学生在真实的生活和学习场景中自主学习，提高解决实际问题的能力。

对于一些危险或不易接触的内容，教师通过模拟现实情境、角色扮演、案例分析等方式创设与现实生活相似的情境,让学生更好地理解这些内容。基于真实情境的学习凸显学生的主体性,注重学生全情参与体验,能够让学生看到所学的知识在实际中的应用和价值。

2)注重问题驱动

项目化学习是通过项目问题来引发学生对学科知识的探究和学习。因此,各科教师以课程目标为导向,设计真实而有意义的驱动性问题,将学生的学习注意力聚焦在核心问题的探究上,使学生的学习和探究始终指向目标,以增强学生学习的一致性和连贯性;在问题设计中,我们强调问题应该具有一定的启发性,以帮助学生思考并找到解决问题的方法;强调问题应该与学生的实际情况和知识背景相符合,以确保他们的参与度和积极性;强调问题应该具有可评估性,以便对项目成果进行评估和总结。

3)引导合作探究

在"美丽课程"推进中,教师注重对学生合作探究的引导。例如,在项目开始时,引导学生以小组合作的形式共同制订活动方案,分工合作、搜索资料;项目推进中,将学生分成较小的组别,引导他们在组内进行互动,以增强学生的团队合作技巧和沟通技能;教师定期对每个小组的表现进行反馈和评价,激励他们更加积极地参与合作探究,在评价学生的学习成果时,不仅注重个人的表现,更强调团队的整体表现,从而促进学生团队合作意识和团队合作能力的提高。

4)开展评价交流

教师们注重对学生学习成果的展示和评价。依据"艺术大舞台""律动俱乐部""心灵小驿站"和"玩美工作坊"四大课程培育目标,为学生搭建平台,引导学生在"新年音乐会""六一才艺秀""趣味运动会""融合体育展""红色研学""社会实践""科技节""创意秀"八大主题活动中,发挥想象、动手实践,将课程中所学的知识与技能创意转化为实际的成果,借助平台加以展示,同时注重多种评价方式综合运用,紧扣项目培育目标,给予学生及时的反馈和建议,帮助他们改进和提高。

二、花园闻香

三年来,学校围绕课程构建的核心理念,从顶层架构出发,不断优化行动、改进策略,最终合力打造出独具特色的"美丽课程"。在推进"美丽课程"项目化实施的过程中,我们紧扣项目实施目标,积极凸显并实践"美丽课程"的行动策略。这些策略在每类课程的推进过程中各有侧重,从而确保了项目整体顺利进行,并取得了良好的成效。

1."艺术大舞台"上绽放美

随着"美丽课程"项目的研究推进,我们在思考:作为艺术教育特色学校,如何创新学校艺术教育的学习内容和学习方式,吸引更多的学生沉醉于艺术课堂？如何让艺术特色课程发挥最大的辐射力,融合美育思想,推进课程变革,实现以美育美、以美创新的目标？

为此,我们深度挖掘立美办学特色的积淀,以"立美—整合"为开发思想,尝试跨界连接,将"艺术大舞台"普及类课程作为重点推进的子项目,聚焦课程内容的细化和更新、实施方式的不断求精,聚焦教师的教和学生的学,着力推动校本课程建设,促进其内涵提升。

案例 1

玩具也有"嘉年华"

孩子的天性就是玩。玩，其实也是孩子学习的一种方式。孩子们都喜欢玩具，如果提供多种多样的玩具，他们在玩的过程中学会观察、思考、探究，因此"玩"对孩子的各种能力和品行的培养起着至关重要的作用。

七色花小学正是基于儿童的立场，以美育特色领航，以课程为载体，守护孩子玩的天性。于是，一年级的艺术普及课程"小小玩具设计师"诞生了！

当玩具成为学校四大美育项目之"艺术大舞台"的一部分时，孩子们会在每周2课时的课程经历中体验怎样的乐趣，得到哪些成长的启示呢？

三年的课程实践。每每回顾孩子们学会变废为宝制作玩具、与同伴分享玩具、将自己的作品展示在班级的玩具乐园等镜头时，我的感慨油然而生！因为我们在不经意间赋予玩具新的内涵，直接玩玩具已经被巧用材料、亲手制作、益智比拼等全新的玩法悄悄地取代，玩具正在悄然地被玩出创意，我们心间萌发了玩具也可以有嘉年华的概念……

一、畅想"嘉年华"

我们眼中，"玩具嘉年华"一定是一场玩具的盛会。盛会里，目之所及是参与者们在全情投入玩具展示、演讲与演示、比赛与竞赛等活动中，这不仅让孩子们深入了解玩具文化，更在交往与合作中增进了友谊。

回首第一年的课程经历，孩子们在双师引领下，边听讲解边跟随视频的演示制作玩具，乐此不疲！当学期结束时，班级玩具角里孩子们的玩具作品异常醒目，他们还会在课间驻足观赏、交流、摆弄……虽然是秀场，俨然也是小型的玩具"嘉年华"。

　　走近细睹,你会发现:无论是音乐三明治,还是万花筒等玩具,都犹如流水线上的产品,千篇一律! 我有些许惋惜:孩子们亲手制作的玩具本应充满创意和个性,每一件作品都应该是独一无二的,应是创作者灵感和智慧的闪现。

　　因此,我认为属于七色花小学一年级学生的"玩具嘉年华"需要大胆畅想:它不就应该重新点燃孩子们创新的火花,找回作品的灵性吗? 我们难道不应该赋予玩具更多的意义,或玩,或思,或创新吗?

　　我们认为:课程的实施要调整。课程内容可以不破,但实施方式要立,还要采用项目式的方法等,重点落实引领孩子在玩具欣赏中大胆探寻设计的创意,并尝试在失败中创新,用成功的创意作品使玩具角华丽变身为真正的"嘉年华"。

二、始发"嘉年华"

　　这场校园内的"玩具嘉年华"一旦始发,将会是怎样的盛况呢? 课程实施的第二年,我们带着期待,揣着自信出发了!

　　孩子们的创意美学设计点燃于第一周的"玩具创想"。

　　记得那天,老师将一(1)班的孩子们带进了电脑(计算机)机房,孩子们如丈二和尚摸不着头脑,纷纷问道:

　　"老师带我们来这里干什么?"

　　"我们的课表里没有电脑课呀!"

　　……

　　孩子们刚坐下,各自的电脑屏幕上忽然呈现各式各样的玩具,色彩缤纷、竞相炫酷。

　　一位小男孩禁不住感叹道:"一共有12组玩具,好赞!"

　　"我最喜欢音乐三明治、七彩风车。"

"我猜这块'三明治'一定能吹奏乐曲。"

"但我最爱纸杯礼花炮，那根橡皮筋以及那个小绒球一定能让它飞得最高，所向披靡！"

一旁的老师没有制止，任由孩子们叽里呱啦地讨论。

"我发现这些玩具在玩具店里没见过。"

"这些玩具制作用的材料好熟悉：橡皮筋、牙签、冰棍棒、气球、碎纸屑……"

老师很是满意，因为孩子们能发现作品中的艺术美、装置美、竞技美，还对亲手制作创意玩具充满着期待。

随后，老师让孩子们仔细观察"音乐三明治"，只见电脑里还不断地传来学长学姐吹奏的乐曲声。她微笑着说："它们都是上一年的哥哥姐姐们的作品，今年，你们也要做这个玩具。你们的作品该如何吸引下一年的弟弟妹妹呢？"

电脑房里，孩子们顿时热火朝天地讨论起来：

"我想用各种色彩的珠片让'三明治'五彩缤纷！"

"不同形状的珠片分开放不好看，我要重新组合，变出各种造型！"

"哥哥姐姐的'三明治'吹奏的乐曲有点刺耳，若将中间的硫酸纸换成手工纸或铅画纸，声音会不会更动听呢？"

那天畅想课后，老师下发了制作"音乐三明治"的相关材料，还在企业微信转发制作微视频的通知，让孩子们与家长一起尽情创造、勇敢实践，并约定在下周的课上演示、讲解、分享。

就这样，玩具角里的"嘉年华"算是真正始发了！

三、遇见"嘉年华"

分享日很快到来了。当你走进教室，"一闪一闪亮晶晶，满天都是小星星"的乐声一阵阵传来，有的浑厚，有的清脆，还真有意思！一会儿，老师让孩子们将作品展示在教室一隅的班级玩具角里。紧接着，两位孩子带着作品依次上台分享：

"我和爸爸一起动手，用不同形状和颜色的珠片为'三明治'打造了一个新的造型，大家看，是不是很漂亮啊？"上节课提出这个创意的孩子自信地介绍道。

"我和妈妈一起做了实验，用硫酸纸做'三明治'的中间层，声音清脆，但吹一会儿纸就湿了。"上次提出这个创意的孩子很是兴奋，"将中间层换成更厚的打印纸后，纸就不容易湿了，妈妈说吹出了浑厚的音，也好听。"

回首这一幕幕，更多的是感慨。不是吗？从稚嫩的童言里，我们知道孩子们隐约感受到玩具与艺术、装置之间的内在联系，这也是对美术课堂中学到的美学元素和科学学科中设计思维的无痕融合。

精彩还在继续呢！那是一堂"纸杯礼花炮"课。

打开教室门，只见孩子们排成一排，个个手拿"礼花炮"，有的还是纸杯的模样，有的被做成了圆锥体……乍眼望去，阵势着实壮观。近看，一个个纸杯还穿上了美丽的外衣，色彩缤纷，图案各异，有的纸杯身体上居然还长出了"翅膀"甚至"耳朵"，创意无限啊！相同的是：每个纸杯的底部都包着小气球并打了结。

不一会儿，只见老师在黑板上轻轻地勾勒出几个形状各异的靶子，还画有不同形状的靶心，每个靶心周围都标有不同的得分，一场射击团体赛马上就要开始了！在老师指挥下，各组的孩子纷纷变身射击运动员，手握礼花炮，瞄准靶心用力发射。礼花炮的"砰砰"声和孩子们的加油声此起彼伏，而纸杯里纷纷跳出的彩色纸屑，犹如天女散花，落到地上，好似铺上了七色地毯，非常壮观。

"谁能告诉老师，为什么礼花散落有快有慢？"

"我使用的气球弹性很足，所以'嗖'地一下就上去了！"

"爸爸让我把气球尾部的结打得很紧,这样弹性更足!"

"妈妈教我使用两个绒球,这样弹力会更大,所以'礼花'在空中的时间更久了!"

原来,这是"纸杯礼花炮"的第二课时。第一课时时,老师组织孩子们在摆弄教师制作的作品中感受制作原理,并让孩子们带着"准备开启一场射击赛,要让礼花炮尽情绽放,越远越好"的任务回家与父母一起探究,寻找替代材料,丰富礼花造型,于是就有了上述的课堂场景。

随后,孩子们纷纷按老师的要求分组把自己的作品放到展示区,并开始做小组分享的准备:可以介绍别样的造型设计,可以分享智慧的制作原理,更可以约定重新制作,来个大擂台,比比谁的礼花飞得更高!

这样的学习经历,还发生在"旋转彩盘""七彩风筝""纪念徽章"等创意活动中。令人欣慰的是:我们在教室、操场、复兴公园等,有幸一次次遇见了孩子们的玩具设计、制作、演示、讲解、比拼等,那不就是我们曾经畅想的"玩具嘉年华"吗?

撰稿:周颖

"大剧院"里的最美声响

你是否有幸走近过五楼七彩剧场?是否有幸感受过耳熟能详的《静夜思》被京剧这一国粹演绎后的那份独特之美?是否发现七彩剧场也因为有了孩子

们的尽情唱响而在顷刻间变身为大剧院呢?

京剧是中国戏剧中的翘楚,被称为戏剧国粹,是中国文化的代表;它的程式化表演是中国人喜闻乐见的艺术形式。古诗词是中华民族传统文化的瑰宝,承载着中华民族的精神追求和审美情趣。学习古诗词能提高文学素养,还能培养审美情趣。

京剧与古诗词,无疑都是中国传统文化中的奇异瑰宝,绝壁双骄。如果不同表现形式的传统文化相结合,会碰撞出什么样的火花呢? 让我们走进二年级的"艺术大舞台"课堂——唱响大剧院,在三年的课程实践历程中寻美。

一、奏响前奏

作为国家级语言文字示范校,学校每年都会选派教师参加"诗教中国"诗词讲解大赛,因此,古诗词教学始终在学校教育中肩负着举足轻重的责任。我校古诗词教学策略重在挖掘诗词背后的内核,让孩子们通过经历各类语言活动品诗韵、析诗意、鉴诗情,从内心升腾起对祖国传统文化瑰宝的绵绵敬意。

一次偶然,学校有幸与上海京剧传习馆结下不解之缘,上海京剧院"学习国粹,从娃娃开始"的理念扣动着我们的心弦。于是,京剧院艺校校长曹健老师带着国粹的音韵美与身韵美走进了七色花小学的二年级兴趣课程班。但由于京剧与孩子们之间存在较大的心理距离,课堂上老师唱一句孩子们跟唱一句的陈旧学习方式、局促的教室空间很难让孩子体验京剧"唱、念、做、打"的舞台表现,使课程俨然成了师生无形的负担,内心难免想要放弃。

一天,曹健校长兴奋地拨通了校长的电话,说是京剧学习有了新思路,可以将二年级语文教材里古诗词的学习与京剧"生旦净丑"的角色、"一板一眼"的节律以及"四功五法"等表现形式整合演绎,她相信孩子们一定会有兴趣!

鉴于京剧演绎古诗词更多融合了音乐的元素,于是,我们果断地奏响了"唱响大剧院（京腔演绎古诗词）"的前奏，即在二年级各班每周开设1课时的学习，学校音乐教师与京剧院艺校曹校长组合开展的双师教学。

二、唱响主旋律

千年诗词，百年京剧，两者都是中国传统文化，如何让两者相融，推陈出新，让传统文化碰撞出火花，各美其美，美美与共呢？

首先，我们对课程设置表征有了明确的诠释。其一，要体现学科融通。即课程学习要有传统京剧艺术的欣赏学习，又有结合语文教材中的古诗词的编唱，更有学动作、编队形等结合音乐学科的编演实践活动。其二，要支持创意表达。在各种古诗意境中，通过欣赏、演唱、舞蹈、编创等实践活动，将京剧中不同的行当、独特的"四功五法"、极具魅力的服饰与道具等元素融合呈现。

其次，我们对课程内容从学年课时安排、模块、板块、学校主题、学习内容与要求等做了整体规划。一学年30个课时的学习中，孩子们将经历"欣赏、模创、展示"三大类别的学习。模创是学习的重点，通过26个课时赏识京剧的唱腔美、音乐美、角色美和表演美，感受京剧中不同的行当、独特的"四功五法"、极具魅力的服饰与道具等，最后学以致用，学唱诸如《静夜思》《游子吟》等8首京歌。

当然，我们也对课程的实施策略有了特有的路径，即重视艺术体验，提高实践表现能力。主要通过多感官体验活动，强化京剧课程的实践导向，使学生在欣赏、表现、创造、融合的过程中提升艺术素养和创新表现力。例如，京歌《静夜思》一课的教学，我们以下述实践活动推进，感受京剧与古诗词的完美融合表现。

（1）学唱京歌，感悟诗情。

（2）赏识京剧行当（生旦净丑）。

（3）模仿实践,体会旦角肢体语汇的情感表达。

（4）小组合作,编创各种队形。

（5）舞台表演,成果融合展现。

难怪,当你走进我们的七彩剧场,就会发现:孩子们不是在用京剧吟唱语文课本中的古诗词,就是在选择自己喜欢的京剧行当演绎古诗词,他们将"一板一眼""唱念做打"等演绎得惟妙惟肖……

三、炫美大剧院

不知何时起,学校的五楼七彩剧场悄悄地变身为二年级京剧课程的专有空间了! 剧场为孩子们打开了一扇通往传统文化艺术的大门。

剧场的舞台,美啊! 它见证着孩子们悉心学习京剧这一国粹的美好经历! 在这个舞台上,留下了所有二年级孩子的美丽身影,一幕幕美好也在不经意间从我的眼前掠过:孩子们时而组成两人小组,有的唱旦角,有的唱生角;"唱到望明月的时候我们可以做低头的动作。"耳边传来孩子们围绕演出各抒己见的声音;还有的同学边唱边配合自己设计的小动作,俨然是个创意小京剧家……

剧场的舞台,也是小剧场! 这里留下了师生们最美的声音! 在课程学习的最美环节——展示时,师生们亮开嗓子,如行云流水般在舞台中央穿梭,令人赞叹不已:京歌好听,京剧太韵!

剧场的舞台,更是大剧院! 在新年音乐会与六一才艺秀中,二年级各班的孩子都会走进剧院,走上舞台,上演《望庐山瀑布》《回乡偶书》《江南》《赠汪伦》等一首首脍炙人口的古诗。裹挟着浓浓的京腔、京韵、京服,孩子们恍如穿越一般,中华民族传统艺术的种子也在悄然中深深地扎根在每个孩子的心中。

结语:"我家孩子回家后每天都会练习课上学到的京剧动作。""我家孩子还邀请我跟她一起去看一场京剧表演呢!""我家孩子知道的京剧知识比我们大人都多！"这些来自家长们的真实评价无疑是对学校课程最好的肯定。

在七色花小学"唱响大剧院"的课堂中，你能感受到孩子们不仅在学习京剧知识，还能在轻松愉快的氛围中感受传统文化的魅力。这种寓教于乐的教学方式，让孩子们对古诗的理解更加深入，也让他们对京剧这门国粹产生了浓厚的兴趣，无疑将为孩子们的成长和发展注入新的活力和动力。

撰稿：柳嘉怡

穿越世纪的"对话"

丰子恺漫画以描绘生活细节、展现儿童纯真和古典文学意境为特点，是中国现代漫画的代表和文化名片，能够展现美好生活，激发读者共鸣。

丰子恺漫画进校园已有十余年，课程内容逐步走向丰富，无论是"自然童真的儿童漫画"，还是"仁爱之心的护生漫画"，抑或是"富含哲理的学生漫画"，都深深地吸引着孩子们。他们在课堂上常常沉迷于丰爷爷的画面之中，冥冥之中与丰爷爷面对面地"对话"。

于是，每周2课时的"穿越世纪谷"课程在三年级普及开来。由丰子恺文化传承人宋雪君爷爷和任教美术的张寒欣老师携手执教。此时，我们思考的不再单单是如何模仿好丰爷爷的画，而是如何步入丰爷爷的画里，与他进行一次穿越世纪的"对话"，"对话"他的创意之源、创意之术、创意之志。于是，我们逐步丰实课程内容、转变教学方式、练就创作技能，做好与丰爷爷穿越世纪"对话"

的准备。

一、"对话"创意之源

回看丰子恺漫画课程，孩子们通过临摹丰爷爷的画作获得成就感。课堂结束时，孩子们手持临摹作品与大师合影，幸福感洋溢在他们的脸上。我们不禁想象，如果丰爷爷穿越到现在，看到这样的场景，他会有何感受？是开心、欣慰，还是会提出更高的要求？在临摹与创造之间，丰爷爷会如何抉择？丰爷爷热爱孩童与教育，若活在当代，他会如何影响他人？

"小猫趴在丰爷爷肩头，共读一书""儿童嘴巴大张，音乐课堂中的歌声飞扬""顽童双持蒲扇，模仿骑行乐趣""雨落荷叶，天然雨帽显现"……对生活的敏锐洞察，对儿童的无尽温情，对自然的深深崇敬，都是激发创意与想象的无穷宝藏。踏入丰爷爷的漫画世界，与这创意的源泉"对话"，你会发现，今日的创作灵感比以往任何时候都要丰富与多元……

二、"对话"创意之术

伴随着实践的脚步不止，我们与丰爷爷的"对话"持续深入。如何改变"一成不变"的临摹、展示方式，引导孩子去思考、去发现、去创作，用慧眼去发现生活中的美，提升创作美的能力，在与丰爷爷的"对话"中，我们不断地探寻答案。

丰子恺的漫画风格独特，简约的线条、生动的表情、富有哲理的画面内容，都让人印象深刻。我们尝试去理解他的创作技巧，去模仿他的画风，更重要的是要在模仿中找到自己的风格，找到属于自己的创作方式。在"穿越世纪谷"的课程中，我们鼓励孩子们去观察生活、去体验生活、去描绘生活、去创造生活。我们让他们用自己的眼睛去发现美，用自己的心去感受美，用自己的手去创造美。我们希望通过这样的方式，让他们能够真正理解丰爷爷的创意之术，从而在自己的创作中得以运用。这一次次的情感共鸣，不正是与丰爷爷穿越世纪的"对话"吗？在"对话"中，丰爷爷带领孩子们走进他的那个年代，见证了他作品背后的寓意；孩子们学习丰爷爷"小中能见大"的绘画技巧，理解他那笔墨之间流淌着的对艺术的热爱……

三、"对话"创意之志

丰子恺的漫画充满了对人性善良的赞美，对美好生活的向往，对社会问题的关注。"穿越世纪谷"课程的开发与实施，让孩子们在一幅幅作品的分享中明了了创意的源泉；在一次次临摹、启发式创作中，渐渐地提升了自身的创意之术；而项目式的课程推进方式，则让孩子们在真实的生活实践中逐步理解丰爷爷的创意之志——仁爱之心。下面，就让我们跟着小花们一起回顾那场"思南奇幻日"义卖活动，重温与丰爷爷穿越世纪的"对话"吧！

对话一：穿越世纪的"诉求"

有一天，宋老师带来了一段珍贵的视频。画面中的"丰爷爷"对小花们说道："丰爷爷很高兴看到你们开心地学习我的漫画！你们的学习生活很幸福，那你们能用漫画奉献爱心，去帮助那些生活困难的小朋友们吗？"

"用漫画献爱心？"小花们疑惑地问。

"我们用漫画做文创吧，文创可以售卖，我们就可以用所得的钱帮助他们了！"丰爷爷的想法一出，课堂瞬间沸腾了。

"什么样的产品会受欢迎呢？"

"要如何把它们卖出去呢？"

"策划一场义卖活动？"

"那如何定价才合理？"

各种问题接踵而至，大家你一言、我一语地讨论了起来。

在老师的提议下,孩子们查阅资料,深入了解义卖,尝试着以绘制思维导图的形式去呈现义卖活动的各个环节。

"你们可以根据自己的特长来分工合作。"宋老师提醒大家。

"我会设计电脑问卷,可以进行线上调研。"

"我可以去商场看看,了解一下同类产品的定价。"

"我可以去市集考察,看看什么样的展台布置更吸引人。"

于是,同学们根据自己的特长进行了分组。一周后,他们完成了问卷调研,确定了义卖的产品,也了解了市场的定价规律以及受欢迎的展台布置方式。

看到辛勤忙碌的小花们,"丰爷爷"欣慰地笑了……

对话二:设计子恺文创

片段一:寻找解决方案

"如何设计与创作文创产品?如何在短时间内赶制大量文创作品?"小花们在双师指导下充满热情。

讨论后,他们决定分工合作:一部分同学在双师指导下设计、排版、绘制图案,另一部分同学与专业设计师合作进行印刷,这种分工方式提高了生产效率。

片段二:个性化设计

菜菜选择了环保袋作为设计对象,她在宋老师的指导下,绘画了一幅充满童趣的儿童玩耍场景。而小语则选择了笔袋,她设计了一只线条流畅、可爱的小猫图案。这些作品展示了小花们在个性化设计方面的创意和才华。

片段三:民主决策与实现创意

小花们通过投票选出最受欢迎的作品,设计师将其印刷在多种物品上,展现民主决策和创意实现。过程中,小花们学习了丰子恺的艺术风格,将创意和情感融入作品,展现童趣和艺术气息。

对话三：传递子恺之爱

义卖当天，丰子恺漫画文创 DIY 摊位开张啦！小花们或独立叫卖，或三五成群，或驻守摊位，或穿梭于人群间。"走过路过不要错过……"摊位处，自信而响亮的叫卖声此起彼伏。

"我们的雨伞是晴雨两用的……""您可以看一下 T 恤的上身效果……""我们举行义卖活动是为了将爱心传递给更多的人。"这边在绘声绘色地描绘商品功能，那边在热情地邀请顾客进行产品体验，摊位前还有小花正在耐心地向顾客讲解此次活动的目的。为了更好地出售商品，他们还请家长做起了模特，让客人们更直观地感受 T 恤的上身效果；还有的小花撑开雨伞，穿梭于思南公馆的每个角落，方便大家看清雨伞的图案；为了提高销售业绩，他们甚至还用英语与外国客人进行交流……每一位小花都变身为"销售员"，使用"十八般武艺"推销爱心物品，将爱心传递给更多人。

一次次与丰爷爷"对话"，让小花们从不同层面感受到子恺文化的魅力，也使课程实施打破了传统漫画课程的授课方式，实现了从"一成不变"到"创意无限"的方式转变，展现出课程育人的新样态。小花们在尝试各类角色的转换与"对话"中，学会从不同的角度看问题，寻找新的解决问题方案。相信这样的课程实施模式定能让孩子们感受到丰子恺漫画的创意之源，掌握他的创意之术，传承他的创意之志，将自身对生活、艺术和社会的热爱播撒于更广阔的天地。

撰稿：张寒欣

方寸之间见芳华

篆刻是以刀代笔，将文字、图形等元素融入印章之中，在有限的空间内追求无限表达的艺术，被誉为"方寸之间的艺术"。

伴随非遗文化进校园，学校积极回应，于2021年引入篆刻课程，面向四年级全体学生普及，以每周2课时确保课程实施。我也有幸与篆刻大咖张炜羽老师携手，以"双师"形式引领孩子们在"赏""识""临""创"中感受篆刻文化的魅力，在方寸之间体验刻刻划划的美妙。

"老师，我可以刻一个'七色花开'的专属印章珍藏起来吗？"脑海中时常会闪现一名即将毕业的孩子充满期盼的眼神。

一言直击心底：将课程中的美好、精彩与独特的理解和创意表达出来，这不正是篆刻文化传承所追求的"芳华"吗？于是，如何在七色花课堂里让这一古老的艺术焕发新生机、展现其独特"芳华"的美好愿望在我们心中萌发。

一、初露芳华

"怎么才能在石头上刻出流畅而有力的线条呢？"

"大师的作品真的美妙至极，什么时候我的手中也能诞生这样的作品？"

"我应该如何准备石头的表面呢？应该如何处理临摹中的错误？"

"如果想课后继续学习，哪些作品适合初学者？我应该从哪些大师的作品开始临摹？"

"我觉得十二生肖的形象不错，我可以刻十二生肖的印章吗？"

"我觉得校徽刻出来肯定不错，如何进行布局呢？"

......

回顾两年的课程实践经历，一幕幕美好映入眼帘：孩子们在宽松的氛围中跟着张炜羽大师走近篆刻，浸润于篆刻大家的艺术作品，惊叹祖国传统文化的博大精深！

"临摹"，看似是机械重复的过程，却总有孩子们美好的声音萦绕在老师们耳旁：时而是对技法的求教，时而是对原作的创新解读，孩子们也会对艺术本身进行探讨与质疑。

在双师加持下，孩子们尝试将"欣赏"与"临摹"美妙融合，更在印石上刻刻划划，刀与石碰撞的"滋滋滋"声音让他们舒心、愉悦。

以上一组组美好的镜头，何尝不是他们沉浸创作的自然流露，对创意表达的美好期待，对教师教学的激励与鞭策？很是欣慰：孩子们心中的"芳华"蓝图正悄然被勾勒。

二、芳华待灼

如何让一颗颗平滑的印石在孩子们的指尖焕发出生机，让他们初露的"芳华"得以外显呢？我们信心满满，镌刻了继续美好前行的方向，即"大讲坛""大课堂"以及"场馆研学"三条路径。

课程大师张炜羽老师不仅是韩天衡美术馆馆长，还是中国篆刻艺术研究院的研究员。当大师每学期在七色剧场与孩子们一起在艺术大讲坛活动中倾情相拥时，会是怎样的美好呢？

瞧！PPT不仅演示着篆刻各个艺术流派的发展脉络，还演绎着篆刻的材质用料、篆书风格、刀工技巧等方面的丰富变化，而篆刻大家们的经典名作无一不让孩子们屏息凝神，啧啧称赞。

每周一次的"大课堂"可是孩子们最为期待的。在这个课堂里，作为已经成长为上海市书法家协会会员和上海市青年篆刻家的我有幸与张炜羽老师协同教学。

课堂上，我和张老师各有分工，不仅带领着孩子们学习篆刻刀法、字法和章法等技法，还教授拓印方法，看着孩子们利用拓包、连史纸、鬃刷和墨汁等工具成功地将刻好的印章或边款拓制出一个个小美好，我们无比惊喜。

孩子们又是如何在专业场馆里接受熏陶，逐步领悟篆刻这一古老艺术形式的独特魅力呢？我们不如一睹"韩美研学"的芳华。

当我们跟随着孩子的脚步步入位于嘉定的韩天衡美术馆，眼前是这样的景象：孩子们手里拽着研学单，积极地与张炜羽老师和韩天衡先生的女儿对话，以深入了解篆刻的历史渊源、技艺特点以及未来发展，也感知了篆刻文化与其他文化融合之妙，如书法、绘画等。在这一过程中，孩子们逐渐明确了心中的"芳华"，就是学会用篆刻艺术表达情感和对美好未来的憧憬。

这种项目式的学习方式为孩子们创造了一个浸润式的学习环境，让他们在亲身体验中感受艺术的魅力，提升展现"芳华"的能力。

三、芳华怒放

让我们跟随孩子们的步伐，从充满中外文化交融特色的篆刻艺术课堂中去见证一段臻于完美的艺术巡礼，为那一抹怒放的芳华喝彩吧！

活动一：预见"芳华"之形

"2024年5月，学校师生代表将前往匈牙利的中匈双语学校开展文化交流活动，要为他们筹备一份礼物，你们有什么想法吗？"我的话音刚落，便有同学高高举起了手……

任同学率先走到台前，满怀激情地分享道："我觉得我们应该先拟定一个主题，篆刻作品应围绕这个主题展开。"

"我觉得以'友谊'作为主题比较好,因为友谊是连接不同文化、不同国家人民的桥梁。"王同学接道。

"那采用篆刻艺术中的'双联印'形式吧,一个代表七色花,另一个代表匈中双语学校。"瑶瑶同学娓娓道来。

即刻间,同学们化身为"小使者",在你一言、我一语中讨论着篆刻礼品的"芳华"之形。这一刻,他们仿佛已经跨越了时空,与那些古老的图案和符号、与国外的友人产生了深深的联结。

活动二:构想"芳华"之态

"有了主题,如何构思并创作中外交流的篆刻作品呢?"我提出疑问。

黄同学抢先道:"我建议篆刻福字,福字喜庆,代表了美好的祝愿!"

"我觉得再融入熊猫的图案,象征着和平与吉祥。"孙同学建议。

"还可以在作品中添加一些传统的吉祥元素,如祥云和莲花,以增强作品的文化底蕴。"小画家香香同学补充道。

……

孩子们兴奋异常,针对自己的预想各抒己见。经过探讨,孩子们和老师共同总结出关键原则:篆刻中的各个元素应当相互连接,形成一个和谐、统一的整体;同时,篆刻的图案和文字应当力求简洁明了,避免过于烦琐。

活动三:融显"芳华"之姿

要让作品的构思通过作品完美呈现,那可是一项需要精心策划的大工程!如何让孩子们将方寸之间的"芳华"之姿尽显呢?

就让他们大胆实践吧!不一会儿,"芳华"之姿尽显繁华!

看,陆同学精心刻制了一枚"福"字,以鸟虫篆的方式展现福字的细节,并巧妙地运用了瓦当的图案,使得整个作品文字和图案相结合,暗含了"友谊"主题和谐共处。

潘同学的《花开中匈》更有创意，她将两校的校徽巧妙地融合在"双联印"中，既表达了中匈两国文化的紧密联系，又展现了学校"每一朵小花都是独一无二的"这一独特办学内涵。

就这样，孩子们将传统篆刻艺术与现代审美相结合，以其独特的理解和创意，在经历"预见—构思—刻制—钤印"中完美呈现篆刻"芳华"之姿，赋予篆刻作品全新的生命力与魅力。

四、一揽芳华

将课程的习得融汇于中外的交流活动只是篆刻课程实施的一个剪影。孩子们在问题驱动下、在思维碰撞中逐步将心目中初露的"芳华"得以形显。在名师的悉心指导下，预见"芳华"之形，构思"芳华"之态，融显"芳华"之姿，实现了从模仿到创作的华丽变身。

以上就是学校近年的篆刻课程的美好经历！我们以融合、创新的教学方式让孩子们在方寸之间不仅激发了创造潜能，还润泽了对传统文化的无限热爱，更引领他们在追寻艺术的道路上一路绽放芳华。

撰稿：彭磊

案例 5

指尖上的"旅行"

剪纸是一项装饰意味十足、体现中华民族浓厚"文化情怀"和独有"东方式智慧"的镂空艺术,承载着中华民族最美的文化记忆。

七色花小学有幸在10年前引入了李守白海派剪纸课程。7年的课程实施,让美妙的指尖文化深深地影响着七色小花们,在与艺术剪纸的"知""情""意""行"同行中,在与李大师同频共振中,小花们涵养的不仅是审美情趣,更是艺术表现力。

三年前,学校决定将课程惠及五年级的每个孩子,并对每周2课时的学习时间给予保障。当孩子们都有机会在指尖上"旅行"时,当大师与特色教师7年携手、固定下了课程学习的"欣赏、模仿、复制"模式后,如何承载课程"旅行"的内涵呢? 我们开始思考、行动,并步履坚实!

一、"旅行"的意义

回首学校先期开设的剪纸兴趣班教学,一组组镜头于不经意间呈现:每次教师呈现一张精美的剪纸作品后,学生们便会自由分享对作品美学的欣赏、感悟,最后,带着老师"剪得惟妙惟肖"的任务展开创作。就这样,孩子们在无数次机械地跟着老师、跟着样稿去剪后,数不胜数的成品成了老师们唯一的慰藉。

当我们再次打开尘封的作品时只觉得:剪纸教室仿佛是车间,学生仿佛是机器,作品如产品,没有灵动可言!

只有模仿和复制的教学怎能让学生品尝到剪纸学习的愉悦? 这样的课程怎能让学生感受剪纸艺术所蕴含的文化精神? 千篇一律的作品练习能培养出有独立思考能力的创新人才吗?

我们眼中指尖上的"旅行"不该是让剪刀如行云流水般在纸上滑行吗? 不该是让彩色纸与剪刀在指尖奏响圆舞曲吗? 不该是让孩子们融合当下新的时代元素和创作理念,深度感受剪纸创作之趣,提升综合审美感知能力吗? 不应该是在守正创新中,用剪纸的形式设计制作自己喜欢的故事,延展学生的想象力、创造力和表现力，完成情节生动、寓意丰富、形式多样的创意剪纸艺术作品吗？

于是，我们决心打破"依样画葫芦"的桎梏，开启师生传承与创新之旅，构建能激活学生无限创造力的剪纸课程，让指尖在彩纸间无限灵动，让每段旅程充满回味。

二、"旅行"的准备

一段旅程是否美好取决于行程设计是否充满创意。那么，要成就一段段指尖上的完美"旅行"，我们需要做哪些准备呢？

瞧！大师与特色教师闲不住了：旅行箱里该有哪些必备行囊呢？对！就是课程内容、课程场馆、课程教师呀！

于是，我们牵手海派剪纸艺术家李守白先生和"90后"青年传承人李诗忆老师，联合开发了"艺之剪"特色课程，以名人效应扩大视野和格局；还拍摄了"海派剪纸"微课，充实了剪纸课程数字资源库。我们还在校内建设了"海派剪纸工作坊"，连接学校周边田子坊"守白艺术"的场馆资源，让孩子们在校内外沉浸式体验剪纸艺术。

看！大师与特色教师还是闲不住：旅行箱里还该备哪些特色行囊呢？有了！以项目式的学习活动为载体，在丰富的教学活动中提升艺术的审美与创作能力。

我们可以设计诸如神话主题的真实情境，为精准设计主题做好准备。我们可以以问题为驱动，引领学生艺术化表现主题。我们也可以本着"传承不守旧，创新不离根"的艺术追求，激励孩子们融入当下元素，形成新的剪纸作品……

三、完美的"旅行"

让我们跟随着孩子们一起复盘那次以《中国神话故事》为主题的剪纸创作

课吧！最为惊叹的一定是在项目的引领下展开的那一段段精彩的旅途。

旅途一：登上"演讲台"

敢想才有创意，设想是创作之源！孩子们眼中的神话故事会迸发怎样的创意呢？

王同学借助精美的PPT，带大家来到了远古的《夸父逐日》故事现场，心情也随着生动的演说跌宕起伏……最后，他还不忘说道："画面中的场景告诉我要不怕困难、大胆尝试、勇于探索、坚持不懈！"

肖同学激情演说："我想画《盘古开天辟地》的故事……画中将表现盘古开天辟地之时万物生长，我还要添加指点方向的九色鹿和象征人类文明的古井等元素。"

演讲台前，"小小演说家"用激情演绎出中国神话故事之美。台下听众在凝神中同频共振，旅途首站收获满满！

旅途二：走近"设计院"

"如何设计、创作中国神话故事剪纸作品？"那天的孩子们异常兴奋，跟着双师在"故事→草图→剪纸稿→剪纸作品"过程中完美了"设计院之旅。"

镜头一

见汪同学设计的《女娲造人》，草图中女娲在岸边捏一个泥人，同学们纷纷提议：

"我觉得可以多添加一些泥人，在岸上、手臂上、头发上等，那样就生动了！"

"画面上半部分太空了，请问你选择这个故事想表达什么呢？"

汪同学说："神话故事中女娲造出了人，世界又因人类的创造而更文明，我想体现的是创造精神。"

"那我觉得可以在画面中添加一些科技的元素。"

"太有创意了！我们的剪纸不仅反映传统的故事，更应具有独特的内涵！"教师充分肯定了学生们的建议。

镜头二

要让"设计图"成为"施工图"，那是一个大工程呀！经师生共同研究、讨论得出：剪纸造型要简洁；在剪纸作品中，同一形象的所有内容要相连，才能形成整体的剪纸稿。

孩子们的创意思维顷刻间无限迸发……

徐同学构思的《嫦娥奔月》，嫦娥的造型不再是传统的古装仕女形象，而是自创的带点卡通的形象，加上神舟飞船，寓意飞天梦的实现。她用较粗的线条勾勒各造型的轮廓，略细的线条描画内部结构和花纹，又巧妙地将各部分相连，一张富有创意的剪纸稿设计完成！

孩子们用兼容并蓄的创新元素和独特的视角表现对神话故事的理解和感悟，诠释了"传承不守旧，创新不离根"。

镜头三

最让双师惊喜的无疑是成品展示。我们在欣赏孩子们将神话故事转化成情节生动、寓意丰富、形式多样的创意剪纸作品的同时，见证了孩子们的创造力和表现力。

乐同学用横构图、大场景、单色剪纸淋漓尽致地表现了女娲补天时的场景，但她并不满足："女娲补天用的是五彩石，我还要剪一幅套色剪纸。"于是，她重新设计了一幅竖构图、近景、套色作品，让人拍案叫绝！

王同学觉得单色剪纸还不能表现九色鹿的特点，另做了一幅多彩的《梦幻九色鹿》；徐同学的《嫦娥奔月——探月梦》在套色时创意地使用了太空底版纸，让作品更加唯美；贺同学的《鱼跃龙门》用暖色套色展现了龙腾东方的精神……

旅途三：徜徉"艺术中心"

如何让孩子们的创意无限传递？我们认为，应该将校内外都打造成为艺术中心，都是孩子们艺术作品的星空。我们欣喜：那一场场作品展出，展现了孩子们独一无二的艺术审美情趣和创意表现能力。

瞧！小"艺术家"们除了在班级中推介自己的作品外，更精彩的是在学校举办的"云上画展"，在线上和小观众互动交流创作意图、情节构思、作品形式、情境内涵等。

记得2019年学校举办了"童心童创庆百年"的建党百年作品展，美术教室俨然成了艺术中心，孩子们的创意作品赢得了观展师生、家长的啧啧称赞。

有的学生将自己的剪纸作品投稿"创世神话·童话中华"国际少儿创意美术大赛，其中有6幅作品有幸在中华艺术宫公众号上分期"云"分享，张同学的剪纸作品《后羿射日》还在艺术宫参展。

四、"旅行"后记

一场场"旅行"后，孩子们完成了从"依样画葫芦"到"创意表现"的华丽转身。"指尖上的旅行"式的剪纸课程，打破的是传统思维桎梏，改变的是育人方式，收获的是学生的审美感知与创意表现能力。

撰稿：唐臻琼

上述5个案例生动地展示了在"艺术大舞台"普及类课程板块中的创新教学实践。在这一板块中，教师们巧妙地将项目作品作为学习的核心载体，通过精心设计的作品赏析环节与情境化应用任务，激发学生的创造力和想象力，促使他们对传统审美观念进行深入探索与新颖诠释。学生们依据个人兴趣与特长,对艺术作品进行个性化的知识重构与意义赋予。在这一过程中,学生们不仅学会了艺术欣赏与创作的基本技能,更重要的是学会了如何在艺术的世界里自由翱翔,用独特的视角解读美、创造美,学会了如何将所学知识应用于解决实际问题。整个课程实施过程,既是对传统艺术的致敬与创新,也是对学生创新素养发展的重要推动。

2."心灵小驿站"中浸润美

在"美丽课程"的探索之旅中,我们始终秉持以儿童为本、生活为源、需求为要的教育理念,不断地深耕细作,致力于构建一套序列化上升、与儿童天性和生活实际紧密相连的"心灵小驿站"德育课程体系(见图2-14)。我们深知,德育并非空洞无物的说教,而应是一场孩子们心灵与行动交织共鸣的实践体验,是情感与道德共同成长的升华之旅。

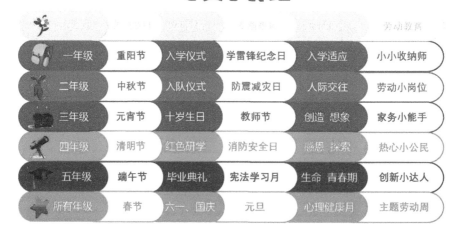

图2-14　心灵小驿站

为此，我们全身心投入德育课程的实践之中。在"心灵小驿站"课程的五大核心板块中，大家精心策划了一系列富有创意和深度的活动主题，打造了一个个充满活力、寓教于乐的互动平台。这些平台不仅为孩子们提供了丰富的实践机会，还让他们在"做"中学会思考，在"做"中感受成长，在"做"中领悟德育的真谛。

重阳节，让尊老敬老浸润童心

农历九月初九，是中华民族的一个重要传统节日——重阳节。在两千多年的传承发展中，这一传统佳节逐渐成为尊老、敬老、爱老、助老的"老人节"。如今，敬老、赏菊、登高、佩茱萸，吃重阳糕，都已成为重阳节的重要民俗文化符号。

如何让七色小花们走近重阳节背后的传统文化？如何在实际生活中培养小花们的爱心和责任心？如何让尊老敬老的传统美德在小花们的心中深深扎根？

我们是这样做的：以每年的传统节日为契机，让孩子们在浓厚的节日氛围中，通过多元的主题教育活动，体味中华优秀传统文化的魅力，理解传统节日所承载的丰富的文化内涵。在学校的德育课程——"心灵小驿站"中的"传统节日"板块里就创设了"重阳节，让尊老敬老浸润童心"的教育主题。让我们跟随镜头，看一看七色小花在重阳节的点滴行动吧！

一、共话重阳深情诵

一个周六的下午，二年级的学生宸宸双手捧着书，兴奋地说："爸爸妈妈，昨天我们在主题班会上学了《传统节日》这首传统童谣，我特别喜欢。"

妈妈停下正在敲打键盘的手，鼓励地问道："哦，是吗？你能给我们朗诵一遍吗？"

宸宸清了清嗓子，一边拍手，一边大声地诵读："春节到，人欢笑。贴窗花，放鞭炮。……"

爸爸看到了这一幕，点头夸赞道："真不错，读得很有节奏。你能跟我们说说，你最喜欢童谣里的哪一句吗？"

宸宸思考片刻，回答道："我喜欢'重阳节，要敬老。踏秋赏菊去登高。'因为我觉得这句话让我知道了重阳节不仅有踏秋赏菊和登高的活动，更重要的是要孝敬老人。对了，我们老师还补充说大诗人王维的《九月九日忆山东兄弟》就是写于重阳节，特别感人。"

妈妈笑着问道："那你能为我们诵读一遍这首古诗吗？"

宸宸全情投入，摇头晃脑地深情朗诵起来："独在异乡为异客，每逢佳节倍思亲。遥知兄弟登高处，遍插茱萸少一人。"

妈妈摸摸宸宸的头，说道："你不仅通过传统童谣知道了重阳节的习俗，还积累了关于重阳节的古诗，真是厉害！"

宸宸补充道："在这周的升旗仪式上，四（1）中队的两位少先队员哥哥姐姐给全校同学介绍了重阳节的起源呢！让我来跟你们讲讲吧……"

七色花小学正是以"升旗仪式""主题班会"等平台，让孩子们走近历史悠久的重阳节，了解其沿袭至今的传统习俗和丰富的文化内涵。

二、爱满校园情意浓

在宽敞明亮的丰子恺教室中，一年级和四年级的七色小花们在热火朝天地忙碌着。原来，他们正在美术老师的指导下制作"重阳挂饰"，为即将到来的重阳节增添一份爱心与孝心。

玥玥专注地按照老师的示范，将五彩斑斓的皱纹纸一小段一小段地撕下，然后绕在手指上轻轻一搓，一个可爱的小纸卷就诞生了。她一边搓，一边兴奋地说："我要用很多纸卷做成超级漂亮的菊花挂饰送给爷爷奶奶。"

豆豆则选择了彩泥作为创作材料，他用力地搓揉着黄色的橡皮泥，打算塑造出一只栩栩如生的"重阳鸟"。他边捏边自言自语："重阳鸟代表着长寿和吉祥，我要把它做得最漂亮，送给外公外婆。"

老师穿梭在孩子们中间，耐心地指导和鼓励他们，时不时地夸赞他们的创意与巧手："小强，你的菊花纸卷做得真灵动，颜色搭配得真好看！""小罗，你写的字真工整，爷爷奶奶一定会喜欢这个爱心挂饰。""豆豆，你的重阳鸟已经初具雏形了，再加点细节就更完美了。"

镜头一转，午会课上，一（3）班的张老师正在展示其他年级哥哥姐姐制作的"创意"重阳糕。"哇！这重阳糕真像一朵花！"阳阳看到老师手里的精致小糕点忍不住感叹道。

张老师笑眯眯地告诉大家："同学们，这是高年级的哥哥姐姐今天制作的重阳糕。"

圆圆试探地问："哥哥姐姐制作重阳糕是要送给爷爷奶奶吗？"

"你真聪明！"张老师接着说："他们不仅要把亲手制作的重阳糕送给家里的爷爷奶奶、外公外婆，他们还要把这份甜蜜送给一群特殊的老人。"孩子们好奇地看着老师，脸上露出了若有所思的表情。

"他们曾为了学生的成长奉献了青春年华，曾为学校的发展贡献了智慧和力量——他们就是学校的退休老师。"张老师刚说完，孩子们便鼓起掌来……

镜头再次一转,来到学校干净整洁的劳动教育工坊。

"陈老师,重阳节快乐,这是我们亲手做的重阳糕!"

"祝您身体健康,李老师,我们做的重阳糕不是很甜,有三种口味,希望您喜欢!"

"王老师,您要一直这么快乐哦!为学生辛苦了这么多年,一定要好好享受退休生活!"

班级代表在德育教导应老师的带领下正在为退休老师送重阳糕和节日祝福。只见退休教师们激动地接过礼物,时而深情地拥抱着孩子,时而握着孩子的手嘱咐着什么,时而和孩子们围在一起用照片定格温暖瞬间。

行动是表达和传递情感最有效的方式。七色花小学不仅让孩子们在丰富多彩的主题实践活动中锻炼动手能力,更让孩子们在体会劳动快乐的过程中,懂得尊老敬老的重要意义。

三、情暖社区长者心

以上只是七色小花学的"心灵小驿站"——传统节日教育的小小缩影,小花们在学习重阳传统文化、劳动实践中明白:新时代的小小少年要传承传统文化,要从自己的一言一行做起。

让我们把镜头再次聚焦宸宸和爸爸妈妈,与他们对话,去追寻已经过去的、渔阳里社区里的温暖镜头吧!

宸宸和爸爸回忆道:"我记得在一年级的时候,我们带着节目与祝福,与社区的老人们共庆重阳佳节。"

"你们表演了什么节目?"

"有的同学为老人唱了活泼欢快的歌曲,有的同学跳了可爱、充满童趣的舞蹈,令我印象最深刻的是阳阳独奏了好几首小提琴乐曲,现场的人全都陶醉在他的美妙乐曲里。"

"你们好棒呀！那今年重阳节，你们也去了社区吗？"

宸宸骄傲地说："今年我和同学们与社区的爷爷奶奶们玩了有趣的心理游戏。他们开心得一直和我们拥抱。"

爸爸笑着问："真的吗？"

宸宸真诚地说道："这次走进社区，我认识了社区里的爷爷奶奶，知道了他们原来从事各行各业，都对社会做出了很多贡献。"

"你觉得他们现在的退休生活怎么样？"

"我觉得他们过得挺好，但可能有时候有点孤单。那天我们一起玩了快乐猜猜猜的心理小游戏。爷爷奶奶像'小孩'一样，兴奋得互相击掌。"

爸爸欣慰地点点头，说道："孩子，你不仅积极参与学校活动，还从活动中明白了要陪伴和关爱老人。"

"以后不仅是重阳节，平时我也要陪爷爷奶奶、外公外婆，陪他们聊聊天，还给他们捶捶背，揉揉肩，让他们感受到我对他们的爱。"

如何让尊老敬老的传统美德在小花们心中深深扎根？经历这一堂堂关于"传统节日"的德育课，我更加坚定：要以系列"传统节日"德育教育活动引领学生，用爱心和劳动去弘扬尊老、敬老的传统美德，用一言一行来传承中华民族的璀璨文化。

撰稿：张美妃

雷锋精神放光芒

1963年3月5日，毛泽东主席在《人民日报》上发表了亲笔题词"向雷锋同志学习"。随后，中央决定将3月5日定为学雷锋纪念日，以此纪念雷锋、弘扬雷锋精神，并广泛开展学雷锋的活动。

"全心全意为人民服务"的雷锋精神如何代代相传？如何在未成年人的心间悄悄地播撒种子，让孩子们在无限走近、寻找、发现中，学习雷锋同志"我要做一颗永不生锈的螺丝钉"的精神呢？

依托循序渐进的德育教育是一条最好的路径，可以引领孩子们在持续的专题教育活动中将雷锋精神内化于心，外化于行。于是，学校美育项目"心灵小驿站"课程之"专题教育"板块里就有了"雷锋精神放光芒"的教育主题。

"雷锋精神"是什么？在哪里？新时代的少年要怎么做呢？不如随着小花走进家庭、学校、社会，走近七色花小学深入践行雷锋精神的生动实践吧！

一、汲取雷锋精神

一天晚饭过后，二年级的学生琪琪和爸爸像往常一样坐在沙发前看电视，新闻里正在播放全民学习雷锋做好事的一组组温馨的镜头。

爸爸转身问琪琪："今天是3月5日，知道是什么日子吗？"

"是雷锋纪念日！升旗仪式上，大队辅导员带着我们又一次认识了雷锋叔叔。"琪琪笑着说，"我们还在音乐老师的指导下全场高唱了《学习雷锋好榜样》的歌呢！"

"学习雷锋，好榜样，忠于人民忠于党……"看着激昂演唱的琪琪，爸爸不禁鼓起掌来。

"雷锋出差一千里,好事做了一火车呢!"爸爸抚摸着琪琪的头,"你知道雷锋的故事吗?"

"当然知道!每年的学雷锋月,学校的'百人百讲话百年'栏目就会用一周的时间连续讲述雷锋叔叔的故事!"琪琪接过话茬,"为群众买票、雨中送温暖、帮助老人、帮助战友学习、捐款帮助群众等事迹,我都知道了。"

琪琪按捺不住,又接着说:"对了,去年,我还在上一年级时,学校还组织我们在线观看了《青春雷锋》的电影呢!从那以后,雷锋叔叔就成了我的榜样,激励我时刻准备着帮助他人。"

爸爸微笑着说:"是啊,每个人都可以成为生活中的'小雷锋'。"

七色花小学正是以"百人百讲话百年""升旗仪式"等平台,让孩子们在多感官参与中走进雷锋那伟大的精神世界,真正懂得"为人民服务"的精神内核。

二、寻找身边榜样

有一年的学雷锋月,学校组织全体二年级学生以"寻找身边的雷锋"为主题开展分享活动。

3月5日的午会课刚开始,二年级各班教室就热闹开了。德育教导有幸路过二(1)班门口,禁不住驻足。听:

"窗台上的水栽绿萝为什么每天绿油油的?"

静静脱口而出:"是朵朵每天给绿萝换清水,她就是'小雷锋'。"李老师不住地点头微笑。

"我还想夸夸我们的雷锋老师呢!"小琴起身说:"昨天,学校的男教师还来为我们调整课桌椅的高度呢!现在,我坐起来更舒服了!"

李老师赶忙说:"昨天,党员教师们共完成了学校15间教室120余张桌椅的高度调整工作。"

"上周我们参加春季实践活动,出发前下起了暴雨,还记得是谁撑起伞把我们送到车上吗?"

"是我们的老师、保安叔叔和保洁阿姨,他们一把伞撑三个孩子,一次又一次地往返,不辞辛劳,他们的衣服和鞋都湿了……"琪琪的眼中闪烁着感动的光芒。

"还记得2022年的春季吗? 因为新冠疫情,我们被封控在家,是谁克服重重困难,加入了志愿服务的队伍?"李老师说。

"是我们社区里的'活雷锋'!"小凯深情地回忆道,"有一天,我家的蔬菜快吃完了,我们焦急地在楼群里求助。第二天一大早,志愿者就把新鲜的蔬菜送到了家门口。那一刻,我深深地感受到了人间的温情。"

不一会儿,铃声响了。德育教导居然在门口站了20分钟,但意犹未尽:这样的午会课,分享的是故事,播撒的是爱心希望,激励每一位七色小花用实际行动去传承和发扬雷锋精神。

三、践行雷锋精神

以上只是七色花小学的学雷锋专题教育的小小缩影,小花们在感悟雷锋精神、寻找身边雷锋等榜样的感召下,小小的心间立下宏愿:做一颗如雷锋叔叔般的小小螺丝钉,学做好事,从身边的小事做起。

就让我们把镜头再次聚焦琪琪和爸爸,与他们的对话,去追寻已经过去的、发生在七色校园里的那一幕幕以实际行动学做雷锋、让雷锋精神放光芒的朵朵小花的美好镜头吧!

"你觉得自己是小雷锋吗?"

"当然是哦!"琪琪自豪地说,"爸爸,我可是一直在努力做好'小雷锋'呢!在学校里,我看到乐乐在学习上遇到困难时,就像雷锋叔叔一样,尽自己所能去帮助他。"

爸爸欣慰地点点头,说道:"如果每个人都能献出一份力,班级、学校,甚至整个社会都会变得更加温暖、和谐。"

"学校每周五中午还号召大家坚持打扫校园公共区域,为建设美丽校园做贡献。我也积极参与其中呢!"

"你们具体做些什么呢?觉得辛苦吗?"爸爸询问。

"我们组负责清理操场边的小池塘,夹走池中的落叶,让小鱼儿更加快乐地在水中嬉戏。其他组的同学们在公共区域也忙开了:有的负责扫地,有的擦墙面,还有的擦窗子。虽然会有些辛苦,但看到焕然一新的校园,心里就充满了成就感。"琪琪自豪地说。

爸爸刚要接茬,又被琪琪打断了,"听说下周轮到我们班值勤,要走出校园,在我们每天上下学必经的元昌里捡拾垃圾、清扫街道、修剪花枝,为打造'花街美巷'出一分力量。我们都很期待呢!"

如果再问:雷锋精神是什么?那就是坚持做好事,从身边做起、从小事做起。雷锋精神在哪里?在家庭、学校、社区,在孩子们的心间。新时代的少年儿童该怎么做?七色花小学告诉你:以系列专题教育活动去引导孩子"发现美、欣赏美、创造美",唤醒他们如雷锋般的公民素养。

撰稿:黄帅嘉

案例 ③

不负"拾"光，逐梦前行

——以三年级十岁成长礼为例谈学校的仪式教育

泱泱中华，礼仪之邦。礼仪与仪式，乃我国文化之精髓，自古便深深地烙在国人的心中。仪式教育，作为一种特殊的教育形式，不仅是一场欢乐的派对，更是一次心灵的洗礼和成长的仪式。对十岁的孩子来说，他们正处于人生观、价值观形成的关键时期，十岁成长礼无疑是一个里程碑，通过这样的仪式教育，可以帮助他们更好地认识自己，理解成长和责任的意义，学会感恩和担当。

在这个特殊的日子里，七色花小学为三年级的学生们精心策划了一场别开生面的成长庆典。作为学校美育项目"心灵小驿站"课程之"仪式教育"板块的活动之一，我们以学生成长和发展中的关键时刻和重要节点为契机，将仪式教育转化为生动课程与创意活动，家校携手共建德育平台，以德浸润，使灵动的教育走近人心。

一、珍视成长，不负韶华

"你快看，这个时候的我又黑又瘦，说话还总是细声细气的，特别胆小！"辰辰拍着同桌的胳膊，指着屏幕上的一组照片激动地说道。

三年级（2）班的教室里响起了此起彼伏的惊呼声和感叹声。作为十岁成长礼的开场秀，孩子们和家长共同挑选十年来最有代表性的成长照片制作成长相册，分享成长过程中难忘的故事。辰辰高高地举起他的手，想要第一个说说自己的故事。

"记得小时候的我很内向，不爱说话，更别提像现在这样上台发言了。瞧，这是我们入学时的集体照,角落里的那个黑小子就是我。"辰辰边指着屏幕上的照片,边笑着调侃自己,"后来,我知道了海伦·凯勒的故事,被她的事迹深深地触动了。我开始尝试主动探索世界,不断学习新知识。"

"这是我钢琴考级时的照片。我还记得刚开始学习钢琴时,手指僵硬,总是跑调。但现在,我可以流畅地弹奏出美妙的旋律。这些都是我自己的努力,我要感谢自己,没有放弃,一直在成长。"台下,辰辰妈妈的眼中闪烁着晶莹的泪花,但她的脸上始终洋溢着自豪的笑容。

紧接着,转换场地,三年级集体成长礼在学生们最喜欢的魔法空间举行。伴随着一曲欢乐的《生日快乐》歌,大队辅导员应老师推出精美的生日蛋糕,摇曳的烛光映照着孩子们纯真的笑靥,他们十指相扣,许下美好的心愿,并将其写下,装进"时间胶囊",寄给小学毕业后的自己。

"我从小的梦想就是成为一名老师,我希望自己能不断努力,离梦想越来越近!"

"就如今天成长礼的主题——感恩,我希望自己能保持一颗感恩的心。感谢父母的养育,感谢老师的教诲,感谢朋友的陪伴,感谢自己的永不言败!"

感恩过去的自己,一步一步地塑造了我们现在的模样。"十岁",一个普通的年龄数字,却因教育仪式活动的魔法而焕发新生。成长不仅是身体的变化,更是心灵的升华。在这个充满朝气的年纪,孩子们如同白纸上的色彩,被赋予无限的可能。

二、养育之恩,铭记于心

你听,三年级(1)班的某个角落里正传来隐隐的抽泣声。开心愉快的成长礼为何会发生这样的情况?

原来,此时班级里的孩子们正在一字一句地认真阅读着父母写给他们的信。早在几周前，各班的班主任就在积极筹备成长礼的相关事宜，邀请三年级的各位家长给自己的孩子写一封信，班主任又在成长礼上充当邮递员，将父母写的信郑重地送到孩子手中。

班主任李老师邀请言言上台分享读完信后的感受。言言擦擦眼泪，手里紧攥着父母的信走上讲台。

"我以前总不明白，为什么妈妈总要对我唠叨，为什么爸爸会对我这么严厉。昨天做作业时，还因为妈妈又唠叨我粗心的毛病而和她吵了一架。我觉得她只会批评我，一点儿也不理解我。"

言言平复了一下心情，继续说道："读完今天的这封信，我眼前第一时间浮现的是妈妈头顶的白发和爸爸下班回家后疲惫的身影。原来，爸爸妈妈对我的爱不是说出来的，而是做出来的。"

言言看向坐在教室后方的爸爸妈妈，微笑着说："爸爸妈妈，我要感谢你们对我的无私关爱和辛勤付出。我理解了，你们对我的期望不仅仅是让我取得好成绩，更是希望我成为一个有品德、有责任感、有担当的人。我会继续努力，成为更好的自己！"

家长是学生人生旅程中的第一任导师，也是学生成长过程中不可缺少的角色。富有温度的仪式教育，能够成为学生成长的桥梁。一封小小的信笺，将父母与孩子的心紧紧地连在了一起。

三、培育之恩，永志不忘

仪式即将进入尾声，无论是感恩自己的成长相册和"时光胶囊"，还是感恩父母的信笺分享，都让果果感触颇深。他抬头看着教室里的一桌一椅，望向窗外校园里的一草一木，有感而发，平时就有写诗习惯的他提笔写下一首随笔小诗：

感　恩

校园的树影婆娑，

岁月的足迹踏过。

老师的教诲铭心，

智慧的火花点燃。

书页翻动的声音里，

我听到了世界的呼吸。

实验室的瓶瓶罐罐，

我触到了科学的脉搏。

感恩七色花，我的摇篮，

培养我成长，育我成才。

感恩七色花，我的港湾，

庇护我风雨，助我远航。

感恩七色花，永志不忘，

你是我心中，永远的骄傲。

果果将小诗拿去与班主任吴老师分享。惊叹于他的才华，吴老师鼓励果果上台和大家分享他的诗。果果刚读完，班级里便响起了雷鸣般的掌声，同时一颗名为"感恩"的种子悄然在孩子们的心间生根发芽。

而果果同学的妈妈也让吴老师印象深刻。仪式当天，她一袭白色连衣裙分外亮眼，脸上一直挂着微笑。仪式结束后，她特地找到吴老师，希望能够代她转达对学校的谢意。

"这次成长礼不仅是孩子，作为家长的我也收获良多。以前就听闻七色花会为孩子举办隆重的成长礼，真是百闻不如一见！其实昨天我和小宝因为作业问题闹了一点小矛盾，来学校前还在冷战呢。但是看到他今天在舞台上那么认真地表演，我觉得我的孩子是很优秀的，反倒是我应该去反思一下自己的教育方式。感谢七色花给了我这次思考的契机。"

果果妈妈轻轻地挽住吴老师的胳膊，继续说："能够全程参与、见证孩子成长路上的每个重要仪式，是一件很幸福的事。今天的经历更让我觉得送孩子来七色花小学上学是一个无比正确的选择。"

育人为本，德育为先，七色花小学以思想启迪成长，用行动彰显担当，借仪式唤醒生命，记录学生心灵成长的每一个重要时刻。温暖而有力的仪式教育，成为学生们跨越自我、展翅高飞的坚实桥梁。我们坚信，教育的目的不仅是传授知识，更重要的是培养孩子们的品格和情感，而仪式教育正是实现这一目标的有效途径之一。

撰稿：陈梦伊

案例 4

劳动·创造·幸福

随着社会快速发展，创新型人才培养已成为教育的重要任务。教育部印发的《大中小学劳动教育指导纲要（试行）》（下面简称为《指导纲要》）明确指出：通过劳动教育要使学生体验从简单劳动、原始劳动向复杂劳动、创造性劳动的发展过程。

创造性劳动教育作为培养学生创新思维和实践能力的重要途径，对于提升学生的综合素质具有重要意义。因此，我们以《指导纲要》中劳动教育发展目标为导向，结合我校创新素养研究实践，设计了"劳动·创造·幸福"主题活动，旨在通过创造性劳动实践，引导学生发现生活中的问题，提出解决方案，实现知识转化和创造，从而培养学生的创造性思维和实践能力。

说起小朋友能参加的劳动，你会想到什么？洗碗、擦桌子、扫地？如果只有这些，那你就OUT啦！看，七色小花们已经将劳动创出了新花样！

七色小花们通过发现生活中的劳动小问题，积极开展了创造性劳动项目研究，并借助TED演讲、展示互动方式呈现自己的研究过程和研究成果，获得了老师、家长、同学和评委的一致好评。让我们走进现场，欣赏小花们的风采吧！

一、生活妙招启迪劳动

劳动源于生活，更要回归生活，服务于生活。此次"我有小妙招　生活有创造"活动旨在引导学生们从真实的生活中发现问题，并创造性地解决这些问题，体验劳动带来的乐趣和成就感。

有同学注意到妈妈打扫电视柜后方的狭小空间时总是很费劲，于是他们发挥创意，利用衣架、抹布和手电筒制作了一款便捷的清洁器。也有同学观察到老师擦黑板时常常扬起粉笔灰，对环境和健康都不利，于是他们利用电脑制作了一款新型吸尘黑板擦。还有同学为了解决出门旅游家中无人照料花草的问题，设计出自动浇花器。这些创意作品都充分展示了学生们的劳动智慧和创造力。

一个晴朗的下午，芝芝正在教室里忙碌地擦着黑板。每次擦黑板时，她总会遇到同样的问题：白色的粉笔灰四处飘散，不仅让教室变得尘土飞扬，还让她感到十分不舒服。这个问题一直困扰着芝芝，她渴望找到一个解决办法。

正当她陷入沉思时，角落里的一台吸尘器引起了她的注意。看着吸尘器静静地吸走地上的灰尘,芝芝突然眼前一亮。她想:"如果我能将吸尘器的原理应用到黑板擦上,岂不是可以轻松解决粉笔灰的问题?"

说干就干!这不,芝芝开始了她的创意劳动之旅。通过调查、分析、实验等,她先学习了吸尘器的原理,了解了它是如何通过强大的吸力将灰尘吸入的。然后,针对发现的问题设计解决方案。她开始动手设计自己的吸尘黑板擦。她画出了草图,标注了尺寸和部件,一遍又一遍地修改和完善。在这一过程中,思维能力和探究能力都得到了良好的提升,尤其是劳动创意理念能得到进一步转化。

二、信息技术赋能创造

学生在进行创造性劳动时,会面临诸多疑问和挑战,为了帮助学生将自己的创意设想落地,可以通过如机器人技术、电子工程和编程等信息技术手段,帮助学生将自己的奇思妙想变得具体可见。

芝芝的故事还在继续。"爸爸,我看你一直在电脑上画各种家具图形,能不能把我的创意黑板擦也画出来呢?""当然,我们可以用三维模型图来设计和演示!"。他们坐在电脑前,聚精会神地制作着三维模型。芝芝忽闪着眼睛,兴奋地向爸爸阐述着自己设计理念。爸爸的手指在键盘上飞快地跳跃,屏幕上逐渐呈现一个奇妙的吸尘黑板擦的立体图像。她时而皱眉思考,时而露出满意的微笑,仿佛在与自己的创意进行一场深入的对话。

"嗯,这里应该再调整一下。"芝芝说道,她轻轻地拖动鼠标,对模型进行微调。随着她的操作,模型上的每一个细节都逐渐变得生动,仿佛即将跃出屏幕,变成现实。

完成三维模型后,芝芝开始动手制作实物。她在家里四处翻找,寻找合适的材料。旧的吸尘器零件、一个黑板擦和一些管道,这些看似不起眼的物品,在芝芝的手中焕发出新的生机。

她小心翼翼地组装着这些部件，一遍又一遍地调试。每当遇到问题时，她都会停下来思考，然后尝试不同的解决方案。她的动作虽然显得有些笨拙，但眼神中却充满了坚定和执着。图2-15所示为芝芝同学设计新型吸尘粉笔擦的设计理念和过程。

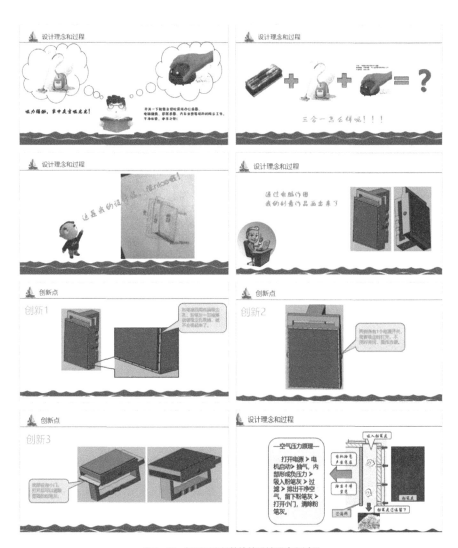

图2-15 新型吸尘粉笔擦的设计理念和过程

在经历了无数次的尝试和失败后，吸尘黑板擦终于能够正常工作了。芝芝兴奋地拿起它，在黑板上轻轻一擦，灰尘便被吸得干干净净。她看着自己的劳动成果，脸上露出灿烂的笑容。

看来，通过信息技术赋能创造性劳动主题活动，可以让学生在实践中更好地将抽象的思维具体化，将创意转变为现实。这种赋能方式不仅有助于提高学生的创新能力和实践能力，同时也能够激发他们的学习兴趣，使他们在劳动中感受到成就感和自豪感。

三、物化成果点亮幸福

物化成果是指把抽象的创造性想法和构思等转化为具象的物质，构建起知识与实践之间的联系渠道。通过对劳动成果的物化，学生对创造的认识和理解更加深刻，从而促进学生创造性思维发展。在实践中强化对创意的认知，实现知识和生活之间的联系，在劳动过程中实现创新。

镜头缓缓拉近，聚焦在芝芝身上。她手中紧握着那个她亲手制作的创意吸尘黑板擦，眼中闪烁着坚定的光芒。这个小小的发明，是她用心血和汗水凝结而成的物化成果，也是她创造性思维的一次生动展现。

在"我是演说家"的展示区域，小花们带着自己的劳动成果，向观众展示他们的创造力和创新精神。芝芝也开始娓娓道来，讲述着在劳动中发现问题，以及解决问题的过程，声音中充满了自信和激情。

随着她的讲述，镜头切换到了创意小发明、环保小制作、生活小妙招三个板块。观众们可以看到各种各样的物化成果，它们或实用或美观，都是学生们用心思考和努力实践的结果，极具创意。这些成果不仅展示了学生们的创造力，也让他们对创造有了更加深刻的认识和理解。

镜头转向"我是创艺家"互动区域。这里摆满了学生们制作的劳动工具、新颖的劳动方法和改良的劳动工艺。观众们可以近距离接触这些成果,感受它们的独特魅力和创造力。芝芝和她的同伴们热情地向观众介绍着他们的作品,分享着创作过程中的点滴心得。

整个展示过程充满了活力和创意,不仅让观众们大开眼界,也让芝芝和她的同伴们更加坚定了自己的劳动创造之路。

成果物化过程也是创造性想法转化为具象物质的过程,是实现知识和生活之间联系的重要途径。相信在未来的日子里,小花们将继续努力探索和创新,用自己的智慧和双手创造更多的美好。

创意点亮美好生活,劳动创造幸福你我! 通过这次"劳动·创造·幸福"活动,孩子们深刻体会到劳动的意义和价值。他们明白了生活中的每一个小问题都可能成为创造的源泉。只要用心去发现、去创造,就能用双手创造出更美好的未来。同时,他们也感受到劳动带来的幸福和满足,更加珍惜和尊重劳动成果。在未来的日子里,这些小小的创意种子一定会在孩子们心中生根发芽,开出绚丽多彩的花朵,点亮他们的人生道路。

撰稿: 应佳雯

你好,青春

埃里克森曾说:"青春期是自我同一性和角色混乱的冲突时期。如果一个儿童感到他所处的环境剥夺了他在未来发展中获得自我同一性的种种可能性,他就将以令人吃惊的力量抵抗社会环境。"

五年级的孩子已处于青春期早期阶段，他们的心理随着生理发育而日益变化，思维方式和思想意识也随之发生变化。活动和依赖的重心逐步由家庭转向社会。这一时期，他们开始关心自己在别人心目中的形象，开始探索在他们身上出现的一些新问题："为什么原来的好朋友不理我了？""我什么都不如他人，感觉好难过！""同学眼里我怎么成了'异样'的人呢？"……一系列的问题与矛盾在他们心头萦绕。

此时，他们需要正确的引导，在骤降"心理大雨"时，为其撑起一把"保护伞"。而学校的"心灵小驿站"之"心理健康"教育专栏，正是在带领孩子"走近青春""认识青春""牵手青春"的过程中，不断地为孩子的"心"蓄能，帮助他们正面迎接青春期的到来。在这里，我们可以聆听孩子成长的声音。

一、友谊之曲心共谱

李李在心理课上分享了自己的困扰：她感到孤独，没有朋友。心理老师敏锐地察觉到了这个问题，开始与李李展开深入的对话。

"李李，我理解你感到孤独和无聊。你有想过为什么没有朋友吗？"老师轻声问道。

李李低头，小声回答："可能是我不太会和别人交流吧。"

心理老师继续引导："你觉得建立友谊的主要困难是什么？"

李李沉思片刻，说："我害怕主动与别人交流，担心被拒绝。"

老师鼓励道："这是一个很常见的担忧，但友谊是相互的。你需要主动去交流和建立联系。当你主动去了解别人，别人也会更好地了解你。这样，你们之间就有可能建立深厚的友谊。"

李李似乎有所触动，她犹豫地说："也许我可以试试。"

心理老师微笑着点头："很好！你可以从小事做起，慢慢地积累信心。友谊需要时间和努力来建立。"

为了帮助学生建立友谊，学校举办了一个以"心悦花开 共育'积极'"为主题的心理月活动。其中，"爱心小伙伴"活动特别受欢迎。同学们将自己的愿望写在纸上，放入班级的"许愿池"内。在接下来的几周里，他们互相帮助实现这些愿望，营造了一个充满爱心与支持的校园环境。

李李在"悄悄话信箱"里写道："周老师，我要告诉你一个超级开心的事情，我终于知道该怎么交朋友了！以前的我总是一个人坐在教室的角落里，没有人和我玩。现在，我学会了主动付出爱心，让别人感受到我的热情与努力……谢谢您对我的鼓励。"

这些活动不仅帮助学生拓展社交圈子、结交新朋友，还促进了他们的心灵成长和人格完善。让我们一起为这些孩子搭建起心灵的桥梁，让他们在友谊的阳光下茁壮成长！

二、成长引航心启迪

相对于李李同学对社交的主动要求，有些同学在此时的表现略显被动，究其原因可能与性格内向和缺乏自信有关。小卓是班级里安静的女孩，很少主动参与活动和讨论，缺乏被接受和认可的信心。小夏成绩优异，但害怕失败和质疑，鲜少展现才华。小祝则总觉得自己不够优秀，常怀疑和否定自己，缺乏自信心和自尊心。

这些并不是个例，五年级学生都面临着不同程度的自信问题。为了帮助学生建立自信，班主任吴老师和心理教师再次携手开展一系列成长引航活动，旨在启迪学生的内心，激发他们的自信和潜能。

首先，他们组织"自我探索"工作坊，引导学生们通过绘画、写作和反思等方式,深入探索自己的内心世界,发现自己的优点和特长。在这个过程中,小卓发现了自己对绘画的热爱,小夏认识到自己演讲方面的天赋,而小祝发现自己的领导才能。

紧接着,老师们设计了"挑战自我"任务,鼓励学生们走出舒适区,尝试新的事物。小卓鼓起勇气参加了学校的绘画比赛,一张张独具七色花特色的情绪卡片赢得了全校同学的称赞;小夏则在心理老师的引荐下参与心理脱口秀表演;小祝同学则在老师的协助下,成功地组织了一次班级活动。这些经历让他们体验到成功的喜悦,从而增强了自信心。

通过这些成长引航活动,五年级的学生们逐渐走出自卑和迷茫,变得更加自信和坚定。他们开始勇敢地面对挑战,积极地追求梦想。在这个过程中,他们的心灵得到了启迪和滋养,为未来的成长奠定了坚实的基础。

三、流光青春心绽放

五年级教室里,几个孩子在课间休息时聚在一起。

多多:"我发现,小吉同学最近老是不穿校服,老师提醒她,但她不听。"

东东:"我也注意到了,最近特别喜欢打扮,别人都在看她!"

华华:"她的好朋友花花也跟她学,最近老说校服洗了没干,老师今天找她谈话了。"

小吉试图加入谈话,但其他孩子似乎不太愿意与她交流,不时投来异样的眼光。她的脸色渐渐变得落寞,她低头看着自己的鞋子,心中充满了困惑和不解……

班主任吴老师注意到班级里孩子们之间的这种微妙变化,决定开展一次关于"青春·心成长"的心理主题辅导活动。吴老师携手心理教师为孩子们准备了心理剧活动,希望通过角色扮演的方式让孩子们理解和接纳彼此的差异。

在心理剧中，小吉扮演了一个因成熟装扮而受到歧视的角色。她通过这个角色，勇敢地表达了自己内心的想法和感受。她告诉其他孩子，她之所以选择这样的装扮，是因为她想要表达自己的个性和审美，是想表达自己对成长的理解，她的那句"这就是我，独一无二的我"让其他孩子陷入了沉思。

随着心理剧情深入，孩子们开始反思自己的行为和态度。他们逐渐明白，每个人都有自己的独特之处，而这些差异正是构成七彩世界的重要因素。他们尝试去理解和接纳小吉的成熟装扮，甚至开始欣赏她的勇气和自信。

孩子们借助"心理剧"，将其内心的想法表达出来，让同伴明白他们的感受，也让教师们更加了解他们的内心世界。通过这次心理剧活动，孩子们明白，成熟装扮是孩子们对成长的一种表达方式，这种成长的美好表达将伴随他们走过小学的难忘时光。

"心灵小驿站"之"心理健康"教育栏目为五年级的孩子们提供了一个独特的心灵成长空间。定期的专业讲座和沙龙活动，如《幼小衔接，家长如何"进补"——基于家校共育视角》和《提升情绪力 呵护七色花》等，不仅增强了孩子们的自我认同能力，也让家长们在教育孩子的道路上获得了宝贵的启示。

特别值得一提的是，"你好，青春"心理健康主题活动，让孩子们在实践中学习了心理健康知识，提升了自我认知与心理素养，为他们的青春期成长提供了坚实的心理支持。

展望未来，我们将继续深化"心灵小驿站"之心理健康教育课程，为学生提供更多的心灵庇护与滋养，助力他们健康快乐地成长，勇敢追求梦想，创造更加美好的未来。

撰稿：周倩颖

以上所描述的这一系列"心灵小驿站"课程活动,充分体现了学校对学生创新素养培育的深刻理解和精心规划。我们引领孩子们徜徉在传统节日的海洋中,探索重阳节、中秋节等节日的文化内涵,使他们在体验中培育民族文化认同感和自豪感;我们开展"学雷锋"等专题教育,培养孩子们的社会责任感和乐于奉献的精神;我们珍视每一个成长仪式,用庄重的典礼为孩子们的成长之路烙下深刻的印记,教育他们学会感恩与担当;我们巧妙地融合劳动教育与科学探究,让孩子们在劳动中品味创新的甘甜,锻造他们实践与创新的双翼;我们关注孩子们的心灵成长,通过轻松愉悦的游戏与互动,为他们的心理健康保驾护航。

这些多姿多彩的活动不仅丰富了孩子们的校园生活,更为他们留下了难以忘怀的成长记忆。我们高兴地看到,孩子们逐渐展现出自信、积极、阳光、向上的精神风貌。在"心灵小驿站"课程的滋养下,他们的笑容更加灿烂,步伐更加坚定,心灵也愈加丰盈。这正是我们"美丽课程"所追求的,也是我们最期待的美好收获。

3. "律动俱乐部"里采撷美

"律动俱乐部"是我校极富创意与活力的体育校本课程,它不仅是一片孩子们运动的乐土,更是一个锻炼能力、磨砺意志的成长摇篮。

在课程设计方面,我们深谙多样性与个性化对孩子们成长的重要性。因此,针对不同年级的学生,我们精心挑选了众多运动项目,既有新兴时尚的体育项目,让孩子们感受时代的脉搏,也有传统经典的体能训练,让他们体验运动的深厚底蕴。孩子们在运动中不仅能感受到快乐,更能领悟到运动的真谛。

在师资方面,我们拥有一支由专业教练和资深体育教师组成的强大团队。

他们不仅具备丰富的教学经验,还深知如何引导孩子们发掘自身的潜能。课堂上的"双师联手",帮助每一个孩子都能在"律动俱乐部"中找到属于自己的运动乐趣。

此外,我们的教研团队也充满活力与智慧。他们时刻关注体育教学动态和前沿技术,将最新的教育理念和教学方法引入课程,让"律动俱乐部"始终保持着与时俱进的状态。他们的努力,使得这门课程不仅具有深厚的内涵,更充满了无限的创新可能。

解锁神奇的课表

续续是七色花小学四年级的学生,回想起自己在这所学校里度过的四年时光,他心中充满了感慨。因为他的学校不仅以卓越的艺术教育闻名,近几年来更因其独树一帜的体育教育而备受赞誉。

四年来,他不仅学到了丰富的文化知识,还在体育课上体验了高尔夫、击剑、攀岩、棒球等多样化的专项运动技能。每一次换上运动装备,他都仿佛变身为一个小小运动员,驰骋在广阔的运动场上,汗水与欢笑交织,构筑了他难忘的童年记忆。

就在2023年的9月,续续的妹妹恩恩也成了七色花小学的一名一年级新生。一天,她举着一张课程表兴奋地跑到哥哥面前,言语虽然稚嫩,表达却异常清晰,眼睛里还闪烁着好奇的光芒:"哥哥、哥哥,我数了数,体育课共有5节,为什么有2节体育课后面括号里还写着高尔夫,而且上下连在一起?"

续续看了一眼，目光淡定，笑着说："这可是我们学校体育课程的一大特色。除了基础体育课程外，我们还会接触到各种不同的运动项目，高尔夫课程可是一年级学生的专属哦！""一年里，每周2节的课程会让你学到很多有趣的高尔夫知识和技能，说不定将来你还有望成为一名小小的高尔夫球手呢！"续续补充道。

听着哥哥的描述，恩恩更加期待即将到来的高尔夫课了。她想象着自己手握球杆，在绿茵茵的草地上挥洒自如的场景，心中充满了向往。

"你们能在七色花学习真是太幸运了！"不知啥时，爸爸已经站在兄妹面前，一边抚摸着恩恩的头一边说，"爸爸可是见证了你哥哥三年的课程学习哦！高尔夫、击剑、攀岩，一样也没落下。现在马上要学习棒球课程了，好美慕呀！"

"还记得校长在家长会上说过，在七色花的5年里，小花们能体验到十几项运动项目，而且每个运动项目都是专业教练来授课哦！"爸爸按捺不住激动的心情。

"是的是的，看哥哥的课表！今年课表里的2节的体育活动课就是安排我们学篮球呢！"续续接过话茬，"爸爸说得对，再加上课后服务时段我还学习花样跳绳，光四年级就有3项，五年那就是十几项哦！"

"这么多？"恩恩惊讶地问道，"学校这么小的场地，难道还能上天入地？"爸爸解释道："嘿嘿，就是能上天入地。学校一楼多功能厅变成了冰壶馆，操场上还建起了两面攀岩墙，学校还有虚拟高尔夫球室，在六楼的体育馆内还能打棒球呢……"

"还有呢！黄浦市民健身中心的攀岩馆，区少体校的高尔夫馆、冰壶馆，卢湾体育场的保龄球馆，这些都是我们的运动场地，"续续兴奋得停不下来，"学校还专门安排好了时间，让我们每次都有不一样的运动体验。"

在七色花小学,续续和恩恩的故事仅是众多孩子中因一张特色课表而开启体育探索之旅的缩影。这张神奇的课表,已经成为学校独特的标志,展示着学校体育教育的创新与活力;也引领学生走进高尔夫、击剑、攀岩等多样化的运动世界,在每一次的汗水与欢笑中,将体育课程与孩子们的运动梦想紧密相连。

撰稿:莫懿舜

双师融美 课堂关爱1+1

"哇!快来看,我们这学期要开始学习棒球啦!这可是我期待已久的课程呢!""听以前五年级的哥哥姐姐们说,课上小Q教练和体育李老师会经常为他们组织棒球比赛呢!"四年级的同学们看到新课表马上欢呼了起来!

七色花的体育课堂深深吸引着孩子们,令他们着迷的不仅是精彩的运动项目,更是那些专业的"双师搭档",专业的教练和敬业的体育老师,他们在课堂上的协作为孩子们带来了与众不同的学习体验。

冰壶课上,五年级的哥哥姐姐正在专注地比赛,宁教练在一旁通过实时影像进行着战术指导,体育陈老师则在一边指导孩子们如何记录分数,为即将上场的同学进行动作技能的辅导。

乐乐看得津津有味,决定乘此机会向哥哥姐姐们了解一下他们对"双师"同课堂教学的看法或感受。

他走到一个正在休息的哥哥身边,好奇地问道:"请问,你们觉得这个'双师'模式怎么样？学习效果好吗？"

哥哥抬起头，笑着对乐乐说："这种模式真的很棒！教练非常专业，能教我们很多技巧和战术。而体育老师则更注重我们的体能训练和团队合作。两者结合，让我们在享受运动乐趣的同时，也提高了技能水平。"

冰壶教练耐心地解释着每一个步骤，她手上的冰壶仿佛是她最亲密的伙伴，每一次推动都充满了力量，且精准。她一边做示范如何调整冰壶、控制速度和方向，一边向同学们解释道："身体平衡非常重要，特别是在滑行和释放冰壶的瞬间。正确的姿势和力量分配可以让冰壶在冰面上滑行得更远、更直。"

一旁的陈老师还补充道："团队合作很重要。在冰壶比赛中，每个队员都需要密切配合，共同制订策略，多交流、多沟通才能在比赛中取得胜利。同学们加油！"

陈老师听到乐乐和哥哥姐姐的谈话也走了过来。"看来你们对'双师'模式的学习效果很满意啊！"陈老师笑着说。

"是啊，陈老师。这种模式真的让我们受益匪浅。"五年级的哥哥点头表示赞同。

"我也听说了很多关于这个模式的正面反馈，"陈老师继续说，"我们的宁教练可是少体校的冰壶教练，也曾是国家队的运动员呢！如此专业的教练和体育老师相结合，确实为学生们提供了一个更加全面的学习体验。教练的专业指导，让学生们能够快速掌握技巧；而体育老师的课堂把控、针对性的体能训练，则让学生们能够在学练中保持更好的状态。这种互补的教学方式，既提高了学生们的学习效率，又激发了他们对运动的兴趣。"

"而且这种模式还让我们学会了团队合作和沟通。"旁边的姐姐补充道，"在体育老师的指导下，我们学会了如何更好地与队友配合，如何在比赛中相互支持。这些都是我们未来生活中非常重要的能力。"

陈老师看着乐乐充满憧憬的眼神,微笑着拍了拍他的肩膀:"乐乐,只要你保持对运动的热爱和坚持,相信你一定能够在未来的课程中取得出色的成绩。"

乐乐坚定地点了点头,他知道,律动俱乐部的"双师"课程,将成为他未来学习旅程中一段宝贵的经历。

在七色花小学,每一位小学生都能充分感受到来自"律动俱乐部"课程里"双师"的双重关爱。这不仅丰富了他们的学习生活,还为他们提供了更多展示自我、挑战自我的机会。相信在未来,这种"双师融美"的"关爱"模式定将继续为小花们的体育学习带来更多的乐趣与可能。

撰稿:聂悦悦

新新向"融"路,研研爱"花"情

每学期初,都是七色花小学体育教师们忙碌而充满期待的时候。这个学期,在体育教研组长李思嘉老师的组织下,开课教师杨静和整个体育团队早早地开始了区级公开课的说课准备。他们心中有一个大胆的想法:用学校的特色研课表来代替传统的体育教案,为公开课注入新的活力。

说课那天,全区小学体育中心组成员齐聚一堂。当杨老师展示学校研发的那份别具一格的研课表时,空气中瞬时似乎弥漫起一丝新奇与疑惑交织的气息。正当这时,教研员陶老师也拿起这份研课表,初时眉头微皱,随着阅读的深入,他的眼神中很快流露出了认可和惊叹。

"这份研课表很有创意,我想中心组的老师们拿到这份研课表,肯定也跟我一样,想更深入地了解一下它的设计理念。"陶老师温和地开口道,目光在两位老师及中心组成员身上流转。

杨老师深知解析清楚这份研课表对这次公开课的分量,也提前做好了迎接专家提问的准备。"这份研课表的设计,主要体现的是体教融合背景下的'双师课堂'的新样态,在研课表的设计过程中,主要体现了三个方面的融合。"她娓娓道来,声音中透露出自信与热情。

首先是"融新",即融合双新和创新理念,是指教练与体育教师在教学设计过程中,要携手研究新方案、新标准,挖掘课程创新素养培育元素。确保每一节课都紧扣新课标的要求,无论是基本运动技能、体能、健康教育的学习,还是专项运动技能和跨学科主题的学习,均要体现融合的特色。

其次是"融术"。李老师接过话茬:"都说'术有专攻'。我们的双师课堂由专业的教练和体育老师共同完成授课。""我们学校的体育活动课也请外面教练上课,也有助教老师,不是差不多吗?"一位中心组的老师提出疑惑。"你们仔细看哦,她们的这份研课表里,清晰地写明了这堂课中教练和教师的分工。跟传统课堂中体育老师作为助教只负责维持课堂纪律不一样。"陶老师看着研课表补充道。"是的,在这堂课中,教练发挥他的高尔夫专项技术专长,组织部分学生进行挥杆、推杆等专项技能的学习。同时体育教师则带领另一部分学生进行与高尔夫运动相关的体能练习。"杨老师不慌不忙地解释道:"在这份研课表中,我们明确了主教与助教的角色定位,确保在教学过程中能够充分发挥双师的优势,提高课堂效率。"众人瞬间有所领悟。

李老师继续补充:"最后是融美了,即融合课程本身之美与课程环境之美。

大家一定对我们的'魔法空间'有所耳闻吧？我们会在里面创设很多高尔夫运动的场景,利用多媒体新技术,体现丰富多样的教学内容和形式,让学生在体育课上既能锻炼身体,还能感受运动的魅力,享受美丽课堂带来的快乐。"

随着两位老师的详细解释,陶老师和中心组的老师们逐渐明白了这份研课表的独特之处。他们的脸上露出了赞许的笑容,对七色花小学的体育公开课充满了期待。

"很好,你们的想法很有创意,也很实用。关键是对体教融合项目如何推进带来了很大的启发。"陶老师最后总结道,"期望在你们的深入研究下,在学校研课表这类备课支架的引领下,能够为全区体育教师们展现一堂具有推广价值的公开课。"

在随后的公开课中,七色花小学的体育课展现了前所未有的活力与魅力。学生们在双师的精心指导下,不仅掌握了体育技能,更在运动中感受到快乐与成长。而那份具有特色的研课表,也成了七色花小学体育教学的一面旗帜,引领着学校体育教学走向新的高度。

撰稿：李思嘉

教融双辉　探美双行

2023年4月的某一天,黄浦区"深化体教融合推进体育改革项目推进活动"正在七色花小学的五楼剧场如火如荼地进行着。七色花小学作为体教融合攻关校代表发言,分享过往成功的经验或做法,凸显学校美育特色的普及专项课程和"双师授课"模式均给在座的专家和老师留下了深刻的印象。当上海市体育特级教师冯敏饶有兴趣地问我们:"你们的双师协同得非常好,你们能分享一下他们平时是如何教研的吗?"一个问题如同一颗石子投入平静的湖面,激起了层层涟漪……

一时间,不知道通过什么语言去回应专家的话,"双师课堂"理应是"双师教研"下的产物,体教融合视域下的"双师课堂"更是以融合为基调的。于是,教研组在最短的时间内,回顾、梳理以往的做法,将取得的成功经验分条目进行总结、提炼,形成相关经验积累。

在体教融合背景下,七色花的教练和教师携手,不断地探索和实践。清晨的阳光刚洒满校园,他们就已经齐聚一堂,手持那份精心研发的"体育特色项目研课表",宛如掌握着教学的秘籍。他们围绕本节课的学习要点、内容与方式进行课前在再次确认,以期寻找理论与实践的最佳结合点,让每一堂课都能贴近学生的实际需求。

他们积极探讨如何将双新理念与创新元素融入教学中,深入研究专项技能、基本技术以及辅助体能练习之间的内在联系。他们还积极探索如何利用现有的场地和技术资源创设出富有美感的教学情景。他们共同布置场地,精心设计教学环节,让学生在轻松、愉快的氛围中掌握技能,提升自我。

在他们看来,体育课堂不仅是一个传授技能的场所,更是一个激发潜能、锻炼意志的战场。

特别值得一提的是这支团队的"双师教研"。他们采用学期教研、月月教研和课课教研等多种形式。学期初,校领导、体育组教师和所有的教练会进行一次综合教研,让每一位教师和教练明确本学期学校对体育教学工作的要求,便于每位教师做好规划与安排;每个月,体育分管领导和体育组长会带领教师和教练针对本月教学中存在的问题和教学上的新要求进行教研活动,探讨改进措施和创意教学的"金点子",让课堂变得更加有活力;而课前课后的课课教研,更起到了"当天发现、当天解决"的效果,确保了每一堂课的实效。

在这种教研模式下,教练对教学的理念熟记于心,教师对专项技能的教授牢记于脑。体育教师不再是专业教练的"助理",教练也不再是训练场上的"指挥棒",他们成了体育课堂上的"互补达人"。现在,无论是课前、课后,线上、线下,校内、校外,都有他们研讨的身影,他们分享学生的近况、课程进度,探讨教学中遇到的难题,共同寻找解决方案。一对对形影不离的"好搭子"就这么诞生了。现在每个年级的体育课堂里都有这么一对或几对"好搭子"。

我为七色花小学拥有这样一支用心教研、用爱教学的体育教师和教练团队感到无比自豪。他们不仅传授知识,更传递着一种积极向上的精神力量。在他们的努力下,七色花小学的体育课堂焕发出新的活力,成为学生们最喜爱的课堂之一。在他们的引领下,七色花小学的体育教学将会取得更加辉煌的成就!

撰稿:杨静 潘卓禹

案例 5

课程实施的尚美

每当新学年开学季,七色花园秋意颇浓,一批已然绽放的七色小花,在教师节来临之际,回归母校,与见证她们成长的园丁一道,分享着各自的收获与绽放的经历。

"男神！侬还认得阿拉伐？"2023届毕业生瑶瑶呼唤着正在操场收纳体育器材的陈老师。"噢哟，瑶瑶啊……小婷！矜矜！你们回来啦！天呐……都快长得比我高嘞！"望着曾经课堂里的娃娃们，陈老师振臂一呼，"上课！集合！"

孩子们立马飞奔了过来，睁大眼睛笑着。此时，热衷于带毕业生逛校园、忆课堂的陈老师其实早有准备，"走，跟我去冰壶馆。"话音刚落，孩子们随陈老师疾步进入底楼多功能厅，见球道旁整齐摆放的旱地冰壶，瑶瑶手指大本营，"还记得比赛规则吗？来一局？"陈老师眨了眨眼并摆出"OK"的手势，三位毕业生便犹如身在课堂，熟练、自如地开始了比赛。

"陈老师，我们打得怎么样？"比赛进入尾声，小婷一方即将获胜，她骄傲且期许着陈老师对她做出高度的评价。"噢哟，真不错！想不到毕业后，此前你们掌握的专项运动技能，照样拿得出手！"陈老师赞叹道，"现在回想起当初在七色花所经历的5年体育课程，你们从中可是收获了不少本领啊，晓得有多幸福了伐？"三位毕业生相视一笑，矜矜望着陈老师说道："的确，陈老师，我也感受到了，在七色花成长的5年时光里，无论是一年级的高尔夫课、二年级的击剑课、三年级的攀岩课、四年级的棒球课，还是五年级的冰壶课，这些普及课程不仅让我们习得了多样的专项运动技能，更是激发了我们对体育运动的热爱。在小学毕业前，我父亲总说我巴不得每节都上体育课！"

"听你这么说，我可要跟校长汇报去了，看来我们的课程实施的确做到了学生喜欢、家长满意、成果显著。"陈老师刚说完，孩子们哈哈大笑。"陈老师，你还是这么幽默，怪不得她们都叫你'男神'！可不是吗，那时候的双师课堂里，你和少体校的宁教练相互配合，共同执教，无论是热身活动、基本技能、专项技能以及放松活动……哦，对了，还有'痛苦'的体能训练，这些学习内容老师们都安排得井井有条，每节课都有不同的体验……"小婷话音未落，瑶瑶就指着身后的一台机器反驳道，"啥？体能活动很痛苦？你忘了那台AI体锻屏有多好玩了嘛？"

听着她们的对话，陈老师笑着说道，"是这样的啦……学校为了助力你们本学科核心素养达成，可是'火力全开'啊，不仅通过'体教融合'引进专业教练与我共同给你们上课，还基于数字化转型融合了一系列智能设备、空间，来为你们创造优质、高效、别样、美丽的运动环境。这样想，你们是不是更加难以忘怀了？"孩子们点了点头，陈老师挥手示意："走，跟我继续逛一逛，去唤醒你们儿时体育课堂的记忆！"

三位毕业生跟着陈老师缓步走出冰壶馆，止步于校园内高耸的攀岩墙前，"还记得那会儿上攀岩课，我们同年级三个班轮流外出，前往黄浦区体育馆内的专业攀岩场馆学习，而部分班级留在本校，利用校内建设的南北两面攀岩墙上课，现在回头想想，学校可真为我们的体育课程动足了脑筋呀！"小婷感叹道。

"我清晰地记得，在每周两节的攀岩课上，我不但学会了攀岩的基础姿势、攀岩中的手法与脚法，还懂得了自我保护的方法，这很重要！就像陈老师之前天天念叨的安全第一，是一个道理。"陈老师笑着对瑶瑶说，"看来你们是真的长大了！我还记得三年级的你，胆子特小，刚开始接触攀岩运动，总躲在后面，但通过教练和我的引导，你逐步克服了恐惧，加上自身在一整年课程中的刻苦努力，想不到最终成了一朵'飞檐走壁'的七色小花！"

天色渐晚，七色花园里，一旁高大的古树，似乎正记录着孩子们与老师的对话……"走，上楼！"陈老师指向被落日映红的顶楼体育馆。

"魔法空间！这是我们一年级上高尔夫课程、四年级上棒球课程的场地。记得三楼还有间高尔夫虚拟练习馆呢！"矜矜接着瑶瑶的话说道，"魔法毯、魔法墙,这些在课中学练时,我们都玩过!""哈哈……没想到我一年级就能这么厉害,在期末考查高尔夫推杆与挥杆技能水平时,老师在我学生手册上写的是'优秀',我到现在还记得!""你还别说,高尔夫我没你强,但四年级的棒球课期末考查,我也是'优秀'!"

见孩子们七嘴八舌地回忆过往的课程经历,陈老师笑着说道,"你们俩可别卷了,我听说,小婷现在可是黄浦区击剑项目的注册运动员嘞!所以啊,我始终坚信,你们每一朵七色小花,都会在学校特色课程的光合作用下绽放,陈老师为你们在体育课程中所获的一切成果与积极影响感到无比欣喜!"

撰稿:陈冲

在"律动俱乐部"的探索实践中,我们深刻地领会到其课程设计所蕴含的前瞻视野与创新理念,感受到在整个教学实施过程中,对促进学生创新素养发展方面具有积极的作用。在这里,孩子们可以尽情挥洒汗水,挑战自我。他们学会了坚持与勇敢,学会了合作与分享。更重要的是,他们在这里找到了属于自己的运动激情,体验到了运动带来的纯粹的快乐与自我超越的成就感。这种由内而外激发的运动热情,不仅提升了学生们的身体素质,更在他们心灵深处播下了快乐与自信的种子,让他们在每一次挑战与坚持中收获了宝贵的自我成长。

4. "玩美工作坊"内奔赴美

我校的"玩美工作坊"课程,以发现、探索和创造为核心,旨在点燃学生的学习热情,激活他们的创新潜能。在每一次自然与科技类主题探究活动中,学生不仅提升了解决问题的能力,更在无形中塑造了自信、坚韧等创新品格。

其中,"馆校合作"模式如纽带一般,将"玩美工作坊"课程与博物馆的宝藏紧密联结。我们积极引进博物馆的珍贵资源,结合专业师资力量,对课程进行持续优化,以拓宽课程的视野和深度。该模式以项目化学习为引擎,让学生在情境体验中激发探索热情,在深入研究中锤炼创新思维,在团队合作中强化协作精神,共同推动创新实践能力的全面提升。

一起"趣"研学

当自然课遇上博物馆,在激情碰撞之下,会产生怎样奇妙的化学反应呢?跟随镜头,我们一起来看看吧。

走进一年级,看到陈老师柔声地对孩子们说着:"学习了蝴蝶这种动物,小朋友想不想去看一看呢?""想!""我们可以去哪里看呢?""动物园?昆虫馆?……"在孩子们七嘴八舌地回答,陈老师轻轻地摇摇头。"你们知道吗?有一个地方,它不仅有多种动物,还有丰富的标本……不仅能知现在,还能顾过去、看未来。那就是——自然博物馆。"另一边,二年级的孩子们在激烈地讨论着什么,"如果恐龙现在还活着,会吃人类吗?""不是所有的恐龙都吃肉!我看到绘本上有恐龙吃草的!"……施老师微微笑道:"问题提得很好,回答的孩子也说得很对,那恐龙到底是植食性还是肉食性或是杂食性动物呢?为什么会这样,你们知道吗?"孩子们纷纷摇头。"乘着秋高气爽,我们一起去自然博物馆看一看吧!"两边的声音同时响起。"耶!"紧跟着是孩子们的欢呼声。

三、四年级航海博物馆之旅的开始，我也记忆犹新。三年级孩子在之前的自然课上学习了船的发展历程，对船充满了兴趣。"老师，你能具体说说不同时期的代表船只吗？""如果航行时，船坏了怎么办？"……小小的脑袋里装满大大的未知，在学习过程中，孩子们渐渐体会到航海发展的不易。四年级孩子对船舶的发展技术特别感兴趣，"老师，我一直很疑惑麦哲伦出航时遇到海啸怎么办？我想设计一艘船能抵御这种风暴！""如果没有风，帆船还会动吗？有没有用其他能源的船只呢？"……孩子们的奇思妙想无边无际，想象自己就是大航海时代的探索家。"带着你们这些问题，我们此次出发的目的地就是中国航海博物馆！"孩子们直呼："太酷了！"

几乎每个孩子心中都有一个航天梦。正值五年级孩子学习"太阳系与宇宙探索"这一自然单元。他们对探索宇宙充满了兴趣，"太阳系的行星家族有什么不同呢？""火箭的名称和型号有什么意义吗？"……毫无疑问，当他们听到老师说即将前往天文馆进行研学的消息时，眼睛里都迸发出星星般的光彩。

一、探秘缤纷生物世界

"你了解过自然博物馆吗？"出发前，一、二年级的孩子们就开始查资料、理路线，纷纷化身攻略小达人，互帮互助。课堂里，老师利用VR技术，带领孩子先云游自然博物馆。孩子们在心中边规划设计路线，边表示，好想马上到场馆里去看看是不是真的有这么多神奇的事物。

出发那天，秋意正浓，阳光正好。低年级的孩子们背上行囊，踏上了探秘博物馆的奇妙之旅。一年级的孩子在老师们带领下，先走进了探索中心，开启了馆校合作课堂学习的第一站：课程为"蝶翅飞舞"。孩子们手握研学单，跟着指导老师认识蝶翅鳞片的特点，观察曼妙多姿的蝴蝶，尝试动手制作了蝴蝶标本，感叹着昆虫世界的多姿多彩。走出探索中心，孩子们在自然博物馆的中心区域，席地而坐，拿出画笔，画出他们心中独一无二的蝴蝶。阳光透过巨大的玻璃窗，照在一张张研学单上，在孩子们的脸上印出了五彩斑斓的光芒。这一刻，纸上的蝴蝶仿佛在翩翩起舞，而研学单就是孩子们畅游蝴蝶世界的翅膀。

二年级孩子在老师们带领下，手持研学单，先参观了"起源之谜""生命长河"等主题展览。有了整体认知后，跟随馆内老师来到"恐龙寻迹"的课堂。老师组织孩子们先根据刚才观察到的标本、化石等，分享所见所得。"通过阅读文字，我知道了恐龙有不同的食性，但还是不知道为什么。"带着问题，来到了恐龙展区，孩子们惊叹于巨大的恐龙骨骼标本。"请仔细观察恐龙的外形结构，说说发现了什么。""我发现了！恐龙的牙齿不一样！"老师点点头："你们再联系它们吃什么食物。""原来有不同牙齿的恐龙吃的食物是不一样的！"孩子们在老师的引导下，细致观察，发现恐龙的外形结构决定了它的习性，在研学单上用直尺划出正确的答案。研学前查不到的答案，在孩子们置身于真实的场景中找到了。

在此次研学回程的路上，我清晰地记得孩子们的轻声讨论："今天我看到了好多蝴蝶，它们的颜色、大小都不一样。原来昆虫世界这么神奇！""恐龙的牙齿真的都不一样，之前我去自然博物馆一直都是走马观花，没注意看，原来有那么多隐藏的秘密没发现呢！"……在稚嫩的童声中，我感受到孩子们对自然的好奇，只有真实地走入自然，才能聆听到自然真正的呼唤。

二、追寻蔚蓝大海

深邃而充满活力的海洋，有太多的疑问与未知。古往今来，无数勇敢而坚毅的人，在这一片深蓝中扬帆起航、乘风破浪。

在旅程开始之前，针对三年级孩子们的已知知识，老师布置了研学任务：画一画古今中外船只的发展史。孩子们胸有成竹，回忆起曾经学过的知识。"是从独木舟开始的……"看着孩子们的一张张研学单，老师发出疑问："小朋友们绘得够不够全面呢？除了查阅资料，我们还可以用什么方式找到答案？""去航海馆实地看一看！""航海馆那么大，如何快速找到目的地呢？请同学们设计一条精准路线。""好！"孩子们纷纷化身小小设计师，干劲满满。有的用微信公众号查找场馆信息，有的利用平板电脑阅览官网……从多角度对航海馆进行查阅。用自己的方法，设计研学路线。

四年级的孩子们不用多说，对技术追求的热情指引着他们早就查好了攻略。船只的发展史就是技术的发展史。那么未来的船舶会往哪个方向发展呢？他们心中早就有了想要追求的目标。研学单上是他们标注好的路线图，面对目标明确、眼神坚定的四年级孩子们，谁敢说他们不是未来的大航海家呢？

研学活动在孩子们的期盼中来临了，孩子们手拿深蓝色研学单，带着对大海的向往、对船只的好奇、对技术的追寻，踏上了神奇的航海之旅。

看，三年级的孩子们直奔航海历史馆，寻找古往今来不同样式的船舶，与原本自己的手绘稿进行对比，原来除了书本上的，还有许多极具代表性的船舶，如著名的大翼战船、富有历史意义的"遣隋使"号等。不仅如此，孩子们还观察了诸多与航海有关的考古发现、地图等藏品。参观中，孩子们惊叹连连。对于船只在海面上航行遇到船体损坏问题，孩子们也在修船互动体验中深刻地感受到修复船只的不易，切实体会到航海精神的伟大和可敬。

四年级的孩子们看船舶不仅关注外形，还关注船舶的构造及船用设备相关信息，试图探究现代船舶与古代船舶在技术上的区别。他们沉浸在各类船舶模型、古代海图以及各种航海仪器的展示中，听着郑和下西洋的传奇故事，遥想古代航海者们勇往直前的壮丽场景。边拿研学单边专注地记录，用笔写生历史馆中精美的船舶模型，畅想未来的船舶。在研学归来的途中，孩子们迫不及待地互相分享起自己所了解的船舶知识，看着他们兴致勃勃的样子，不得不说，此次研学真正实现了"研有所得,学有所乐"的目标。

航海博物馆的旅程,虽然年级不同,但是他们都在研学单的引领下,分工合作,有序地完成了探究任务。在过程中,我欣喜地看到孩子们的视野得以开阔,团队协作和解决问题的能力也得到提高。与此同时,这样有内涵的深度游也让他们感悟到航海历史的厚重与知识的魅力。

三、逐梦浩瀚星辰

深邃的星空总能激发孩子们无尽的遐想。五年级的孩子们对宇宙的好奇心,就像一颗颗璀璨的星星,在内心深处熠熠生辉。看,他们在研学单上早早地记录下了自己想要在天文馆寻找的答案:"月球是如何形成的?""还有哪些带环的天体呢?""火箭发射的地点为什么会不同呢?"……这些疑问如同磁石一般,吸引着孩子们自己去探索、去追寻答案。

到了出发那天,孩子们手持记录满满的研学单,带着对宇宙无尽的畅想和对知识的渴求,走进了上海天文馆。一进门,巨大的"傅科摆"就吸引了他们的注意力。步入"家园"展区,孩子们追随古代神话开启了问天之旅,先进的光学天象仪、逼真的模拟星空将大家的思绪从纷繁的都市带到广袤的太空,感受星空之美。漫步"星际穿越"长廊,来到"宇宙"展区,"零距离"地感触无尽的虚空、浪漫的星河、神秘的黑洞,仿佛凝望本身就是永恒。"征程"展区展示了各种天文卫星,更有我们中国人自己的嫦娥探月、空间站和火星探测计划。激发了孩子们的科学探索精神,他们纷纷表示要"以国为荣,以国为傲"!

研学任务结束后,孩子们对此意犹未尽,纷纷落笔写下自己的感受:"虽然不是每个人都能进入太空,但是每个人都有一颗仰望星空的心,对太空的探索,永无止境。"那么,孩子们一开始的问题得到答案了吗?看看孩子们的研学单,密密麻麻全是对此次活动的反馈。

自己提问，自己解答，是五年级孩子们思维的体现。通过此次研学，孩子们深深明白，人类虽然渺小，但是好奇心和探索精神能超越自身的局限，探索更广阔的世界。

行是知之始，知是行之成。博物馆课程是七色花小学美育课程"玩美工作坊"的普及课程。以研学单为载体，将局限于教室里的课堂变成"行走"的自然课，让孩子们能在好奇心的引领下，带着任务去各个场馆尽情地探索和思考、发现和创造，从而培育学生的创新思维和创新能力。

下一个秋日，让我们继续一起"趣"研学吧！

撰稿：陈鸣姿

研学启智趣，志在千里行

一天的博物馆之旅虽然已落下帷幕，但自然课与博物馆交织的火花却如同繁星般在孩子们的心中持续闪烁，照亮了他们对知识的无尽渴望和探索的热情。这场融合了自然课程与博物馆实地考察的奇妙旅程，不仅丰富了孩子们的知识储备，更激发了他们对未知世界的好奇心，促使他们不断地追寻知识的脚步。在这个过程中，知识与好奇心的化学反应不断发生，让孩子们的学习变得更加生动有趣。

一、自然与科技的美好在孩子们心中滋养

研学归来，孩子们的心灵已然被自然与科技的美好所滋养。他们回到熟悉

的课堂,带着满满的收获和感悟,用无尽的想象和探索的欲望,绘制出一幅幅关于自然和科技的美丽画卷。

在一年级的教室里,孩子们兴奋地分享着他们的发现。一个孩子眼中闪烁着光芒,他指着自己手绘的斑衣蜡蝉,说:"我喜欢这种昆虫,它的翅膀上的斑点就像是大自然的杰作。"另一个孩子则迫不及待地展示他手绘的螳螂,生动地描绘了昆虫翅膀展开时如孔雀开屏般的壮丽景象。这些稚嫩的话语和画作,无不透露出孩子们对自然界细微之处的敏锐观察和无限好奇,他们的场馆"研学单"上,每一笔每一划都是他们对自然世界深入探索的直观展现。

二年级的课堂仿佛成了一个恐龙创造的乐园。孩子们用彩色铅笔在白纸上勾勒出他们心中独特的恐龙形象,有的身披彩虹鳞片,有的长有巨大的羽翼,还有的拥有奇特的角和刺。这些创意恐龙仿佛被赋予了生命,带领孩子们穿越回到神秘的史前时代。通过这一创作过程,孩子们不仅提升了创造思维,而且在心中埋下了探索未知、尊重生命、爱护自然的种子。

三年级的孩子们则将目光转向了更为广阔的海洋世界。他们围绕船只发展史编纂了小册子,从木筏到航母,每一章节都充满了对海洋探索历史的敬畏与想象。他们站在讲台上,自信地讲述着人类是如何一步步征服海洋,勇敢地向未知进发。大航海时代的精神在他们身上得到传承,激励着他们勇于探索、追求创新。

四年级的孩子们开始展现分析思维能力。在深入学习船只结构与功能后,他们不再满足于对历史的简单回顾,而是尝试将所学的知识与现代社会的发展相结合,展望未来。他们讨论着环保节能的船只设计,构想能够适应极端气候的未来航行器。这种从历史中汲取灵感、为未来奠基的思维方式,不仅锻炼了他们的问题解决能力,也让他们学会了以积极态度面对挑战,勇于创新。

五年级的孩子们则对航天技术产生了浓厚的兴趣。从天文馆研学归来，他们又饶有兴致地上网搜索并分享交流了大量的高清图片和视频资料，目睹了中国航天器在太空中的壮丽轨迹。从"嫦娥"奔月到"天问"探火，再到"天宫"空间站的建设，每一次成功的背后都凝聚着无数科研人员的智慧和汗水。这些成就不仅激发了孩子们的梦想和勇气，也让他们意识到航天探索是每个人都可以参与的伟大事业。有的孩子立志成为航天工程师，设计更先进的飞行器；有的则梦想成为天文学家，解开宇宙的深层奥秘。在他们心中，航天探索已经超越了国家工程的范畴，成为属于每个人的星辰大海征途。

二、家庭与学校的桥梁在场馆研学中铺展

场馆研学，作为一种别开生面的学习形式，其影响力已远远超越了传统校园的界限，如同一座坚固的桥梁紧密地连接着家庭与学校。随着博物馆等场馆研学活动开展，其独特的魅力愈发凸显，不仅极大地丰富了孩子们的知识储备，而且成为家庭与学校之间沟通的重要纽带。

家长们欣喜地发现，孩子们从博物馆等场馆研学归来后，眼中闪烁着对知识的无限渴望与好奇。无论是在温馨的餐桌旁、悠闲的散步途中，还是在宁静的睡前时光，孩子们总是满怀热情地分享着博物馆的所见所闻。那些曾经看似平凡无奇的事物，如今却成了他们探索世界的宝贵财富。"妈妈，你知道恐龙为什么会灭绝吗？""爸爸，你能给我讲讲船只从木筏到航空母舰的演变过程吗？"这些问题，如同一个个创新的火种，在孩子们的心中得以燃烧。

更令人欣慰的是，孩子们在研学活动的熏陶下，逐渐从被动的"提问者"转变为积极的"探索者"。他们不再满足于简单的答案，而是开始主动追寻知识的根源，用实际行动去解答自己的疑惑。面对生活中的种种现象，如植物为何向阳生长、雨后为何出现彩虹等，孩子们不再只是提问，而是积极地去寻找答案。

他们学着场馆活动中的"研学单",尝试设计简单的实验任务单,列出观察项目、所需材料、预期结果等,像真正的科学家那样,一步一步地探究、实验。这种转变不仅锻炼了孩子们的实践能力,而且培养了他们的科学思维和探索精神。

这种从"提问者"到"探索者"的转变,是研学活动带给孩子们最宝贵的财富,也是家长们最为欣慰的成长变化。通过场馆研学,孩子们在轻松愉快的氛围中开阔了视野、增长了知识,同时也加强了学校与家庭之间的联系与沟通。家长们纷纷表示,希望未来能有更多这样的研学活动,让孩子们在快乐中学习、在探索中成长。

撰稿:施建琦

以上两个生动的案例,描绘了我校一至五年级学生参与博物馆研学活动的精彩历程。在充满乐趣与启迪的研学之旅中,孩子们不仅收获了知识的宝藏,更在探索与体验中享受了成长的喜悦。

在自然博物馆,他们跨越时空的隧道,从微小而精致的昆虫世界,一步步踏入庞大而神秘的恐龙帝国。他们的好奇心被彻底点燃,每一次驻足、每一次凝视,都是对自然界奥秘的一次深刻探索;在航海博物馆,他们追寻着航海的足迹,感受科技的魅力,用画笔勾勒出未来的航海梦想;在天文馆,他们仰望星空,探寻宇宙的奥秘,让好奇心在无尽的星海中自由翱翔。

这些经历为孩子们搭建了一个更为广阔的探索舞台,为他们创新素养的培育注入了活力。

上述内容是七色花小学"美丽课程"四大课程板块的代表性案例集锦。这些案例的深层，蕴藏着学校丰富多彩的课程实践微缩景观，展示了对"美丽课程"项目精髓的精准把握与创造性实施。它们如同一串串璀璨的珍珠，串联起每一颗创新的种子从萌芽至茁壮成长的动人历程。通过阅读案例，可以看到教师们的匠心独运，他们将教学焦点放在学生的学习体验与成长过程中，尤其重视对学生创新人格与创新思维的启迪与培育。他们紧密围绕项目化学习的核心理念，不仅追求学生知识技能的扎实掌握，更前瞻性地结合社会现实需求，精心策划了一系列贴近实际、富有挑战性的学习情境。

在这样的学习生态中，学生们被赋予更多的主动权与探索空间，他们在实践活动中锻炼了发现问题、解决问题的能力，并在合作中逐步提升自身的创新素养。

通过众多案例的实施，我们还形成了一套较为清晰的"美丽课程"项目活动实施步骤和流程范式，为学生们提供了明确的课程学习路径和指导。同时，这些案例也展现了基于学生学习需要的课程资源使用模式，这些资源具有生长性、开放性和灵活性，能够随着学生的学习进程和需要而不断地发展和调整，为学生的全面发展提供有力的支持。

第三节

融美相长

"美丽环境"里的竞相绽放

上海市教委等七部门于2022年印发了《关于进一步促进本市义务教育学校建设的实施意见》,指向以完善教育教学配置、教育教学数字化建设等方面为引擎,推进义务教育优质均衡发展的构建方略。在完善教育装备配置方面,提出要加强学科实验室建设,推进跨学科综合学习空间建设,满足学生跨学科学习和综合实践活动的需求。同时要积极提升学校网络基础条件,加强教育教学数字化应用场景建设,积极利用5G、物联网等技术实现学校教育数据伴随式采集。以上皆指向以教育教学为核心,运用数字化工具,构建学生可视化、可体验、可操作的应用场景,促进教学方式变革。黄浦区作为创新实验先行区,在发布的《黄浦区推进创新教育三年行动规划》中,更把学校创意空间打造列为区域创新人才培养体系的重要内容。

七色花小学作为中心城区的一所小学,与大多数学校一样,面临着学校面积小、空间局促等诸多困难,为实现学生创新素养培育,需要学校从环境空间入手,使其既有丰富的物质环境支持,又有向美而行的校园文化支撑,故此第三个研究项目便聚焦在"美丽环境"建设上。

我们秉持"让每个角落都是创新学习场"的理念,通过激发教师的实践智慧,在螺蛳壳里做道场:通过迭代与重构,让小小的空间在固定与可变、静态与动态、开放与封闭、现实与虚拟间为培育学生创新素养提供无限的可能，着力凸显空间布局的灵活、空间功能的多元和空间开放的无界意图。

学习空间融合不仅要关注与学校"立美"课程的完美融合，更要引领学生走出象牙塔内"与世隔绝"的学习方式，让学习与生活、自然和社会高度融合。我们努力突破壁垒、集结智慧、循序渐进，在实践中探索出空间智造的三个路径和若干实施经验。

一、创设工作坊，让创意在艺术空间里萌发

学校办学已满三十载，始终秉持"立美育人，七色花开"的办学理念。作为上海市首批艺术教育特色学校，七色花小学在传承与创新中，不断深化并优化各年段的艺术普及项目。目前，已构建了以美学创意、京剧演绎、丰子恺漫画、创意篆刻和海派剪纸为核心的多元化艺术教育体系。这些项目不仅丰富了学生的艺术体验，而且在审美和创意领域，对学生的创新素养培育起了积极的推动作用。

我们大胆尝试将艺术创意空间作为核心支持系统，为学生的课程学习提供丰富而多元的体验。学校先后建设多个艺术场域让学生的艺术课程学习空间由课堂延展至整个校园。步入空间，无论是浸润漫画艺术氛围的"丰子恺漫画馆"，还是古朴典雅的"篆香坊"，或是顶部和立柱设计融入李守白剪纸艺术的"海派剪纸工作坊"，空间的艺术标识淋漓彰显，艺术气息扑面而来。

在有限的空间里，我们通过打造多元艺境，激发学生自由创意，满足了各年级学生艺术学习的需求。

置身于多维的艺术情境中，学生们与穿越时代的经典之作同频共振，萌发

出艺术学习的强烈兴趣,展开天马行空的想象,种下一颗创意的种子,激发起创新的思维,艺术情怀在合作与创造中被感召,合作愿望在空间情境中萌发!

亲近空间,孩子们在这里自由创造,每年的"思南奇幻日"爱心义卖的项目,催生他们大胆创意,文创作品琳琅满目;建党百年、大手牵小手等主题式综合实践活动,空间成了孩子们的"艺术秀场",他们探索与创造,无限满足自己的艺术表现需求;沉浸空间,开放且轻松的场域促进了协作和交流,他们可以放大艺术个性,以玩耍的状态自由创作,为自己的创造力发声。

下面,我们将通过5个具体案例来说明学校"艺术工作坊"如何为学生的创新素养发展提供足够的支持。

案例 1

丰子恺漫画馆:艺术的殿堂,文化的绿洲

位于七色花小学艺术楼二楼的丰子恺漫画馆,以其独特的魅力成为师生们向往的艺术圣地。这里不仅是学习漫画艺术的殿堂,而且是文化与历史交融的绿洲,为学生们打开了一扇通向艺术与文化深邃世界的大门。

踏入丰子恺漫画馆,仿佛进入了一个充满魔力的世界。室内的装饰风格既彰显了现代艺术的简洁与时尚,又融入了古典的雅致与韵味。每一个细节都仿佛在诉说着丰子恺先生那深邃的艺术精神,让人在宁静中感受到一种崇高的敬意。这里仿佛是一个远离尘嚣的圣地,让师生们得以沉浸于艺术的海洋,尽情地领略其无穷的魅力。

在漫画馆中,丰子恺先生的经典漫画作品被精心陈列。那些笔触细腻、色

彩和谐的画作，犹如一颗颗璀璨的明珠，散发出迷人的光彩。每一幅作品都仿佛在诉说着一个生动的故事，引领着学生们走进一个充满想象与创造的奇妙世界。在这里，学生们既能够欣赏丰子恺先生独特的绘画风格和深邃的艺术魅力，又能够感受他对生活、对艺术的热爱与执着。

馆内的电子屏幕上，循环播放着与"穿越世纪谷"漫画课程紧密相关的丰子恺作品。这些画面简洁而意境深远的作品，让学生们在欣赏中领略大师的艺术风采，深刻体会"艺术源于生活，高于生活"的哲理。同时，电子屏幕还为学生们提供了丰富的艺术资源和学习资料，帮助他们更好地理解和欣赏丰子恺先生的艺术成就。

漫画馆的展示墙上挂满了学生们的作品。这些作品风格各异、各具特色，其中不乏受到丰子恺漫画启发的佳作。这些作品不仅展现了学生们对艺术的热爱和追求，而且是对丰子恺艺术精神的传承和发扬。每当有学生作品被展示在墙上时，就会激发其他学生的创作热情和艺术追求，形成一种积极向上的艺术氛围。

在漫画馆的一角，一幅动态的长卷漫画吸引了众人的目光。这是学生们根据丰子恺先生关于传统节日的漫画作品进行创作的作品。他们借鉴了中华艺术宫《清明上河图》的科技手段进行了艺术加工，让画面中的人物跃然屏上，生动地展现传统文化的现代魅力。

此外，漫画馆还设有专门的阅读区，摆放着丰子恺先生的漫画集和相关书籍。学生们可以在此翻阅、品读，与大师进行心灵的对话，汲取艺术的精髓和文化的力量。这些书籍既丰富了学生们的课余生活，又为他们提供了宝贵的学习资源和灵感来源。在这里，他们得以跨越时空的限制，与大师近距离接触，感受艺术的魅力与力量。

在丰子恺漫画馆中,学生们领略了艺术的魅力,更在心中埋下了对艺术的热爱和追求。他们渴望像丰子恺先生那样,用画笔捕捉生活的美好与深邃,用自己的作品传承和发扬丰子恺艺术精神。他们期待自己的作品能在未来绽放光彩,为艺术的传承与发展贡献自己的力量。这座漫画馆不仅是艺术的殿堂,更是文化的绿洲,为学生们提供了一个探索艺术、感受文化魅力的宝贵机会。在这里,他们不仅学习了绘画技巧和艺术知识,更学会了如何欣赏美、创造美、传承美。他们沉醉于艺术的世界,传承着文化的精髓,追求着自己的梦想。

撰稿:张寒欣

案例 2

篆 香 坊

在七色花小学艺术楼的二楼,隐匿于静谧一角的篆香坊,宛如一帘风雅、一室古香,既是学生们心灵的寄托之所,又是文化传承的神圣殿堂。当一群朝气蓬勃的四、五年级学生在老师的引领下首次踏入这片空间时,眼前所见的景象远远超出了他们的预想。下面,请跟随我们的镜头一同步入这神秘而又迷人的书法篆刻室吧!

一、古朴典雅,智能传承

穿过深邃的过道,轻轻地推开门扉,一个占地90余平方米的宽敞工作坊空间便展现在眼前。工作坊内,一套套古朴典雅的书桌椅摆放得整整齐齐,散发出岁月沉淀的独特韵味。这些桌椅线条流畅,简约而雅致,木质表面光滑如镜,展现着沉静而深邃的美感。

坐在椅子上，仿佛能触摸到历史的脉络，感受那流转在指尖的古典韵味，令人陶醉不已。特别值得一提的是智慧书法桌，它集传统与现代科技于一身。它既有宣纸的覆盖功能，学生们可以在桌子上直接练习书法、篆刻，实现现场临摹功能；又充满了现代气息，桌面上的电子屏幕与教师的设备实时互动，学生们可以及时接收课堂内容和信息，与老师进行互动交流。这种传统与现代融合的智慧设计，既能提升学生的学习体验，又让他们能够深刻感受到现代科技的魅力。

在这里，孩子们可以尽情地挥洒笔墨，雕琢出心中的艺术佳作，让创意在笔尖舞动，让灵感在空间中绽放。

二、天花韵长，篆香四溢

抬头仰望，天花板上动态地呈现着用篆书书写的"篆香坊"书法作品和篆香坊的鸟虫印章，篆字如云，随着光线流转，呈现五彩斑斓的色彩和光影效果。这一切都为整个工作坊增添了神秘而庄重的气息，让人仿佛置身于历史与艺术的交汇之中。

环顾四周，墙壁上挂满了往届学生的优秀篆刻作品。其中，《红军北上》的篆刻作品，笔力遒劲，寓意深远，让人们仿佛看到了那段峥嵘岁月；《立美育人》的篆刻作品，体现了学校的办学理念……每一幅作品都凝聚着学生们的汗水和智慧，散发着独特的韵味和艺术气息。这些作品不仅展示了学生们在篆刻、书法方面的才华，而且为后来的学弟学妹们树立了榜样，激励他们不断地追求更高的艺术境界。

瞧，去年在"大手牵小手庆祝六一"活动中，同学们精心镌刻的印章也被老师精心地展示在墙壁上，成为一道亮丽的风景线。

另一面墙上，则陈列着历届学生的优秀书法作品。各式各样的"福"字书法作品呈现在孩子们面前,有篆书、隶书、楷书、行书和草书的"福"字。每一种写法都蕴含着不同的寓意和美感,让观者目不暇接,感受着书法艺术的博大精深。

值得关注的是,即使是一些学生不成熟的作品,也被展示出来。它们或许不够完美,却真实地记录了学生们在艺术道路上的成长与探索。这些作品为艺术空间的布置增添了一抹别样的韵味,同时也激励着孩子们在艺术道路上勇于尝试,不断前行。

三、名家名作,创意之源

篆香坊后方创设了名家作品展示厅,展柜里陈列着各大名家的篆刻、书法之作的电子版。如韩天衡大师的书法和篆刻作品等。这些作品通过电子屏幕展示,以其独特的艺术魅力吸引着学生们驻足观赏。

"哇,这里真是太棒了!"一位学生兴奋地说道。他环顾四周,脸上满是好奇和向往。"我从来没想过能在学校里看到这么多优秀的作品,还有这么专业的工具和环境。"

"是啊,这就是学校的韩天衡美术馆!"另一位同学接过话茬,脸上洋溢着幸福的笑容。"想想以后能在这里上课,我都觉得特别开心,因为我可以跟大师面对面,在这样的环境里我会尽情地发挥自己的想象力和创造力。"

整个篆香坊弥漫着浓厚的艺术氛围,它不仅为学生创设了学习篆刻、书法的专业环境,而且成为孩子们了解传统文化的窗口。在这里,他们可以毫无拘束地表达自我,深入探索书法的线条之美与篆刻刀法的艺术魅力,不断地挖掘创意,追寻无限的可能,感受其中蕴含的韵律与精髓。

撰稿:彭磊

工作坊里的"玩具嘉年华"

"哎呀,拉一拉!准备好用你亲手制作的绚丽纸杯礼花炮在射击比赛中大显身手了吗?看看谁能成为最炫酷的射击小达人!"

"哈哈,捏一捏!迷你水族馆里的章鱼们都在等待,看看谁的章鱼能舞动出最灵动的身姿,成为水中的明星舞者!"

"哇,试一试!手指尖上的平衡挑战来啦!看谁能让那颗摇曳的爱心稳稳当当地停留在指尖,成为真正的平衡大师!"

在七色花二楼教室里欢声笑语此起彼伏,"玩具设计师"课程的老师带着一群活力四射的一年级小学生们,正在精心策划、设计和布置一场别开生面的创意美学"玩具嘉年华"。

这个嘉年华不仅是学生们展示"小小玩具设计师"课程成果的舞台,更是一次充满乐趣与创意的冒险之旅。在这里,每一个孩子都化身为创意小达人,他们用自己的双手和丰富的想象,创造出各种充满童趣和创意的玩具。

快来和我们一起跟着镜头走进这个充满惊喜和乐趣的玩具空间吧!一起感受创意的魅力,体验成功的喜悦,分享彼此的快乐!

镜头中,首先映入眼帘的是纸杯礼花炮展示区。只见一位小小讲解员轻轻地拉动礼花炮的气球,五彩斑斓的纸片和绒球如同绽放的烟花,瞬间将整个空间点亮,如梦如幻,为"玩具嘉年华"拉开了欢乐的序幕。这一幕犹如一幅跃然纸上的魔法画卷,吸引着来此活动的师生们踏入一个充满惊喜与欢乐的童话世界。

镜头拉近,我们看到每个纸杯礼花炮前都摆放着一个巨大的射击靶子,为这片空间增添了竞技的趣味和互动性。孩子们跃跃欲试，争相展示自己的射击技巧，现场气氛热烈非凡。

随着镜头移动，我们来到了迷你水族馆展示区。靠近窗台的地方，一排排透明的废旧小瓶罐被孩子们巧妙地改造成了迷你水族馆。吸管小章鱼在水中欢快地游动，瓶身上的装饰水草贴纸摇曳生姿，仿佛把人们带入了一个微型的海底世界。这些作品不仅展示了孩子们的创意与巧手，更体现了他们对环保的深刻理解与热爱。

镜头继续穿梭，我们来到了摇摆爱心展示区。这些色彩缤纷、形状各异的爱心被巧妙地安放在置物架上，随着孩子们走动和微风吹拂，它们轻轻地摇曳，仿佛承载着每一个孩子对未来的美好憧憬和向往。每一颗爱心都是一个小小的梦想，它们向每一个到访的人传递着温暖与爱意。

镜头一转，我们来到了七彩动物风车展示区。这里的风车造型生动，色彩鲜艳。熊猫、小猪、火烈鸟等可爱的动物形象跃然眼前，它们手拉着手欢快地旋转、舞蹈，为整个工作坊增添了一抹生机与活力。孩子们与这些动物风车亲密接触，仿佛置身于一个欢快的动物王国。

最后，镜头定格在窗边的树叶风铃展示区。这里的树叶风铃形态各异，掌形、卵形、针形……每一片树叶都经过孩子们的精心挑选、处理和装饰，呈现独特的形状和纹理。微风拂过，树叶风铃发出悦耳动听的声音，宛如大自然的赞歌，让人心旷神怡。这些风铃不仅美化了工作坊的环境，更让孩子们在动手实践中感受到大自然的和谐与魅力。

除了展示区外，"玩具嘉年华"还设置了多个互动环节。孩子们不仅可以欣赏同伴的作品，还可以与"玩具设计师"进行面对面的交流，分享彼此的创作心得。这种互动不仅增强了孩子们的自信心和表达能力，还让他们在交流中收获友谊和成长。

此次"玩具嘉年华"不仅是一次"创意美学"的成果展示,更是一次创新教育的生动实践。孩子们在创作过程中学会了运用美学原理、探究解决问题、美化生活空间,更体验到了成功的喜悦和成就感。同时,他们也在创新实践中学会了珍惜和分享,感受到团队的力量和温暖。

"玩具嘉年华"是孩子们展示创意才华的乐园,这里充满了无限的可能和惊喜,为学校的空间文化注入了新的活力和魅力。

撰稿:周颖

七彩剧场:孩子们的艺术梦幻世界

走进七色花小学艺术楼五楼的七彩剧场,环顾四周,阶梯式的观众席与体验区错落有致,仿佛领着观众走进一个全新的艺术世界。专业的DV摄影区静候着,以便捕捉每一个精彩的瞬间;而舞美操控室则如同剧场的心脏,掌控着舞台上的每一个细节。布景精美绝伦的立体式大舞台,仿佛一幅流动的画卷,将观众带入了一个个不同的故事场景;数十平方米大的电子屏则如同璀璨的星空,为观众们带来震撼的视听体验。整个剧场充满了浓厚的艺术氛围。这里不仅是艺术的殿堂,更是孩子们展示才华、放飞梦想的舞台。

一、观众体验区:共同感受艺术的魅力

在这个宽敞且设计精巧的观众席中,小观众们拥有充分的自由度,可以选择坐下或站立，以他们最舒适的方式欣赏表演。这里不仅是一个绝佳的观赏位置，让小观众们尽情领略舞台上同伴们的才艺和艺术的魅力，更是一个独特的舞台，让他们能够近距离感受艺术的气息。在欣赏同伴表演的同时，他们可以模仿、与同伴们进行肢体和语言的互动，共同沉浸在艺术的海洋中，分享彼此的喜悦与感悟。这样的体验让艺术的美好得以延续，并在小观众们的心中留下深刻的印记。

二、DV摄影区：让艺术呈现跨越时空

七彩剧场正中心位置设有DV摄影区，这是一个装备精良的摄像区域，由学校DV社团成员亲自操作。他们利用先进的摄像设备，精准捕捉舞台上小花们的每一个动作和表情，并实时将这些画面反馈到舞台前的电子屏幕上。这样，孩子们可以即时了解自己在表演中的表现，从而做出调整或保持状态，实现自我提升。此外，这一区域还能将精彩的表演传输至学校的各个角落，让更多人欣赏孩子们的才华。

更令人兴奋的是DV摄影区还具备互联网传输功能。这意味着，孩子们的表演可以通过网络传播到千家万户，即使家长无法亲临现场，也能在家中或单位里见证孩子们在舞台上的每一个精彩瞬间。七彩剧场不仅为孩子们提供了一个展示自我、锻炼能力的平台，更让艺术之美跨越时空的界限，传递到更远的地方。

三、舞台展示区：尽情绽放京剧的华彩

舞台的灯光设备堪称先进，它们能够灵活调节色温和亮度，根据京剧表演的需求，为孩子们营造出最为适宜的氛围。同时，舞美系统也具备实时更换背景的强大功能，只需简单的一键操作，即可实现场景的迅速切换。无论是繁华的街头，还是静谧的园林，都能让孩子们仿佛穿越时空，身临其境地沉浸在真实的京剧世界之中。

舞台展示区则是孩子们展现京剧魅力的主要舞台。这里的设计巧妙地将传统京剧舞台的韵味与现代舞台的时尚元素相融合。瞧，在曹老师的精心指导下，二年级的孩子们正在舞台上尽情地展现自己的才艺。他们身穿绚丽的戏服，头戴精美的冠帽，手持各式道具，模仿着京剧旦角和生角的身姿与唱腔。他们的表演吸引观众一同领略京剧的无穷魅力。

四、文化布置区：全方位的艺术呈现与传统文化浸润

七彩剧场不仅是一个现代化的艺术展示空间，更是一个集传统文化底蕴与艺术魅力于一体的殿堂。在这里，孩子们在感受现代科技带来的震撼之余，也能深刻地领略艺术文化的博大精深。剧场内的道具陈列区展示着各种与京剧表演息息相关的道具，如京胡、月琴、扇子等，尤为引人注目。孩子们可以触摸这些道具，感受传统文化的真实可触，让遥不可及的京剧艺术在七彩剧场中焕发新的生机。

这个多维的艺术空间不仅满足了孩子们对艺术的向往，更激发了他们对传统文化的热爱与尊重。在七彩剧场中，艺术的每一丝韵味都被精心捕捉和呈现，孩子们的创新素养得以迸发，在亲身体验中感受传统文化的独特魅力。在这里，他们尽情地绽放自己的艺术梦想，为未来的艺术发展打下坚实的基础。

撰稿：柳嘉怡

案例 5

当指尖上的灵感与工作坊相遇

在七色花小学的一角，隐藏着一个充满艺术气息的神秘之地——"海派剪

纸工作坊"。这里，古老的海派剪纸艺术与现代装饰艺术交相辉映、巧妙融合，让每一个踏足此地的人都能够感受到一场视觉与心灵的双重盛宴。

一、漫步艺术殿堂，感受剪纸文化的无穷魅力

步入工作坊，首先映入眼帘的是那些精美的镂空立柱。它们像是时间的隧道，将我们带入了上海的过去与现在。立柱的四面，巧妙地使用了白色雪弗板，以海派剪纸大师李守白先生的作品为灵感，精心镂空成各种图案。这些图案仿佛是一扇扇古色古香的窗户，透过它们，让我们看到一个充满魅力的上海：象征圆满的圆月内，上海中心、环球金融中心、金茂大厦等地标性建筑巍然耸立，豫园的古典建筑与具有上海特色的石库门交相辉映。而在圆月的四周，国花牡丹、市花白玉兰等竞相绽放，构成了一幅海晏升平、繁花似锦的美丽画卷。

抬头仰望，天花板上的镂空图案与立柱风格统一，呈现了一个更加深邃的艺术世界。陆家嘴金融中心的现代建筑群与石库门的古朴风情，在剪纸艺术的诠释下，仿佛穿越时空，展现在我们面前：高楼大厦被巧妙地转化为"连缀"与"剪空"交织，玻璃幕墙的反射效果则通过"镂空"的手法呈现，仿佛每一座建筑都被赋予了细腻的纹理和层次；穿梭到石库门，每一扇门、每一扇窗，都被精心地"剪刻"出来，建筑的独特风格表现得淋漓尽致，仿佛可以看到岁月的痕迹和历史的厚重。弄堂里的生活场景和人物活动也巧妙地"剪影"出来，仿佛可以听到弄堂里传来的交谈声和孩童的嬉戏声……灯光透过这些镂空作品洒下光影，将我们带入了一个如梦如幻的艺术殿堂。

二、点燃创意火花，探索剪纸创作的无限可能

立体装饰将剪纸艺术从传统的二维平面拓展至三维空间，这种视觉上的创新和冲击力不仅让学生们欣赏到了剪纸的美，更激发了他们对这一东方古老艺术的深度思考和探索欲望。

来到剪纸工作坊,学生们都会仔细观察这些立体装饰,这里每一处细节都透露出剪纸大师们的匠心独运和深思熟虑。这种对艺术的热爱和专注,让学生们深刻体会到剪纸艺术的独特魅力和无限可能。

在这一艺术氛围感染下,一个个充满奇思妙想的"指尖上的魔法"悄然萌动。学生们纷纷开始勇敢尝试,挑战自我,发挥创意,将自己的个性和想象融入剪纸创作中。

受立柱装饰的启发,他们尝试剪制各种具有上海特色的建筑作品,精心地刻画出一大会址的庄严、展览中心的现代感、外滩万国建筑群的异国情调,以及陆家嘴现代高楼的挺拔与活力。当这些各具特色的建筑作品被巧妙地连接成长卷时,仿佛变成了一幅流动的上海画卷,展现着这座城市的繁华与变迁。

当有人好奇地问:"老师,我剪的蝴蝶可以飞到立柱上吗?"很快,这些色彩斑斓、栩栩如生的"蝴蝶"们就如梦幻般地飞到了立柱的镂空装饰上。它们有的轻盈地在花丛间翩翩起舞,有的则与明月为伴,营造出一种静谧而浪漫的氛围。更令人惊叹的是,有的"蝴蝶"甚至飞到了金茂大厦的顶端,仿佛在向这座城市的繁华致敬。

原本单调的立柱在学生的巧手下瞬间焕发出勃勃生机,变成了一幅幅生动的画面,仿佛成了一场蝴蝶的盛大舞会。而在立柱的腰线上,一圈可爱的福娃手拉手,寓意着团结和幸福。立柱下,一群俏皮的小猫在嬉戏玩耍,为整个空间增添了几分童趣和活力。学生们的剪纸作品与大师的装饰艺术巧妙互动,形成了独特而丰富的艺术形式。

孩子们的创意可谓源源不断。

"我剪的马能和好朋友一起组合吗?"学生们对组合的探索丰富了剪纸作品的内容,在思维的碰撞中催生了更加有趣和富有创意的画面。

"我在月兔的背后加上纸质弹簧,然后作品就变成立体的了。"小倪同学骄傲地展示着自己的创新成果,原本平面的剪纸作品瞬间跃升为三维立体艺术。这一创意激发了众多同学的灵感,他们纷纷开始尝试在自己的作品中加入新的维度。

"老师,我想做套色剪纸。"小吴同学受到天花板镂空装饰的启发,提出了进一步的艺术创作想法。她希望将多种色彩融入剪纸中,创造出更加丰富和立体的视觉效果。

"老师,你看我的作品在阳光下,这个投影好漂亮呀!"同学们发现,当阳光穿过镂空的剪纸作品时,会在墙上形成美丽的光影效果,仿佛作品跃然墙上,向着3D立体的方向迈进了一大步。

剪刀在纸上灵活地飞舞,创意在学生的心中不断成长。他们创作出精致的花草、多变的月兔、可爱的福娃、有趣的萌龙等作品,还有寓意深远的"鹿鹤迎春""马到成功""一帆风顺"等。在不知不觉中,"海派剪纸工作坊"的墙上、门上、窗台上、玻璃上都被学生们的精美作品所覆盖。

这些作品不仅是对传统文化的传承和弘扬,更是学生们对未来美好的生活憧憬和期待。而这一切的创意和灵感,都离不开海派剪纸风格的立体装饰所带来的启迪和影响。

整个教室在大师们的镂空装饰和学生的剪纸作品的共同装点下,变得生机勃勃、艺术气息浓郁。每一个角落都弥漫着创造力和美的气息。

海派剪纸工作坊,这个充满创意与灵感的神奇殿堂,让学生们感受到了艺术的韵味和美感。在这里,他们全身心地投入这一独特的"指尖"魔法中,不仅激发了对艺术的热爱与追求,更在亲身实践中深刻体验到了中华传统文化的情怀和魅力。

撰稿:唐臻琼

二、创构文化苑,让创造在全纳空间里展现

我们认为:空间的打造是为了让每一个学生都能毫无隔阂地融入校园生活之中,即在有限中寻找无限延伸的可能。伴随着课程的延展而延伸,学生的创新素养可以在文化全纳的空间中得以展现,故而,我们着力打造展示学校融通五育发展、四大美育特色项目的文化苑空间,旨在形成文化认同,激发学生自由探索,支持学生创新素养的个性发展。

相较于相对封闭的艺术工作坊,文化苑打破了空间壁垒,延伸至教学楼的4条廊道与4个楼层的8处空间,将艺术、体育、德育、科技四大美育项目的文化全纳,让每一面墙都会"说话"。

廊道文化呈现的是四大特色课程群的普及类、兴趣类学习内容,同时为展示学生四大项目学习成果搭建了平台,年度综合活动成果均可在四条廊道内清晰地展示,一览无余。

楼层文化则聚焦项目的学习过程。无论是东面大楼层呈现的普及项目学习和综合活动的精彩瞬间,还是西面小楼层展示的兴趣类项目学习,夸赞的是孩子们的学习成果。墙面有适当的留白,旨在唤起学生置身空间的自由创意。

文化苑的高度开放性是艺术空间无法达成的,学生们可以随意驻足、流连,既可独往,亦可结伴。他们驻足各廊道,可以细品四大项目的要义,丰富的内容,多样的形式,高品质的活动,促成了学生对学校文化的认同,激发了学生学习的兴趣。辗转各楼层,学生悦纳同伴,感受榜样的力量,在自我认同中形成自信。文化苑正是以文化认同和同伴悦纳的方式诠释着空间打造是可以支持学生创新素养培育的。

如今,在文化苑这个丰富多彩的"墙面"世界里,学生们留下了宝贵的回忆

和足迹,收获了成长和自信。让我们一同通过项目化学习成果的精彩展示、学生作品的深度赏析,以及家长眼中的学校风采这三个维度的介绍,深入领略文化苑的丰富多彩和无限魅力。

1. 项目化学习成果的精彩展示

项目化学习展示 1

Music Walk

走进七色花校园,拾级而上,首先映入眼帘的是整面墙上"艺术大舞台"板块,那里展示着各类艺术课程、活动和比赛的照片。其中,一组照片格外引人注目:孩子们手持"Music Walk音乐荟"任务单,穿梭于校园各个场馆之间,互动学习、实践体验,每个人的脸上都洋溢着欢乐的笑容(见图2-16~图2-18)。

图2-16 手持任务单的学生

图2-17　各种艺术课程

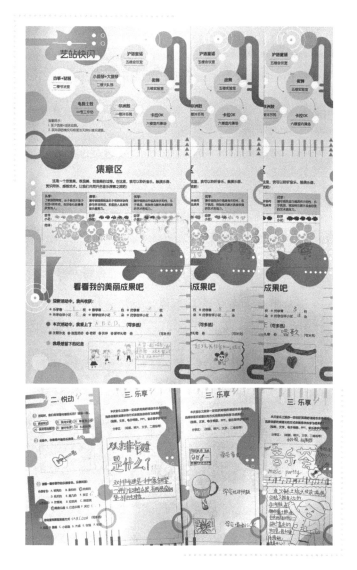

图2-18　"Music Walk音乐荟"任务单

　　这组照片捕捉了学校迎新音乐荟活动的生动瞬间。学生们依据任务单的指引，以小组为单位规划活动路线，挑选自己感兴趣的音乐活动参与。在轻松愉快的氛围中，他们积极学习音乐技能，自信地展示学习成果。这次活动不仅开阔了孩子们的艺术视野，也在潜移默化中促进了他们创新精神和创新实践能力的自主发展。

音乐教师：俞维翡

剪纸场馆研学

图2-19中，五年级的小花们走进"守白艺术"工作坊研学。他们手持研学单，聆听大师——海派剪纸青年传承人李诗忆老师的精彩讲解，在大师的引领

图2-19　走进"守白艺术"工作坊

下畅游在充满鲜明风格和独特魅力的海派剪纸作品及周边文创间,感受李守白大师对传统剪纸的不断挖掘和研究,对海派文化的不断追求和探索,以及对上海海纳百川、包容万象的海派文化内涵的艺术解读。校园内,每当孩子们漫步艺术文华苑总会被吸引,他们有感而发地与伙伴畅谈自己对剪纸文化的理解与创作意愿。图2-20和图2-21所示为展示的剪纸作品。

图2-20 剪纸作品展示(一)

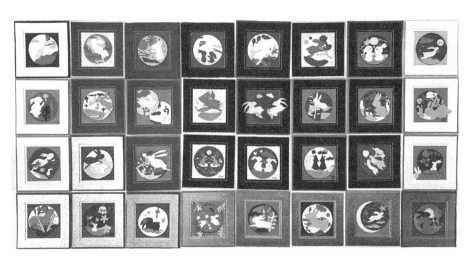

图2-21　剪纸作品展示(二)

美术教师：唐臻琼

项目化学习展示 3

心灵小驿站　真情满中秋

"明月几时有,把酒问青天……"每当看到文化苑中悬挂的照片,那清亮的歌声仿佛穿越时空,萦绕在耳畔。这是三年级学生在升旗仪式上演唱的歌曲《水调歌头》,悠扬的歌声拉开了"心灵小驿站"系列课程下"中秋"主题实践活动的序幕。

学校独具匠心,以项目化实践活动为载体,结合特色课程,分年级段设计了"剪纸传真情·光影映圆月""巧手塑团圆·情满趣意浓""手工桂花蜜·香甜同分享"等系列创意活动。

高年级的同学们用灵巧的双手,剪出了一幅幅充满中秋韵味的剪纸作品,光影透过这些精致的剪纸,映出圆月的情影,让传统文化与现代技艺交相辉映。

低年级的小朋友们则发挥创意,运用黏土、彩纸等材料,塑造出形态各异的泥塑作品。月饼上印着吉祥的图案,灯笼中闪烁着温馨的光芒,这些作品不仅传递着节日的欢乐,更体现了孩子们对传统文化的热爱和传承。

中年级的同学们则选用新鲜采摘的桂花,亲手制作香甜可口的桂花蜜。他们将这份甜蜜的味道分享给校园里的每一个人,让中秋的温馨与甜蜜弥漫在每个角落,如图2-22所示。

图2-22　真情满中秋

通过这些丰富多彩的创意活动,学校不仅引领同学们走进了一个充满传统韵味的佳节,更让他们深入领略了中华民族源远流长的优秀文化。每一张照片都捕捉了孩子们的欢笑与成长的瞬间,每一个作品都展现了他们的创意与热情。

在"心灵小驿站"这个充满爱与温情的港湾里,每一个孩子都能找到属于自己的快乐。文化苑中的这些照片,如同一首首欢快的童谣,诉说着孩子们在这个特殊节日里的美好体验与珍贵收获。

语文教师:冯嘉怡

项目化学习展示 4

照片背后的研学之美

拾级而上,光影斑驳间,映入眼帘的是楼道墙壁上孩子们灿烂的笑脸与满载智慧的博物馆课程研学成果。这是孩子们专属的科学探索天地,他们在这里沉浸式地感受"行走"的科学课堂;围绕研学任务,自主探寻知识、解决问题;在团队协作中相互帮助,共同成长。

一、二年级的孩子们在自然博物馆中,探寻生命世界的奥秘;三、四年级的孩子们在航海博物馆里,了解历史变迁,体会技术与人类文明的交融;五年级的孩子们则在天文馆中,仰望无垠的星空,追寻宇宙深处的秘密。文化苑的这一级级台阶,不仅引领着孩子们的脚步,也见证着他们高阶思维的逐渐成熟。

照片背后（见图2-23），是学校对馆校合作项目的深入探索与实践，通过项目化学习的方式，尝试打破传统教学的束缚，激发孩子们的探索热情，培养他们的创新精神和能力。你听到了吗？照片背后传来的是自然的低语、历史的回响、宇宙的呼唤……

仔细端详，你会发现墙上还有一些空白的区域，它们仿佛在等待着什么。它们是在等待那些被"召唤"而来的新研学活动，等待更多孩子们的参与和创造，共同绘制一幅幅充满智慧与梦想的研学画卷。

图2-23 研学之美

科学教师：陈鸣姿

七色小花们的"深海探寻"

在五楼文化苑的玩美工作坊专栏中，墙面上的蔚蓝色彩宛如深邃的海洋，为我们开启了一扇通往神秘且充满探索欲望的大门。这里呈现的是为期8天的"深海探寻"项目化学习活动的精彩掠影。

在黄浦区劳动技术教育中心，在真实的探索情境下，七色小花们聆听讲座，逐步了解海洋探索科学的奥秘，并通过亲手制作船模，感受航海的激情与魅力。看，七色小花团队正在研究如何为他们的船模安装关键的"小马达"动力装置（见图2-24）。小涵同学正专注地阅读着说明书，试图理解每一个步骤和细节。小陈同学则在一旁调试着马达，他小心翼翼地转动着螺丝，生怕弄坏了这个重要的部件。

经过一番努力，他们终于将"小马达"安装到了船模上。小涵按下开关，船模立刻发出了"嗡嗡"的声音，缓缓地在桌面上移动起来。小陈兴奋地跳了起来，他们相互击掌庆祝这个小小的成功。

"竞速比赛"环节，七色小花们将载有"乘客"的船只在模拟海洋环境的浅水池中开往终点（见图2-25）。面对挑战，他们毫不畏惧，即使遇到船只下沉等困难，也始终保持着乐观的态度和坚定的信心。他们及时查找原因，合力动手调整，最终成功完成了比赛。

"深海探寻"活动使学生们亲近海洋、增长知识，在亲身体验中感受探索之乐与成功之喜。活动教会他们合作、解决问题与应对挑战，这些宝贵经验将助力他们在未来探索更多未知领域。

图2-24 制作船模

图2-25 竞速比赛

劳技教师：邱君窈

2. 学生作品的深度赏析

学生赏析 1

纸杯礼花炮

节日的礼花炮真有趣呀！我们自己能做吗？经过创意美学课堂上的玩具原理学习和材料互动探索，结合我特别钟爱的海底世界主题，我也亲手创意设计制作了"纸杯礼花炮"。瞧，我的纸杯礼花炮还荣登学校的文化苑呢！

看！我找来了废弃的纸杯、彩色的气球、可爱的绒球，还有彩钻贴片。首先，我将气球的吹气口部分剪下，利用它的弹力套在纸杯的底部，巧妙地设计了一个模拟弹力发射的小机关作为小鱼的尾巴；接着，我用彩钻贴片给它设计了一件闪闪发光的钻石鱼鳞礼服，这不就是海洋中的美人鱼嘛。经过我的奇思妙想和创意设计，一只"小鱼礼花炮"终于诞生啦！快来试一试，轻轻一拉尾巴，"嗖"的一声，藏在小鱼嘴里的彩色小毛球们就喷涌而出，仿佛鱼儿们吐出了缤

图2-26　纸杯礼花炮

纷泡泡,哈哈! 它不仅可以吐泡泡,画上靶子,还可以像炮弹发射一样,进行打靶射击比赛呢! 纸杯礼花炮制作如图2-26所示。

瞧! 我们不仅可以和同学互动竞技,还能对战呢! 这样的创意美学玩具,既环保又有趣,真是太棒啦!

三(1)班　干巧馨

创意作品的赏析

"叮铃铃……"每当创意美学课的上课铃声响起,我就满心期待,跃跃欲试! 这一刻,我们都化身为小小玩具设计师! 在美学周老师的指导和鼓励下,我们大胆尝试,用身边普通的材料做了许多既有趣味性又很环保的创意手工玩具:有的将废弃的雪糕棒变成了一个"口琴三明治",也有的将纽扣加纸盘变成了"旋转拉哨";还有的将纸杯加气球竟然变成了"礼花炮";更有的将塑料瓶再次循环利用做成的"迷你水族馆"(见图2-27和图2-28)。

图2-27 创意制作(一)

图2-28　创意制作(二)

　　课程中,周老师耐心教导我们用创意之美来表达对父母的感恩之情,我最喜欢的是为爸爸妈妈创意设计绘制的家长开放日"花卉三件套",我们根据对妈妈的喜好和了解,设计绘制了美观又实用的扇子、水壶、台卡,给爸爸妈妈们带来了很大的惊喜。创意制作,不仅锻炼了我们的动手能力,也激发了创意能力;我们学会了关注身边的各种材料之美,也更明白要感恩身边关心帮助我们的人。开学的时候,我和同学们在转角的楼梯墙面上,惊喜地看到自己和小伙伴们的创意作品,感到非常开心和自豪。创意和美学无处不在,在纸上、在墙面、更在我们发现美的眼睛和心里……

二(1)班　余昊泽

我和丰子恺漫画

在学校的墙面上看到这组照片(见图2-29),我的心情很激动,那是和小伙伴们在一起的美好回忆,仿佛回到那个秋天的"思南奇幻日",我在学校的摊位上用丰子恺绘画风格做现场创作。当时我画的是两个孩子开心地走在放学回家的路上,我想把这种开心传递给大家。创作时我想到的是丰子恺先生简洁、传神又不乏天真、活泼的绘画特色,他的作品充满了对生命、自然和人性深刻的洞察和感悟,我还联想到那个时代的学生,他们的生活和学习环境,虽然不那么现代化,但有着朴素的自然美和简单的快乐。我特地给画中的孩子穿上了蓝白条的校服,也是我们学校的校服。在天上画了小鸟,增添画面的趣味性和孩子们身上散发出的纯真自由的感觉。我希望能够把丰子恺先生跨越时间、空间绘画的寓意和真谛传递给更多的孩子:珍视和保护生命,保持童真和童趣,以积极的人生态度面对生活。

图2-29　思南奇幻日

四(3)班　吴香

 学生赏析 4

兔年篆刻记

今天，我在篆刻课上学习了如何以生肖兔为内容来刻章（见图2-30）。我觉得这真是一件既有趣又有挑战的事。

老师先给我们讲解了篆刻的基本技巧，然后让我们自己设计生肖兔的图案。我想，兔子是温顺可爱的动物，我要把它的特点表现出来。于是，我在纸上画了一只小兔子，它长着长长的耳朵，圆圆的眼睛，还有一团小小的心形尾巴。

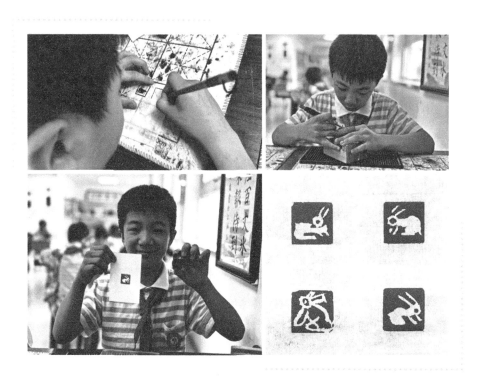

图2-30 学篆刻

接着,我就开始刻章了。我先用铅笔在印石上勾勒出小兔子的轮廓,然后用刻刀一点一点地刻出来。虽然刻得不太熟练,但我很认真,也很开心。

最后,我在印泥上轻轻地按了一下印章,小兔子的形象就出现在纸上啦!我看着自己的作品,心里充满了成就感。我觉得,这次篆刻课不仅让我学会了刻章的技巧,还激发了我的创造力和想象力。我以后会继续努力,刻出更多有趣的印章来。

现在,我的篆刻作品被悬挂在学校的文化苑墙壁上,每当同学们走过,都会驻足欣赏。我感到非常自豪,因为我不仅学会了篆刻,还通过自己的创意,为学校的文化苑增添了一份独特的色彩。

四(3)班　任会续

我与篆刻大师面对面

悬挂在文化墙上的照片是我2023年暑假代表学校参加上海市科艺中心校外名师篆刻直播课的瞬间(见图2-31)。这组照片对我来说意义非凡,它记录了我学习篆刻艺术的点点滴滴,是我对传统文化追求和创新素养展现的生动写照。瞧!照片中的我眼神专注、聚精会神地挥动着手中的刻刀,每一次刻划都凝聚着我对篆刻艺术的热爱和敬畏。

选择将这组照片展示在学校的文化墙上,是我对自己学习成果的肯定,也希望能够激励更多的同学关注传统文化。我相信,通过我们共同的努力,未来

图2-31　校外名师篆刻直播课

会有更多的孩子加入传承和发扬传统文化的行列中来,共同为中华民族的文化繁荣贡献自己的力量!

五(1)班　钟劭骞

247

我的创意剪纸 "龙" 之旅

这学期的剪纸课上, 唐老师指导我们以含有中国传统文化精髓的 "龙" 作为创作主题。我们了解到 "龙" 是权威、吉祥与力量的代表, 又承载着悠久的历史内涵。在欣赏了众多从古至今的优秀剪纸 "龙" 作品后, 我们以丰富的想象力和精湛的技艺, 创作出了各种形象生动的 "龙" 剪纸(见图2-32)。

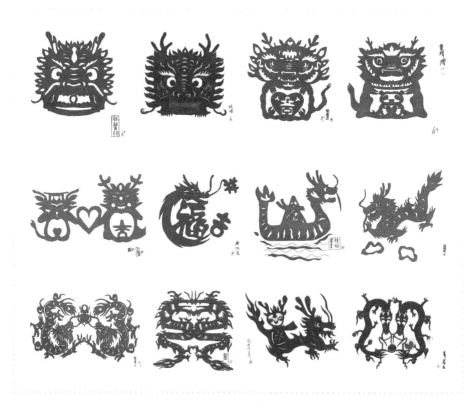

图2-32　剪纸 "龙"

　　我想用套色的方法创作看上去既矫健又色彩丰富的剪纸"龙"。首先我构思龙的造型，对折纸可以剪出两条相对称的龙（见图2-33），龙须相连，龙身蜿蜒，剪好后的"龙"就像一对好朋友在说悄悄话；我脑海中的套色"龙"是五彩斑斓的，所以在"龙"背面的各个剪纸镂空花纹部位贴上各种颜色的纸，而且我有意识地设计成一条龙以蓝绿色为主，另一条龙以蓝紫色为主，颜色既丰富又协调，更增添了几分生动与神秘感。作品得到了老师和同学们的肯定，我满怀自豪地将它粘贴在学校的文化墙上。每当我和同学们经过这里，都会忍不住驻足欣赏，感受这份来自传统文化的独特魅力。

图2-33　双龙

　　我对剪纸的喜爱，不仅是因为它的美丽，更是因为它让我感受到了中华传统文化的魅力。我爱剪纸，我将以纸为载体、以剪刀为工具，用自己的想象力、创造力和表现力，创作更多情节生动、寓意丰富、形式多样的创意剪纸作品。

五（1）班　程暄涵

抬头遇见人生中的重要时刻

在学校文化苑的墙上，挂着我特别自豪的一组照片——那是我人生中第一次戴上红领巾的庄严时刻（见图2-34）。照片中，我和同学们一同站在台上，庄

图2-34　加入少先队

严地宣誓,那一刻的心情既紧张又激动。我还记得第一次通过大哥哥大姐姐们的介绍了解"少先队",第一次学习如何规范地佩戴红领巾,第一次学唱少先队队歌,我们都怀着无比认真的态度去对待。

当我终于成功地加入少先队,成为一名光荣的少先队员时,心中的喜悦难以言表。每当回想起那个画面,我的嘴角都会不自觉地上扬,有时甚至会忍不住笑出声来。不仅如此,墙上还展示了我们走访瑞金二路街道的照片。那一天,我们佩戴着鲜艳的红领巾,全班一同前往思南公馆,聆听老师讲述革命历史。那一刻,我深刻地感受到身为一名少先队员的责任和使命。

三(1)班 苏启灵

学生赏析 8

做汤圆 团团圆

文化墙上,我最喜欢的就是这一组合照(见图2-35),做汤圆,庆"元宵"。小小的汤圆竟然也不容小觑,要做到水和面粉的完美结合可不容易。第一次尝试的时候不是水太多,就是面粉太多,惹得我们哈哈大笑。在家长志愿者的指导下,我们齐心协力,搭配默契,有的同学甚至捏出了各种造型,有兔子样的,三角形的,还有同学在汤圆上面刻了个爱心的,太有意思了!这次活动不仅让我们感受到了节日的欢乐氛围,更让我们深入了解了传统文化的精髓。

在未来的学习和生活中,我将更加关注传统文化的传承和发展,努力成为一名具有文化素养和民族自豪感的优秀学生。

图2-35　做汤圆

三(1)班　夏云开

学生赏析 ⑨

"飞檐走壁"的七色小花

　　有人戏称我是"飞檐走壁"的七色小花。图中的我，正在参加"黄浦·我来赛"攀岩比赛。那时的我才三年级，刚接触攀岩课程一年，如今的我已是一名区级在册攀岩运动员了，今年年底我将代表学校参加上海市中小学生攀岩锦标赛，明年将代表黄浦区参加上海市青少年攀岩锦标赛及上海市攀岩锦标赛（见图2-36和图2-37）。

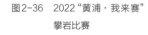

图2-36　2022"黄浦·我来赛"
　　　　攀岩比赛

图2-37　校内攀岩课上训练

　　攀岩，我从接触到爱上它，都源自学校的体育课程。在三年级的攀岩课中，我发现了自己的特长，成了班级里"飞檐走壁"的人，抱石岩壁的挑战和难度岩壁的超越让我深深地爱上了这项运动。尽管训练艰苦，超越自我带来的幸福感却甜蜜无比。在备战上海市青少年攀岩锦标赛时，我遇到了挑战，是教练的鼓励、同伴的拼搏精神让我坚持下来，最终征服了蓝线（见图2-38）。每当看到代表学校登上教师节活动舞台的照片（见图2-39），我就感到激动和自豪，那一刻的我们，就像舞台上最耀眼的小花，用努力和成果赢得了广大同学和老师的认可。

图2-38　攻克抱石蓝线　　　　图2-39　参与2023年上海市庆祝第39个教师节主题活动

五（3）班　胡嘉懿

学生赏析⑩

灵 感 之 隅

通往五楼楼梯拐角处的一隅，有两面不寻常的墙壁。一面墙上挂着动植物科普小报，另一面墙上是同学们手工作品的精彩展示。它们为我打开了一扇通往神奇科学世界的窗户。透过这扇"窗"，我能够一窥生物世界的奥秘，感受各种小发明、小创造的精髓。那一则则有趣的动植物小知识，如轻轻叩响心灵的旋律，进入我的心里。每每经过，我都会被那新奇的知识所吸引，驻足细细探索。

另一边,则挂满了同学们精巧手工作品的照片。这些作品源于同学们放飞的想象力和创造力。在这小小的墙壁上,凝聚了太多同学的精彩瞬间。

照片上的同学们,将自己的创意展示在所有人面前(见图2-40)。这些作品给了我无尽的启发,为我自己的创作提供了丰富的灵感来源。

图2-40 创意展示

四(2)班 陈果

3. 家长眼中的学校风采

见证女儿在泥塑世界中的成长

在陪伴严敏睿同学度过七色花小学三年美好时光的过程中,我们共同见证了她在泥塑世界中的成长,这是一段充满创造力和想象力的旅程,看着她从最初的笨拙摸索,到逐渐能够熟练地塑造出各种生动的泥塑形象(见图2-41);从艺术节工艺单项的角逐,到市级创意泥塑的展示,从云上直播画展的艺起前行,到向党献礼的童心颂百年艺术秀,我和家人们都深感骄傲和欣慰。

图2-41 在泥塑世界中成长

在家长开放日参观校园时,我惊喜地发现,学校的七彩墙面上错落有致地展示着各种充满创意的泥塑佳作。这些作品不仅展现了孩子们的巧思与匠心,更彰显了七色花小学在艺术教育方面的卓越成果。家长们纷纷驻足欣赏,为小花们的才华与努力点赞。

瞧!那一幅集体作品《党旗下成长》,是为了庆祝建党100周年而倾情献礼的佳作,荣获上海市学校少年宫、上海市文明办颁发的100周年荣誉奖牌。家长们纷纷比心点赞,为这份荣誉与骄傲喝彩。还有那些获得市级工艺泥塑金奖、一等奖的作品《七色小画家》《童心向党》《龙年蟲蟲》等,它们独特而精美,吸引着家长们的目光。匈中文化小使者们的精彩创作更是为七色花的创意空间增添了一抹亮丽的色彩。

中外小花们在七色花小学这片艺术的沃土上,不仅传习了非遗泥塑的技艺,更在"空间"中秀出了自己的灵动创意。我们深信,在未来的日子里,严敏睿和同学们将继续在艺术的道路上砥砺前行,绽放出更加绚烂的光彩。我为严敏睿同学能在这样一个充满艺术氛围的环境中学习和成长感到由衷的高兴。

三(3)班　严敏睿妈妈

家长感言 2

体验与成长

在校园里看到这面记录红色研学之旅的照片墙时,我不由得感叹孩子们在七色花小学不仅受到了优质的文化教育,更获得了丰富的社会实践与综合性素质教育体验（见图2-42）。这次红色之旅深深激发了他们的爱国主义情感，身临其境的劳动体验使他们明白，城市运转需要每一位公民的辛勤付出与守护，而多样化的职业体验也帮助孩子们克服内心的紧张，自信地展示他们的能力。这些活动既拓宽了孩子们的视野，也大大增强了他们的社会责任感。在活动中获得的学习体验和在体验中培养的能力，无疑为孩子们的健康成长提供了最佳的助力。

图2-42　研学之旅

三（1）班　苏启灵爸爸

七彩体育梦

学校文化墙的设立，无疑为孩子们的成长之路注入了绚烂的色彩。它不仅是一个展示学生们运动风采的窗口，更是激发孩子们运动热情的源泉。作为吴晨宇的家长，我深切地感受到了这种影响。

最初，吴晨宇对运动并无太多兴趣，但学校文化墙上同伴们精彩的运动瞬间，如同一股清新的风，吹散了他的胆怯，点燃了他对运动的热爱。那些照片、视频，记录着每一次的汗水与努力，也见证着同学们不断的成长与突破。

在这样的激励下，吴晨宇开始积极投身运动，勤奋练习，不断地磨炼自己的球技。他的努力得到了回报，最终，他站在了上海市庆祝第三十九届教师节活动的舞台上，自信地展示着自己的风采，为学校争光，也为自己赢得了荣誉（见图2-43）。

图2-43　参加上海市庆祝第39届教师节活动现场

学校文化墙，不仅是孩子们展示自我、交流学习的平台，更是他们体验成长、享受运动快乐的舞台。在这里，每一个孩子都可以找到属于自己的位置，发现自己的潜力，展现自己的自信与骄傲。

我们衷心感谢学校为孩子们创造的这些机会和平台,也期待未来能有更多丰富多彩的运动项目,让孩子们在运动中感受快乐,在快乐中茁壮成长。

四(1)班 吴晨宇家长

科技之光,点亮成长之路

作为五年级学生家长,有幸进入校园看到五楼文化墙上展示的科技活动照片,倍感亲切。五年来,孩子参与的各项科技探索活动,无论是种植、养育,还是观察、记录,都为他的成长带来无尽乐趣。

欣赏着面前的一组图片,孩子的过往历历在目,从培育"草头娃娃"(见图2-44)开始,逐步探索生命的奥秘;在种植豆类等简单的植物中,他们的耐心和观察力得到提升,同时,也懂得了生命成长的不易;在种植牵牛花等植物的过程中,他们更加深刻地感受到了自然之美,学会了欣赏大自然赋予我们的美好。

到了四年级,他们开展制作生态瓶活动,在亲手制作、养育的过程中观察小鱼、小虾等水生动植物的变化,从而加深对生态系统的认识。而五年级的他们还有机会探究太空辣椒的培育过程,深入了解它的生长周期,这不仅丰富了他们的科学知识,更在无形中激发了他们探索未知世界的欲望和热情。同时,他们还会为学弟、学妹们解决疑难问题,如设计、制作自动浇花器,帮他们解决了假期外出花花草草无人浇水的问题,展现了创新能力和实践能力(见图2-45)。

草头娃娃生长记

图2-44　种植与观察

图2-45　制作与探究

这些照片不仅记录了学校为孩子们举办的精彩纷呈的科技活动，更将那些欢乐、专注和求知的瞬间定格成永恒。学校的精心策划和无私付出，让这些科技活动成为一个色彩斑斓的舞台，孩子们在这里尽情挥洒才情，碰撞思想，共同编织出一幅幅充满智慧的画卷。

五（3）班　马清远妈妈

家长感言 ⑤

书法名家进校园：孩子成长中的文化瑰宝与未来引领

作为常铭峻的家长，我为孩子能参加这次"书法名家进校园"活动感到无比骄傲和欣慰。在黄浦区书法家协会主席张伟舫老师的悉心指导下，这次活动不仅展示了常铭峻学习书法的成果，更是他成长道路上的一道亮丽风景。而当我有幸走进教学楼参加孩子的课程活动时，偶然间发现这张照片（见图2-46）

图2-46　书法名家进校园

竟展示在二楼楼层转角处的"艺术大舞台"上，我深深感受到这张照片对孩子们成长的积极促进作用。它鼓励着孩子们在书法艺术的熏陶下，培养创新素养，深化对中国文化的理解和尊重。每一次提笔挥毫，都是对传统文化的一次传承。我坚信，这些展示在文化墙上的照片将成为孩子们心中永恒的宝藏，引领他们走向更加美好的未来！

毕业生：常铭峻家长

三、重构魔法场，让创新在变幻空间里发生

当"双新""创新教育""五育融合"等教改春风不时拂面，当人机协同、跨界融合、共创分享的智能时代大踏步走近之时，我们愈发感受到：面向2050年，未来的学校空间，除了包含上述的工作坊、文化苑等物理空间外，还需要有一个综合空间。学校也需要重新定义和变革教育，打造一个现代化的综合学习空间，主动链接未来教育的实施路径。我们期待这个空间充分发挥其魔力。

（1）功能不再单一，环境不再单调，可以根据学习者的需求布局，是一个灵活支持全课程育人的物理空间。

（2）信息技术赋能，情境创设多维，可以根据学习内容的需要设计，是一个有魔力、智能化的育人社会空间。

（3）空间功能延展，五育无痕融通，可以根据美育项目的需求拓疆，是一个唯美、个性化的心智育人空间。

于是，我们以实现线上线下、现实与虚拟融合的全场景育人空间为目标，把

六楼的空中体育馆打造成了"魔法空间"。构建兼具魔幻意境和体验畅想功能的场域,促进素养在变换空间内进发。

走进魔法场,魔幻无处不在！它有以下特征:场域灵动、多维融通、场景沉浸、技术赋能。

场域灵动。教师可以根据学习的需求,在这个空间内复原教室的桌椅排列,也可以让学生席地围坐,更可以通过区间划分(前场摆放桌椅供常态学习、后场留出空间作为学科学习活动场域)灵活地开展教学。

多维融通。这个空间不仅可以支持学生国家课程的学习,还可以支持基于五育融合发展的学校四大美育特色项目的学习与活动,更可以作为支持教师师德和专业素养发展培训和学校重大活动的场所。

场景沉浸。在这个空间里,墙面、地面都被赋予了生命,师生在极富动静之美的沉浸式场景中体验教育教学活动的乐趣,化单感官认知为多感官认知、单层次认知为多层次认知,化抽象为具体,由复杂变简单。

技术赋能。空间里的屋顶、墙面、地面等都应该焕发投影、灯光、AI智能设备等的魔力,无论是课程的学习还是活动的体验,因有技术赋能,场景美、交互美、设计美、布局美无处不现,犹如"魔法空间"。

试想:如果置身其间,是否为学生的主动学习、自信交往、合作探究、自由想象、创意设计等提供了无限的可能?

这个空间里,学生看到的、听到的、想到的、触摸到的、感受到的以及创造的过程都是创新素养的一次次进发。

铭心的国际交流活动

"Here we are at the Magic Space. It can give our students a different experience from the traditional classroom with a magic carpet on the floor and two interactive walls." 负责外事接待的张老师正兴致勃勃地向外宾们介绍我们六楼的"魔法空间"。

"Wow, it's a cool place! We can experience some Chinese courses here, right?" 来自爱尔兰市政厅的官员已迫不及待地想要体验"魔法空间"里的各项活动。

"Yes. After the Welcome Ceremony, our students will present the Chinese Curriculum in the back area for you."

无论是来自爱尔兰科克市的代表团，还是匈牙利的匈中双语学校的师生们，每一位访问我校的外宾在参观位于六楼的"魔法空间"时，都对这个充满投影、灯光和AI智能设备魅力的大型综合空间充满了好奇。整层场馆被精心划分为前方欢迎仪式区和后方课程体验区，这样的布局不仅方便了来宾在空间之间转换，而且通过技术赋能的环境创设，进一步增强了活动的体验感和外事仪式的庄重感。

在各类国际交流活动中，六楼的"魔法空间"无疑成为极具学校文化特色的打卡点。

一、精心营造宾至如归的氛围，热情迎接国际友人

走进"魔法空间"，仿佛置身于一片生机勃勃的翠绿岛屿。地面上投射出满房间的三叶草图案,象征着好运;穹顶之下,绿、白、橙三色灯光交织闪烁,取自爱尔兰国旗的色彩。大屏幕上以华丽的凯尔特字母装饰着"欢迎爱尔兰科克市代表团"的字样,这些熟悉的元素让科克市的来宾们脸上洋溢着欣喜的笑容。当他们入座时,发现自己座椅上放着一袋沉甸甸的七色花特色课程文创作品,这份意外的惊喜让他们更加期待接下来的活动。

当匈牙利籍学生Nora和她弟弟Tito带领他们新学校的师生走进六楼的那一刻,立刻被门口巨大的摆件所吸引。"哇!这个魔方上面有一朵好大的七色花。"Tito很开心地看到了自己国家的特色玩具。"这是爸爸给学校准备的礼物。"Nora自豪地说道,"边上也有许多小魔方,一会儿要送给我们的中国同学们。"姐弟俩顿时展现出小主人的风范,热情地引导中国学生和匈牙利学生按照座椅上插放的两国国旗依次入座。伴随着轻快、悠扬的中国民歌,中匈两国的学生都不禁挥舞起座椅上的小国旗,并侧身亲切地交谈起来。两所学校的合作备忘录签署仪式也即将在轻松愉快的氛围中开启……

经过精心布置,整个六楼的空间不仅是一个活动场所,更成为联结国家间文化与情感的桥梁,让每一位参与者都能深刻感受到文化交融的魅力。

二、共同缔造庄重肃穆的氛围,优雅记录签约盛事

温馨的场地布置无疑让外宾有了宾至如归的感觉。随着暖场音乐淡出,整个空间被静谧又庄重的气氛所笼罩,在渐暗的环境中唯一越发明亮的是所有人正前方那一块近30平方米的大屏幕,以及那束从穹顶射下的灯光。

灯下的主持人正是负责外事的张老师,她面带微笑地做了介绍:"我们非常有幸邀请到各位领导一起见证这个意义非凡的时刻,他们是来自上海市……"灯光缓缓聚焦于座位区的一侧,领导们起身致意。随着七色花校歌的响起,陆校长与匈中双语学校的校方代表并肩走上了庄重的签署台。在两国国旗的见

证下，他们手持水笔，在合作备忘录上郑重地签下了自己的名字。这一刻，镁光灯的闪烁成了他们坚定合作信念的见证，也标志着中匈两校教育合作的新篇章正式开启。

随后，签字台被迅速移开，众人的目光都聚焦在门口那个巨大的魔方上。它缓缓被推至屏幕前，象征着七色小花绽放的"七彩魔力"大魔方，由匈牙利驻沪总领事馆正式赠予我校。陆校长则以充满学校特色的"七彩大礼包"作为回赠。在引导员的引导下，黄浦区教育局的杨燕副局长优雅地走上讲台，对这次签署仪式给予了高度的评价，并代表教育局向两校友好结盟表示祝贺。

"魔法空间"灵活的场地布置不仅为签约仪式和欢迎仪式增添了庄重感，也为我校的国际交流注入了新的活力。

三、巧妙划分课程展示的空间，多维体验课程魅力

不同于仪式区的庄重与正式，场馆后方的课程展示区则能充分利用场域的灵动性和信息赋能下的虚实结合特点。

签约仪式后，在场的中匈两国学生被分成了两组，小钟同学热情地招呼一位来自布达佩斯的大哥哥跟随自己到后方左侧的扇面书法区入座。今天他要当小老师。桌子上已提前摆好了整齐的毛笔、磨得乌黑的砚台和两个圆形的扇面。小老师蘸取适量墨水，示范如何控制毛笔的力度和运笔的节奏，扇面留下一道道流畅的墨迹不一会儿便形成了一个栩栩如生的形象。"啊，这是一只兔子！"匈牙利大哥哥用中文说道。"对，今年是兔年，所以我们喜欢画兔子。你也来试一下吧！"小钟顺势把毛笔递给了对方。半小时后，随着一幅幅作品成型，原本扇面书法区的学生陆续挪步到了场地右侧的丰子恺漫画体验区，另一批七色花小老师也已早等候于此。小万满脸欢喜地邀请这位大哥哥坐下，随后将一个素色的环保袋铺开，掏出一支马克笔，寥寥数笔便勾勒出一群纯真、自由

的孩童们。"记住，画中要有点空白，它能让画面呼吸。"小万指着自己的画作，认真地讲述空间感和意境的体现方式。

活动接近尾声，一件件独一无二的书画作品逐渐成形，他们不仅展示了中国文化的魅力，更见证了这次跨越国界的友谊。最后大家手持自己的作品回到仪式区大屏幕前合影留念，镜头定格了这一刻的美好和谐。

艺术类的体验课可以通过划分不同区域，灵活摆放桌椅的形式搭建出一个个小课堂，那么体育类的课程又是如何利用魔毯的呢？

只见欢迎仪式后，魔毯上的四叶草图案瞬间变幻，展现了多个排列整齐的视频画面。原来，这是一年级的小朋友们正在向爱尔兰的来宾展示他们是如何借助魔毯观看教学视频学习高尔夫的。在如此宽广的空间里，若仅由一位老师指导30多名学生学习推杆动作，无疑是一项艰巨的任务。然而，通过巧妙地调整视频的数量和位置，我们可以精确地划定每个学生的学习区域。同时开启多个视频，可让"老师"同时示范，不仅使学生们能够更清晰地观看学习，也让老师的教学变得更加高效和轻松。

想让七色花孩子展示一下一楼操场上新学的盖尔式足球吗？没问题！我们的"魔法毯"马上能变出一个"足球场"。只见爱尔兰教练指挥着大家走到"魔法毯"旁边的休息区，以便腾出更多的活动空间。同学们则沿着划定的路径有序上场，伴随着动感的音乐和炫酷的灯光，手脚并用为所有人表演了一段传球，瞬间带动全场气氛。利用信息技术创建的虚拟球场让学生有了身临其境之感，而且不受天气制约，让学生想动就动。

六楼"魔法空间"独特场域的灵动特点为学校对外交流活动注入了新的活力与魅力，增强了活动的庄严仪式感，使每一次国际交流都更加难忘。此外，其灵活运用的课程空间为学校的国际交流活动提供了有力支撑，丰富了学校的文化内涵,提升了学校在国际交流中的影响力,为学校的长远发展奠定了坚实的基础。

撰稿:朱伊芩

智汇融光成长馆
——"魔法空间"赋能教师专业成长

在信息化浪潮席卷教育领域的今天,七色花小学紧跟时代步伐,积极拥抱变革,率先引入"魔法空间"这一前沿教学平台。这一创新举措既为教师打开了专业成长的新视野,也为学校的教育教学改革注入了新的活力。

一、技术赋能下,"美丽课堂"大放异彩

七色花小学一直在探寻"美丽课堂"新样态的道路上深耕、实践。在新课标引领下,什么样的课堂才是学生需要的课堂?什么样的场景才是学生喜欢的场景?什么样的组织形式才是适合学生发展需要的形式?教师们在思考,在实践中不断探索。此时,"魔法空间"以其独特的教学环境和尖端的教学设备吸引了七色花的广大教师。空间内的多媒体展示系统画面清晰、音效震撼,能够将抽象的知识具象化,让学生在视觉、听觉、触觉等多感官刺激下更加深入地理解和掌握课程内容。智能互动白板支持多点触控,使教师能够轻松实现与学生的实时互动,激发了学生的学习兴趣和积极性。

教师借助"魔法空间"创设真实的、互动的语言场景,引导学生去感知、内

化语言的魅力,在张美妃老师的温柔引领下,一群活泼可爱的一年级小朋友踏上了一场穿越四季的心灵之旅,这一切都发生在那堂令人难忘的《四个太阳》课程中。孩子们仿佛真的坐上了由想象编织的"魔毯",随着课堂的节奏轻轻地摇曳,穿越到一个夏日里冰凉清新的绿荫下,又瞬间被秋风带向那金黄色的稻田,丰收景象呈现在眼前,耳边似乎还能听到稻穗轻语和农人欢笑。

在这片由文字与想象构筑的天地里,孩子们不再只是教室中的学童,而是化身为勇敢的探险家,自信满满地分享着自己心中的四季故事。他们的声音,起初如细流潺潺,渐渐汇聚成江河,语言的翅膀在每一次表达中尝试展翅,愈发强健有力。

张老师就像那位掌握钥匙的智慧向导,用一个个巧妙的问题轻轻地旋转魔法钥匙,打开那通往《四个太阳》奥秘花园的大门。在她的引导下,孩子们不仅学会了朗读中的抑扬顿挫,更在表达的海洋里畅游,每一次思维碰撞都闪耀着创造的火花。张老师巧妙地将学科之间的界限模糊,让逻辑与艺术的色彩在语文的天空中共舞,通过角色扮演等多彩的教学活动,孩子们的想象力被彻底点燃,就像夜空中最亮的星。在这片教育的田野上,张老师耐心地耕耘,每一滴汗水都化作滋养大语文素养的甘露。她乐于看到孩子们的头脑成为思想的乐园,而她的努力也结出累累硕果——孩子们不仅学会了知识,更重要的是学会了如何思考,如何梦想。

在数学课堂上,老师充分利用数射线开展学习活动,启发学生按不同的规律有序地数数。同时,借助魔法毯创设的分区情境,让孩子们以小组合作的方式在沉浸式、趣味化、交互型的情境中亲历趣味挑战,积累活动经验。

自然课上学生可以走到场地中央,在魔法毯的分区演示中,多角度观察"眼睛的内部结构"。同时利用"赛课堂"平台,将各小组实验的结果通过iPad(平板电脑)实时同步至魔法墙,打破了教室小屏幕呈现数据的局限性,让学生能清晰地直面全部数据,借助大数据分析,掌握学科知识。

教师们巧妙运用"魔法空间"的声光设备,通过形象化的情境创设、学科的场景展现、生活化的情境再现,师生共同沉浸在这动静相宜的美景中,体验教学活动的乐趣,激发学生浓厚的学习兴趣,赋予他们真实而深刻的情感体验。

在这里,学生们不仅能够学到知识,更能够在沉浸式的学习体验中感受学习的乐趣和魅力。魔毯上的旅程,不仅是对知识的探索,更是心灵成长的见证,每一个参与者都满载而归,心中种下了无限可能的种子。

二、多彩情境中,"美丽课程"尽显"美容"

我校一直以美育为教育教学的重要特色,致力于培养学生的审美情趣和创造力。在"小场地"之下,丰富多彩的美育特色项目如何有效深入实施?"魔法空间"里,多维的情景创设让美育特色项目实施尽放异彩。

图2-47所示为孩子们在魔法空间里,沉浸式演绎着艺术大舞台的二年级普及课程——京剧演绎古诗词《静夜思》。空间的梦幻光影和墙面上的盈盈月光,

图2-47　普及课程:京剧演绎古诗词《静夜思》

呈现了诗歌的浪漫意境；京剧名家和孩子们一同浅吟低唱，风姿楚楚。在这样极富动静之美的场景中邂逅中国传统艺术，以提升孩子的审美感悟和艺术表现力。

图2-48所示为律动俱乐部的普及类双师课——高尔夫、棒球和击剑课。魔毯上分屏创设了多个的活动区域，期间播放的多维度示范动作以及游戏规则、场景设置等，改变了以往枯燥单一的教学模式。技术的直观呈现，场景和音乐的自然融合，辅以强烈的感官刺激，全员、高频的体验式学习，提升了学生的运动兴趣，丰富了学习体验。

图2-48　双师课：高尔夫、棒球、击剑

无论是课程学习还是活动体验，因为有技术赋能，场景美、设计美、布局美无处不在。在结业颁奖典礼上，我们利用动感光影，打造了别具一格的酷炫场景"魔法红毯"，让孩子们走得更自信更有活力，自然而然展现积极向上的精神面貌，迸发出向上而生的力量。

校园科技节将科技比赛——格斗机甲挑战赛被搬上魔法空间的舞台，小花们在场地边缘，手持平板电脑控制着机甲，瞄准、狙击、前进、执行任务。紧张刺激的比赛，沉浸式体验，让学生能够深切地体会科学与技术交融之美，在心中埋下一颗探索的种子，在未来不断地绽放科学思维之美。

这些多维情境创设，不仅美化了学习环境，更促进了学生的全面发展。

三、多元融合下，教师专业喜得发展

魔法空间也是教师们专业精进的智慧舞台，它不仅是教师们创新开展实践教学的新场域，而且成为教师们"高峰论坛"的展示场。"青春有我 不负韶华"青年教学节后的"见微知著促交流"微论坛活动，魔法空间瞬时便成为教师们深度研讨的"探究场"。交互墙上呈现教师们"美丽课堂"的场景，或是创设的情景，或是师生研讨的镜头。地面上灵动的区域划分、沉浸式场景创设，展现在每一位在场教师的眼前，这不仅仅是课堂探讨的回顾，而且是一次文化认同的旅程。台上，青年教师们在"谈""论"中分享自己的实践感悟，台下，教师们在聆听中体验、感悟信息赋能、场景导入教学的魅力。这里，在声、光、影场域的创设下，一场校园的"高峰论坛"变得异常严肃、高效与深入。

而在教师节庆祝活动中，"魔法空间"瞬间又变为温馨、舒适的座谈会和脱口秀现场。在这里，教师们三五成群分别围坐在不同的场区，分享彼此的快乐。赠书、团体诗朗诵、个人脱口秀等栏目在这里悄然上演，场景美轮美奂，气氛欢乐祥和，给繁忙了一天的教师们在工作之余带来心灵的抚慰与放松。此时，教

师们沉浸在欢乐、庄重、活泼的氛围之中,充分感受教师节的温馨。

"魔法空间"在教师们持续的实践探索下,已逐步展现其多维、融通的独特环境范式。随着不断开拓与深入挖掘,其创新应用已成为学校教育教学中的一道亮丽风景线。展望未来,我们将继续深化对空间功能的挖掘,推动多维融通不断向更深层次、更实际的方向发展。

撰稿: 戴云华

一次有趣的英语期末考查活动

学校一年级学生的英语期末考查是在六楼"魔法空间"的"魔法毯"上进行的。考查内容通常包括单词朗读、回答问题、看图说话和儿歌表演等口语形式。作为一种集图文、音频、视频等多种表现形式为一体的多媒体技术,"魔法毯"以其独特的魅力为学生们创造了一个生动有趣的学习环境,为一年级的英语期末考查带来了全新的体验。老师将英语考查内容投影在"魔法毯"上,孩子们在观察"魔法毯"上的动态图像的同时,听取空间中传来的英语指令,并通过在"魔法毯"上踩点、拍手等方式进行英语口语互动。

"魔法毯"上的期末考查代表了一个模式的转变,由过去单调的纸质朗读方式进化为富有活力的多媒体形式,更加凸显"以游戏为核心"的这一教育理念。在这样的游戏化考查中,学生们在轻松愉快的氛围中边玩边考,有效地缓解了考试压力,每个孩子脸上都洋溢着开心的笑容,兴致勃勃地参与答题,享受知识的乐趣。

一、多彩环境让孩子自信展示

一年级孩子刚从幼儿园步入小学，面临全新的学习环境，对小学生活感到新鲜，他们正处于探索世界的阶段，对周围的一切充满好奇，有强烈的求知欲和探究欲望。他们在对新知识、新事物表现了极大兴趣的同时，情绪体验鲜明且变化快。

"魔法毯"上的动图，结合音乐和灯光，让孩子们很容易融入考查环境，并享受这样多彩的世界，从而大胆、自信地展示自己的英语才能。但也不是每个孩子都性格外向，有些孩子可能有点敏感、胆怯，他们在社交技巧上尚处于初级阶段，不太懂得如何与同龄人有效沟通，这可能导致他们在人际交往中遇到困难，有时会感到孤独或被排斥。

而"魔法毯"上的英语考查能很好地帮助这类孩子，在"魔法毯"上，学生们被分为几个小组，大家一起用英语大声朗读或两两组合进行你问我答，这样很好地调动了所有孩子的参与性，让孩子带着孩子共同学习一起进步。例如：问答句 —What can you see? — I can see a tiger. 如果换作在教室里老师提问，孩子可能会一时紧张而语塞，但在魔法空间里，由同伴提问，配上一只正在走路的彩色老虎动图，孩子的焦虑感很快会被兴奋感所替代，并马上开心地回答问题。

二、趣味空间让学生专注提升

一年级孩子的思维以具体形象为主，对抽象概念的理解能力有限。他们理解和记忆事物主要依赖具体的形象和实例，对复杂的逻辑推理或深层次理解有一定难度。一年级英语学习要求识图多于识字，而"魔法毯"可出示各种动态图片，两者结合，可让学生快速反应，这也是一种学生喜爱的考查模式。例如：

在"魔法毯"上呈现6只小动物，孩子听到动物单词后，立刻去站在该动物图片上，站对了即获胜。孩子都有一定的好胜心，在这样的比拼中，他们会很安静地倾听单词，然后快速反应，哪怕有一轮"比赛"中比别的孩子站得慢了，在下一轮也会继续认真倾听，争取第一个站对动物图片。

通过游戏的趣味性，孩子的课堂纪律也潜移默化地得到了控制。当然，在这样的站队中，安全性也是需要考虑的，给出的6个动物图片会放大，足以让每一张图片可以站4个左右的孩子。在站队过程中，如果有孩子不小心互相碰撞了，老师也会及时关注并提醒。相对于年龄大的孩子，一年级孩子的注意力集中时间较短，难以长时间专注于单一任务，而这种方式的考查活动能够很好抓住孩子的专注力。

通过"魔法空间"里的"魔法毯"实行一年级学生英语口语考查，可以巧妙地运用音频、视频等多媒体技术。这是一种既符合低年级学生认知特点又能准确评价其口语能力的考查方式。"魔法毯"除了作为身临其境的场景外，还能加强学生间的凝聚力。如在完成"看图说话"这一题型时，可让学生小组合作，根据图片进行对话，"魔法毯"上节选的图片可以是书上的课文内容，让学习基础薄弱的学生也有话可说。老师可选取4张图片供学生选择，学生有了自主选择权，会更愿意开口说话。

"魔法空间"还能更进一步提升，可以进行模拟真实的对话情境。一年级的孩子对动画片很感兴趣，老师可选用含有学生熟悉的动画角色的交互式视频，让角色提出问题或发起对话，学生则通过电子设备对着麦克风回答问题，有些表演欲强的孩子还能富有感情地根据动画角色的喜怒哀乐，或开心或生气，用不同的语气来回应，说得可好呢！当然如有遇到不会回答的问题，学生还能听取同伴的答案，在考查中再次复习旧知以补缺。

此外，还有一种考查类型为故事复述，也是学生喜爱的小组合作表演，这对英语口语会有一定的要求，但好在学生是合作完成的，4～5人一组，围坐在一起观看视频及旁白文字提示，大家或一人一句轮流将自己所见讲成故事，或能者多句单独讲故事，无论是讲得多还是讲得少的孩子，都会十分专心地看着视频，听着故事，因为那可是他们喜欢的动画片和他们熟悉的角色呢！有孩子在考查中发出感慨"今天玩得好开心啊！"在此过程中既锻炼了口语，也培养了倾听和合作的能力，同时这样的考查还增加了趣味性和即时性。

三、多感官参与让评价更走心

当然回归到期末考查，老师的作用不只是让孩子们在"魔法毯"上玩得开心，多元的评价方式也很必要。针对学生在完成各项英语任务时会给予及时评价。例如：当学生能正确朗读出单词时，学生听到魔法空间传来的鼓掌声，被氛围所感染的同伴此时也会一同拍手表扬他人；在听单词正确踩图片环节，当一整组孩子站对图片时，突然图片会出现与小组人数相符的小星星，孩子们看到小星星也会开心地为自己小组欢呼；在角色扮演或讲故事环节，学生大胆、自信地用英语展示，其他学生可作为小评委，对该学生给出手势予以鼓励，如给个大拇指等。孩子们在互相欣赏、学习的过程中增进自信，也培养了他们的思维品质和沟通技巧。

通过"魔法空间"的"魔法毯"，我们为一年级学生打造了一种富有科学精神、趣味盎然且充满激励的英语期末考查方式。这种方式不仅让学生在轻松愉快的氛围中进一步提升口语技能，更是对他们学习热情的点燃和兴趣的激发。我们将一年级英语期末考试的形式生动化，旨在通过增强考试的趣味性、互动性和情境性，更好地适应低年级学生的认知特点和学习需求。这种转变将传统的纸笔测试转化为更具活力、更多元化的评估形式，既维持了学术的严谨性，又充分激发了学生的学习热情和参与度。我们的目标是以更全面、更真实的方式反映学生的语言运用能力,让每一次考试都成为他们成长和进步的见证。

撰稿:屠嫣

技术赋能 航天育人

随着数字技术迅猛发展,课堂教学迎来了全新的变革,尤其在日常教学中,技术赋能正成为提升教学效果的重要手段。作为学校体育教研组,基于长期教学实践与研究的特色成果,相关教师持续探索如何通过数字技术,特别是"魔法空间"所拥有的技术环境优势,充分赋能课堂教学,以实现教学内容与技术的深度融合,从而推动学生的全面发展。

例如,在跑走交替教学中,如何让二年级学生理解和掌握"匀速跑技术"是教师在设计与实施过程中的难题,教师借助"魔法空间"技术优势,运用融合式教学,尝试将耐久跑知识与天文知识学习进行学科融合,将运动技能教学与信息交互系统进行技术融合,将耐久跑技术发展与航天精神发扬进行情境融合,以更好地让学生掌握跑走交替技术。

在学生跑动过程中,教师可结合语言引导学生控制跑速、巩固正确的跑与走的姿势,并强化跑走交替过渡自然的基本要求;教师可在有限的空间内,将地面与墙面空间深度融合,为学生创设立体式耐久跑学练场景,不但激活了课前导入及热身活动的品质,也为后续各项教学活动持续赋能。如课的导入部分,教师根据"航天总动员"主题式情境,利用墙面空间创设模拟火箭发射倒计时的互动场景,瞬间激起学生强烈的情感反应,使学生迅速进入学练状态,学生跟随音乐完成"漫游天宫"跑走交替练习与"欢乐太空猫"韵律模仿操。

教师充分利用智能人机交互系统,将红外线雷达感应设备和与之相配套的平台智能运算系统赋能主教材"跑走交替"的教学。首先,教师通过八大行星模拟公转的视频,帮助学生理解什么是"匀速",并组织学生在"魔毯"轨道上进行"银河列车"分组匀速跑的体验练习。该练习试图使学生通过自身的本体感受尝试把握匀速跑动的要求。其次,教师安排了"人机交互"和"穿越都市"20米往返匀速跑学练。在学练过程中,教师依靠智能人机交互系统,教会学生如何在跑动中正确完成与墙面的交互计时,随后引导学生在练习中、练习后观察数据、读懂数据,利用学练数据促进匀速跑能力的发展。即当学生每次折返跑至"魔法墙"手掌触碰感应区时,墙面会立刻显示学生该次往返跑动所用的时间(18秒、20秒……),学生通过观察跳动的数字就能直观地感受什么是"匀速",有没有做到跑速均匀、节奏平稳。学生在练习结束后,可在墙面上清晰地看到系统所显示的本次练习数据汇总,数据包括每名学生在本次练习过程中的单次往返最短用时、单次往返最长用时以及单次往返平均用时。教师则在学生读懂数据的基础上,开展相应的学习评价活动。最后,创设"欢乐海岸"20米往返匀速跑挑战赛,鼓励学生根据先前练习数据,结合自身体能状况,选择相应组别(合适的配速),制订进阶的个性化挑战学习目标。例如,学生A在经过先前"人机交互"与"穿越都市"两次往返跑练习后,发现自己单次往返用时基本保持在16~18秒,在挑战赛"欢乐海岸"开始前不能确定选择高速区还是中速区,教师则及时来到学生A身边帮助他分析之前练习数据并结合身体感受,引导其认识自己学有余力,可以选择高速区,最终学生A通过努力顺利地完成了目标,实现了自我超越。

主教材"跑走交替"是发展学生耐力素质和提高心肺功能的重要手段。教学中,合理安排和控制学生适宜的运动负荷是学练的重点。小学二年级"跑走交替"一课中,教师引入运动负荷监测技术让难题迎刃而解。运动负荷数据监测,可帮助师生调节运动负荷的大小,也可借助色块变化看清自己的运动强度。此外,当心率指数持续处于高危状态,系统还会鸣笛提示。系统可全过程、全覆盖及时反馈监测数据,既保障了学生参与耐久跑学练的安全,还提升了健身的科学性与实效性。

基于"魔法空间"独特的数字技术优势,教师可利用技术创设与众不同的学习场景,将其他学科的内容与体育学科的内容相融合,以拓宽学生的知识与技能。例如,课中,教师将耐久跑学练与天文知识相融合,将跑速均匀、节奏平稳作为教学重点,将合适的跑速作为突破的难点,通过视听融合技术以及多媒体资源的运用,列举太阳系八大行星的公转运动,为学生初步建立匀速跑动的概念,进而引导学生在"银河列车"的分组匀速跑活动中自主体验,体会"跑速均匀"的学练要求;又如,在20米往返匀速跑中的"欢乐海岸"的分层学练环节前夕,教师再次引入八大行星模拟公转视频,带领学生深度观察,并启发学生探究与太阳不同距离的行星其公转速度的快慢规律,从而延伸至匀速跑学练,要求根据学生自身体能情况选择适合自己的跑速且完成自定目标的挑战任务。在"太空小卫士"的游戏设计中,教师则融入"清理太空垃圾""击碎飞来的陨石"和"星际大战"以和平利用太空,保卫祖国空间站为育人手段的跨学科元素,使学生在人机协同的趣味体能学练中持续焕发运动活力,体验技术的同时感受别样的运动乐趣。

"魔法空间"构建了一个开放、动态、多变的学习环境,教师也不再是知识与经验的讲解者、传授者的单一角色，更多的要承担课堂教学的服务角色，根据学习者的学习需求适时提供支撑，帮助学生有序推进学习进程，为学生提供主动、交流、合作、分享、支持、挑战、包容等学习要素。教师也在转变教学观念和教学行为的基础上提升教学技能，形成具有个性的教学风格。

随着数字技术不断进步，为教育带来了新的契机。通过技术赋能课堂教学，特别是利用"魔法空间"服务教学全过程，既可以提高学生的学习兴趣和参与度，又能实现知识与技能的深度融合，推动学生全面发展。教师应不断探索和实践数字技术在教学中的应用，创新教学方法，为学生创造更优质的学习环境和体验。

撰稿：陈冲

以上呈现的是七色花小学多年来牵手龙头课题，进阶式打造各空间环境，将学生创新素养培育融入特色课程建设中，以环境的隐性文化凝练美育思想，支持素养萌发和生长的历程。

目前，学校正将艺术空间的智造智慧辐射到体育、德育空间的打造中，校内两面攀岩墙、冰壶馆、虚拟高尔夫教室以及劳动教育工作坊、公共安全教室等，为学生课程学习、素养提升提供了无限的可能。现实与虚拟交融的科创中心的智造也即将启幕。我们将秉持"让每个角落都是创新学习场"的理念，着力凸显空间布局的灵活、空间功能的多元和空间开放的无界。

第三章

花美径香

美育特色项目的共融与绽放

　　七色的,五彩的,童年的调色板总是如此绚烂,满载着灵动的思绪。我们以童年的画笔,尽情挥洒梦想的天空,每一抹色彩都饱含着无尽的想象与创意,勾勒出一幅幅最美丽的画卷。

　　在七色花这片创新的沃土上,学生们如同春天的嫩苗,茁壮成长,展现出勃勃生机与活力;教师们如同园丁,经历着磨炼与蜕变,期待收获累累的果实。而七色花的课程,则如同孕育着希望的种子,带着自由蓬勃的气息,融入明媚的春日画卷,满载着花香和希望而归。

　　在以"立美"为引航的美育特色项目探索中,每一步都伴随着春风的温暖、阳光的灿烂和生命的涌动。美景如画,在我们眼前缓缓展开,为我们带来崭新的启示与深深的感动。七色花的美育探索之路,每一步都闪烁着智慧的光芒,洋溢着希望的力量,引领着我们不断前行。

凝 神

七色花文化精神的体现

七色花,作为七色花小学独特的文化象征,不仅具象化地展现了五彩斑斓的童年梦想,更是校园文化中不可或缺的一抹璀璨亮色。它承载着深远的精神内核——崇尚美好、开放包容、多元共存和创新发展。这种精神已经深深地融入学校的教育理念和办学实践中,激励着每一位师生不断地挑战自我、追求卓越,以实现自己的梦想,展现个人价值。

在课题指引下,我们精心打造了指向创新素养培育的"美丽课堂""美丽课程"和"美丽环境"三大美育特色项目,旨在通过美育的浸润,培养学生的审美情趣,提升他们的创新思维与创新实践能力。我们深信,美育不仅是艺术的教育,更是心灵的启迪,能让学生在感受美的同时,学会欣赏美、创造美,进而丰富他们的人生色彩。

在项目实施的过程中,七色花的文化精神得到了深刻的体现和传承。我们秉持着持续探索和创新的理念,不仅全心投入项目的开发与实施,而且重视项目成果的总结与提炼。通过教研组深入研讨,家校社之间紧密联动,校际交流、访学等多种形式,我们对项目实施的成效进行了及时、系统的梳理和总结。在这一过程中,我们逐渐凝练并提升了项目的核心价值,形成了深厚的文化认同。无论是创新教育教学方式,打造精彩纷呈的"美丽课堂",还是推行

"双师执教""项目化推进""场馆研学"以及"跨学科实施"的"美丽课程"，抑或是借助信息技术构建综合学习空间，以及通过形象化的方式展示项目推进的显著成效，我们都在致力于推动七色花办学特色的不断发展，丰富其办学内涵。

这些努力不仅在七色花小学内部产生了深远的影响，更在区域内形成了一定的辐射效应。我们多次接待兄弟学校、外省市学校，乃至国际友好学校等，学校在交流互动中获得良好的评价。

我们尤其注重教师赋权、教师间紧密合作以及教师创新精神的培育。这种核心观念不仅推动了教师自主发展文化氛围的深化，而且激发了教师参与学校管理的热情。教师们乐于参与学校各类管理活动，乐意融入学校的内涵发展之中，乐于在自己的教育教学实践中探索与创造，乐于在与孩子们、家长们的交往中体味自由、实现开放、获得成长。他们不再满足于现有的学科知识体系，而是通过多样化的教育实践，不断地丰富自我、提升自我，展现积极向上、主动学习、创新实践的精神风貌，散发综合发展的气息。七色花的教师正在以自己的努力，创造着七色花般丰富多彩、富有童真、充满自由、走向成长的职业生命，正在将个体的职业生命与学生成长、学校发展融为一体。他们以自己的实际行动，折射出当代中国教育变革的成就，同时也见证着黄浦教育的创新发展。

为了更生动地展现学校在美育特色项目建设中的收获，我们精心挑选并收录了数篇学校公众号的报道，将其纳入本书章节之中。这些报道以细腻的笔触和真实的场景，深入而详尽地描绘了七色花小学在美育特色项目上所取得的创新性突破，以及教师团队的专业风采与不懈付出。

以下是七色花小学公众号报道选编。

热烈祝贺《魔法空间：学校综合学习空间的构建与实践研究》案例荣获"第六届全球未来教育设计大赛"一等奖

上海市七色花小学 2023-08-22 16:23 上海

颁奖现场

2023年8月18日—8月20日，由北京师范大学和联合国教科文组织教育信息技术研究所主办的"第六届全球未来教育设计大赛"总决赛在北京师范大学昌平校区举办。本次大赛共吸引了30余个国家和地区的1000多名高校学生和2000多名中小学教师参与。

图3-1 一等奖

此次赛事历时四个多月，经初赛、复赛、预决赛，层层筛选，上海市七色花小学《魔法空间：学校综合学习空间的构建与实践研究》从1500多个优秀案例中脱颖而出，入围现场总决赛。经过激烈角逐，最终荣获"第六届全球未来教育设计大赛"一等奖，成为大赛仅有的11个一等奖案例之一（见图3-1～图3-3）。

图3-2　教育部教师工作司司长任友群,联合国教科文组织教育信息科技研究所所长展涛教授颁发证书与奖杯

图3-3　黄浦区教育局局长郭金华一行与七色花小学教师团队于2023全球智慧教育大会现场合影

现 场 分 享

陆燕萍校长在现场分享中,重点聚焦学校魔法空间的构建与实践,从问题的提出、设计思路、实施效果、创新点和推广性五个方面,介绍了面对人机协同的教育时代,学校如何挑战空间局限,创设场域灵动、多维融通、场景沉浸、技术赋能的综合学习空间的一些思考与做法,并对现阶段已取得的成果:多维融合的环境范式、技术赋能的教学范式、多点融通的课程范式形成,以案例的形式做了分享。同时,也对学校魔法空间开辟技术赋能的新疆域、厚植"立美育人"办学文化的创新做法以及魔法空间的推广性进行了诠释(见图3-4和图3-5)。

图3-4 陆燕萍校长现场案例分享

现场评审专家对上海市七色花小学的创新案例给予高度肯定,一致认为学校魔法空间的打造从定位的厘清,到空间所具备的特点,再到空间创建的推进过程及环境、教学、课程范式的形成,以及创新性和满足未来教育空间创新性利

图3-5 汇报提纲

用需求、学生发展需求、教师发展需求和空间有效利用的推广价值等各个方面都做到了创新,呈现了未来教育的样态,并激励学校将这种创新的做法推广下去,持续为学生创新素养的培育与提升助力(见图3-6)。

图3-6　教育部教育信息化专家组智慧教育示范区创建专家组成员、原中央电化教育馆馆长王珠珠,江苏师范大学智慧教育学院教授、江苏省教育信息化工程技术研究中心副主任王运武等现场专家对七色花小学案例进行点评

教育数字化转型是未来所向。上海市七色花小学将在黄浦区区域推进创新教育的大背景下,聚焦数字化技术赋能教学,坚持"立美育人"办学理念,以综合学习空间的打造为切入口,多维探索数字技术赋能教育,全面深化教学深度改革,纵深推进教育创新发展,承接并承担起区域推进创新教育的命题和时代使命。

七色花"小场地　大体育"的故事

——七色小花参加"2023年上海市庆祝第39个教师节主题活动"

上海市七色花小学　2023年09月11日　20:39

"哥哥,你等等我!"

"原来学校这么小啊!"

"这么小的场地,难道还能上天入地?"

"对啦,就是能够上天入地!"

"四年里,我参加过的运动项目就近20项!"

……

这是上海市七色花小学的13名小花在由市教卫工作党委、市教委主办的"2023年上海市庆祝第39个教师节主题活动"中的精彩展演。

七彩运动　精彩亮相

9月9日,13名七色小花在老师们的带领下,走进上音歌剧院。稚嫩的声音,有趣的问答,哥哥一言,妹妹一语,响彻"2023年上海市庆祝第39个教师节主题活动"的舞台,吸引了台前幕后所有观众。优美雅趣的场景,趣味多彩的活动,精彩投入的演绎,伴随着灵动欢快的音乐,让整个庆祝活动现场充满了朝气与活力。

屏幕前,展现的一所小小七彩教学楼,正是我们七色花小学,屏幕上依次出现的高尔夫、击剑、攀岩、棒球、冰壶、篮球、体育舞蹈、舞龙舞狮等数十项体育运动,正是学校"小场地　大体育"形象的展示(见图3-7)。台上,小花们花样跳绳、花式踢球、帅气投篮、运球的身影,伴着老师的指导,两位小演员向观众们述

图3-7　七色花小学的体育项目

说着学校小场地里体育课的精彩，赢得了台下观众们的阵阵掌声。这是七色花小学13名小花参加上海市教师节庆祝活动"立德树人，厚植幸福之本"篇章中"健康第一"情景剧中的精彩镜头。

巧用场地　上天入地

七色花小学作为体育兴趣化试点学校，近年来，一直走在探索小场地里趣味化实施体育活动路上。场地开发上，上天、入地、攀墙，铺设冰壶赛道，利用学校围墙设计攀岩墙，技术赋能创设高尔夫虚拟高尔夫球室，创设沉浸式魔法空间等做法都取得了一定的成效（见图3-8），这次有幸被上海市教委选中作为上海市各中心城区巧用场地的一个缩影，被搬上了"2023年上海市庆祝第39个教师节主题活动"的舞台。

攀岩墙　　　　　　　　　　　　　　AI冰壶馆

虚拟高尔夫室　　　　　　　　　　　魔法空间

图3-8　AI高尔夫室

演绎回顾　促我成长

短短3分钟的演绎，是孩子们对学校巧用场地开发体育课程的生动阐释，也是孩子们对学校兴趣化体育活动推进的完美表达。七色小花们将自己在日常学练中的所感、所悟，通过自己的演绎，将学校创设丰富空间、开设多彩课程、建设内外联动机制、取得良好成效的做法展现得淋漓尽致。图3-9所示为在教师节上进行表演的七色小花。

图3-9　教师节上表演的七色小花

故事原型：胡嘉懿

演员：胡慕恩、任会续、潘馨瑶、戚歆宸、吴晨宇、李邝荣、黄逍云、万韵聆、王思予、吴宜芸、鲁杰罗Ruggero、胡辰浩

学校教师将巧思融进了孩子们健康成长的每一天,将冰冷的科技赋能赋予了爱的力量,让体育课释放无限能量,助力他们爱上运动,爱上健康生活,让他们成为自信强健的强国一代。

报道

交流 互鉴 融合
——记七色花小学中爱文化交流活动

上海市七色花小学 2023-11-11 10:28 上海

2005年,上海与爱尔兰科克结为友城。作为两地的友好学校,始终保持着友好的国际交流。近日,爱尔兰科克市代表团一行又一次来到我校开展中爱文化交流活动(见图3-10)。

图3-10 爱尔兰科克市代表团到校开展交流活动

　　活动得到了市区外事办、区人民政府、区国际交流中心和区教育局的大力支持。黄浦区区政府办公室副主任邱文、黄浦区教育局副局长金羿、黄浦区国际交流中心副主任杨艳及市外事办的老师共同出席活动（见图3-11）。

图3-11　市区各级领导参加了活动

欢迎仪式: 热情满溢

欢迎仪式上,陆燕萍校长对远道而来的客人和来宾表示最真挚的欢迎,预祝交流活动圆满,期待未来的中爱文化交流更为密切,中爱友谊长长久久。

爱尔兰科克市由Kenneth Noel O'Flynn先生代表发言,他感谢学校为此次中爱文化交流活动的倾情付出,相信上海与科克的友好城市学校项目会可持续发展,并取得更大成效(见图3-12)。

图3-12 七色花小学的校长与科克市代表在会上发言

互赠礼品: 情谊盈满

学校特色艺术课程——丰子恺漫画的外聘专家宋雪君老师代表学校送出自己创作的象征中爱友谊的"春色满园关不住"书画作品;陆燕萍校长则送上了一本作品集,它汇聚了五年级学生海派剪纸课程的成果。爱尔兰科克市代表团也赠送了具有纪念意义的CORK FROM THE AIR画册、爱尔兰竖琴以及具有爱尔兰文化特色的文具(见图3-13)。

图3-13　学校方与科克市代表团互赠礼品

文化交流：特色互鉴

两地文化的交流是本次活动最值得期待的，中爱双方都以特色课程展示、体验、互动的方式展开。

七色花小学首先展示了冰壶、攀岩、棒球、花样跳绳等体育特色课程（见图3-14），体教融合的"双师"授课模式深深地吸引着来宾们，他们禁不住参与其中，和小花们尽情展开冰壶、棒球的友谊赛。

图3-14 体育特色课程展示

随后,客人们先后观摩、体验了葫芦画、编绳、丰子恺漫画、扇面书法等具有中华特色的艺术课程(见图3-15);现场,展现的不仅是学生们创作时的专注和分享时的大方与自信,也传递着中国传统文化对于国际友人的独特吸引力。

图3-15　艺术课程展示

　　爱尔兰CEInnoculture公司的艺术家们也带来了合唱、舞蹈、足球三大特色课程。孩子们在爱尔兰的音乐和艺术家的吉他弹奏中尽情演绎爱尔兰歌曲Molly Malone；舞蹈房里，踢踏舞以欢快的音乐和热烈的节奏激发起学生们热情参与的欲望；具有民族特色的盖尔式足球，因为它排球与足球融合的特色，操场上群情昂扬，爱尔兰体育的魅力燃爆了全场（图3-16～图3-18）。

图3-16　爱尔兰特色课程教学

图3-17　爱尔兰特色课程展示

图3-18　大合影

互动展演：文化融合

活动尾声，校DV社团师生制作的活动短视频瞬间把大家带入了美妙的回忆。爱尔兰艺术家和小花们在"魔法空间"的舞台、灯光、音效的同频共振中共同演绎的爱尔兰歌曲、踢踏舞和盖尔式足球，把本次两地文化交流活动推向了高潮。

临别，爱尔兰科克市代表团表达了此次活动是整个上海行程中印象最为深刻的，感受到了学校鲜明的办学特色，深刻体验到中国传统文化的魅力。让我们共同期待：友城、友好学校更多、更深入的合作与交流！

品节日之韵，润文化之美

——小学英语学科育人的探索和实践

上海教研　2022-12-05　10:28　上海

2022年11月22日下午，由上海市教育学会中小学外语教师专业委员会指导，上海市小学英语学科中心组、黄浦区教育学会外语教学专业委员会主办，上海市七色花小学承办的主题为"品节日之韵，润文化之美"——小学英语学科育人的探索和实践教学研讨活动顺利举行（见图3-19）。全

图3-19　黄浦区小学英语教研员桂凌俊主持活动

国小学英语教研基地主持人、上海市教委教研室英语特级教师朱浦，上海市教委教研室小学英语教研员祁承辉，黄浦区小学英语学科带头人、学科中心组成员、骨干教师参加了现场研讨。整场活动由黄浦区小学英语教研员桂凌俊主持。

本次主题教研活动，是深入学习《上海市中小学英语学科德育教学指导意见》和《义务教育英语课程标准（2022年版）》之后，基于强化课程育人导向以及培养学生核心素养的目的而开展的对于优化小学英语学科育人功能的一次探索。上海市七色花小学英语教研组在实践中始终秉持学校"立美育人，七色花开"的办学理念，在本次展示中，教研组的六位教师从研究缘起、研究历程、研究收获等方面呈现了学习和落实《义务教育英语课程标准（2022年版）》过程中的阶段性教学思考（见图3-20）。

图3-20　主题研讨

上海市七色花小学教师朱伊苓展示了《英语（牛津上海版）》4B Module4 Unit2 *Festivals in China*一课。在设计本课时，教师基于单元的主题意义，挖掘语篇育人元素。授课时，教师以综合性、实践性的活动激发学生兴趣，帮助学生将已有知识经验与学习主题之间建立联系。过程中，教师不断地为学生搭建学习支架，利用韦恩图等思维工具帮助学生分析和比较古今节日习俗之异同，发现传统文化的传承。本课时的语言学习渗透在对语篇主题意义的探究中，自然且有效地将语言学习与学科育人融合统一。

黄浦区英语学科带头人、上海师范专科学校附属小学教师徐琳从提升学生的学习能力维度谈了自己的观课感受（见图3-21）。她认为朱伊

图3-21　教师点评1

苓老师以制作节日书签这一活动为载体,让学生在学科活动的实践体验中,品节日之韵,润文化之美,落实了学科育人。教师引导学生在"做中学""用中学""创中学",在"联结—生成—迁移"中走向知行合一,学生的学习能力和创造能力逐步提升。

图3-22 教师点评2

上海市黄浦区卢湾二中心小学的区英语学科带头人严慧则从文化与思维相融合这个角度分享了她的看法(见图3-22)。她认为朱老师非常巧妙地借助图示将信息加工的过程显性化,不仅为学生厘清了思考路径,而且帮助学生加深了对文化现象的理解,使文化的浸润注入了思维的逻辑之美。

来自其他区的两位教师也从学科育人的角度进行了交流(图3-23)。

图3-23 教师点评3

普陀区中山北路第一小学教师王璐威以5A Module2 Unit3 *Moving home* 第四课时为例,从聚焦单元整体,提炼主题意义;设置关键问题,落实育人价值;延展文本内容,感悟主题意义三个方面分享了她对"如何探究主题意义"

的理解。

闵行区七宝外国语小学教师高瑞辰则分享了培育学生文化意识的"2M模式"，即多方法（Multi-Methods）和多环节（Multi-Procedures）。他的做法是巧设启课问题，融入文化语境；设计学习活动，丰富文化经历；利用多种资源，充实文化体验；重视结课环节，拓展文化边界。

祁承辉充分肯定了上海市七色花小学教研的"全程性"，认为此次主题教研围绕《义务教育英语课程标准（2022年版）》中的课程性质和课程理念，在培养具有跨文化意识和国际视野的接班人方面做出了可喜的尝试。他指出此次教研目标准确，过程清晰而合理，内容充实而有力（见图3-24）。

图3-24　专家点评1

朱浦对此次活动给予高度评价。他指出，指向文化意识的研究项目在小学英语学科并不多见，目标指向专业，项目内容定位清晰，项目和课堂高度关联；课堂教学中学习活动的设计层层推进，训练语言的过程巧、精、美（见图3-25）。

图3-25 专家点评2

本次活动是黄浦区小学英语教师对学习和落实新课标开展实践的一次反思和总结,未来黄浦区小学英语教师仍将继续探索、创新并再实践:让学习可见,让思维发生,让文化浸润。

图3-26所示为与会人员合影。

图3-26 与会人员合影

报道 5

小学科学素养导向的单元教学设计
——黄浦区小学自然"研训一体"活动

上海市七色花小学　2024-04-16　09:13　上海

　　2024年4月11日,"小学科学素养导向的单元教学设计"黄浦区"研训一体"活动在上海市七色花小学举行。活动由教研员张瑞芳老师主持,黄浦区全体自然学科教师参加此次活动。本次活动分为教学展示、研讨交流、专题讲座三个环节。

教 学 展 示

　　首先,由上海市七色花小学的陈鸣姿老师讲授五年级的"骨骼和肌肉"一课。陈老师基于核心素养设计了体验、观察、阅读等探究实践活动,借助"赛课堂"数字化教学平台,引导学生认识人体的运动系统,建构结构与功能、系统与模型等跨学科概念;通过引导学生将实物模型与自身建立联系、设计多个体验方案、对大数据进行分析得出结论、列举保护运动器官的具体做法等方面增加核心素养(见图3-27)。

图3-27　陈鸣姿老师执教"骨骼和肌肉"一课

研 讨 交 流

课后,老师们围绕"本课教师如何设计与实施体验活动发展核心素养""体验活动对发展核心素养还有什么好处"等议题展开讨论(见图3-28)。上海市实验小学李亚南、卢湾一中心小学周南、徽宁路第三小学浦文彧老师从核心素养的4个方面进行了交流,也对教学器材的优化提出了一些建议。陈鸣姿老师对本节课进行了教学阐述,为大家讲解了该课如何制定核心素养目标、如何有效设计并实施指向核心素养的体验活动。

图3-28　课后教师们开展研讨

专 题 讲 座

最后,张瑞芳老师作了"素养导向的单元教学设计"专题讲座(见图3-29)。张老师从素养导向的单元教学设计要素与内容、规格与说明、方法与要点

图3-29 张瑞芳老师为大家做专题讲座

等方面,就如何撰写素养导向的单元教学设计对老师们进行了培训。张老师要求大家结合日常教学积极实践,每位老师选择一个单元教学设计进行校内、校级教研组交流与完善,以不断提升单元教学的设计能力,更好地培养学生的核心素养。

通过本次活动,老师们对"体验"活动的设计、实施和评价要点有了更深的感悟,进一步认识到如何应用信息技术平台助力发展学生核心素养,也明确了如何更规范地撰写单元教学设计。相信大家在今后的教学设计和课堂实践中会更加认真钻研,勇于创新,敢于尝试,向着更高的专业目标努力。

线上教研促提升　凝聚智慧共成长

上海市七色花小学　2022-12-24　19:42　上海

为了加强校际合作和交流,促进教育质量共同提升,2022年12月13日—22日,上海市七色花小学与金汇学校分别开展了数学、英语、语文线上联合教研活动(见图3-30)。

图3-30　数学、英语、语文线上联合教研活动

研——素养导向的美丽课堂

活动伊始,两校教师共同研讨了由七色花小学应杨姣老师执教的《正方体、长方体的初步认识》、朱伊苓老师执教的 *Know more about Chinese festivals* 和陈

梦伊老师所执教的《卖火柴的小女孩》,这三节课都是七色花小学立足学校美育特色精心打磨的优质课例,充分体现了学校在新课标理念指导下的实践探索。

三位执教老师借助学校的特色备课工具"研究表"和"教学流程图"就课程理念、教学设计等方面进行了介绍。活动中,两校教师基于课例,进行了充分交流和积极互动,虽然隔着屏幕,却享受着思维碰撞的乐趣,教研活动取得了良好的成效。

<h3 style="text-align:center">享——减负增效的教学策略</h3>

活动的第二环节,七色花小学教师就如何开展减负、提质、增效,分享了自己的实践经验及思考。英语学科张懿老师在交流中强调语篇教学时,教师要指导学生对语篇进行多层次、多角度的阅读,培养他们的阅读策略,如略读(skimming)、寻读(scanning)和精读(intensive reading)的能力,并适度拓展语篇,提高学生自主阅读的能力,为终身学习打下基础。图3-31所示为分课时教学简析。

图3-31　英语学科实践经验分享

语文学科费妮娜老师借助"研课表"(见图3-32)以《赵州桥》为例分享了对语文阅读教学策略的思考。她指出,"授人以鱼,不如授人以渔",在阅读教学中掌握正确的阅读方法会起到事半功倍的效果。教师不仅要为学生讲解阅读

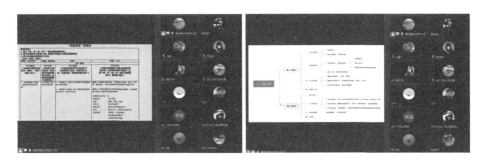

图3-32 语文学科阅读策略分享

的内容,同时还应该为学生传授阅读的方法,让学生学会举一反三,学以致用,使用正确的方式解决阅读中的问题。

促——立足实际的长远发展

为了保证本次"云教研"的效果,两校进行了充分的前期沟通,在活动环节、设备调试等方面做足准备。两校老师就未来教学关注点达成共识:一是要立足大单元视角下的整体教学;二是注重真实情境下的驱动性任务设计;三是要落实"教、学、练、评"的一致性。图3-33所示为两校交流时的PPT。

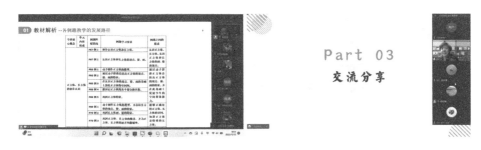

图3-33 两校交流时的PPT

教而有研则深,研而有悟则进。此次联合教研活动以提升教师教育教学专业水平为愿景,"教"以共进,"研"以共享,"联"以致远,期待下一次联合教研活动更精彩!

科学生活　创新圆梦
——2021 七色花科技节系列活动

上海市七色花小学　　2022-01-10　14:47　上海

　　为贯彻《上海市中长期教育改革和发展规划纲要》和《关于深化教育综合改革进一步加强创新人才培养的若干意见》的精神，培养具有创新精神和实践能力的创新人才，协同黄浦区第十届青少年科技节，七色花小学科技节相关活动日前也已同步开展（见图3-34）。

图3-34　七色花小学科技节开幕式

科技节开幕

　　以培养学生创新精神、审美能力和实践能力为核心，学校努力营造校园浓郁的科学氛围，激发孩子从小爱科学、学科学、用科学的精神，积极推动校园科技活动蓬勃开展。学生在活动中充分体验科技带来的乐趣,在综合能力获得发展的同时,科技素养也得到进一步提升。丰富多彩的科技活动助推学校科技教育深入发展。

校科技节活动展示

图3-35～图3-43所示为七色花小学一至五年级学生在科技节活动中展示自己的图画,或他们的创意,或制作成果,或参加各种活动的场景。

图3-35　一年级《致敬航天人》

图3-36　二年级《航天纪念册》

图3-37　三年级《"小花"的航天梦》

图3-38　四年级《大"闹"天宫》

图3-39　五年级《小小探测家》

鼓励学生应用科技知识分析和解决生活中的实际问题,增强创新意识、关注科技创新、参与创新实践,探究我们的生活。

图3-40　编程创意设计

图3-41 昆虫折纸

图3-42 自然笔记

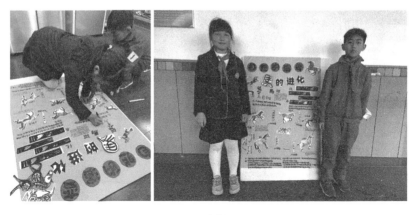

图3-43　自然的演变

有效整合校内外科技教育资源,组织学生参与课内外科技活动(见图3-44和图3-45),收获知识技能,娱乐身心,激发学生对科技类项目的兴趣。

图3-44　DI展演、天宫课堂

图3-45　电子制作

通过竞赛活动(图3-46和图3-47),培养学生参赛能力及实事求是、追求新知、独立思考、勇于创造的精神,使他们从小崇尚科学,热爱科学。

图3-46　承办区级竞赛

图3-47　荣获2021黄浦区第十届青少年科技节优秀组织奖

收获满满,一起向未来!

除了每年的科技节外,在平日里,还有不少科技类课程伴随着小花们成长,DV影视、AI编程、koov索尼创新机器人、人工智能机甲、无线电电子制作、创意设计、手工制作、科技创新以及媒介素养课程(见图3-48),孩子们浸润在这些课堂中,科技素养不断得到提高。

DV影视　　　　　　　　　　　AI编程

koov索尼创新机器人　　　　　无线电电子制作

创意设计　　　　　　　　　　手工制作

科技创新　　　　　　　　　　媒介素养

图3-48　科技类课程

习近平总书记曾强调,面向世界科技前沿,面向经济主战场,面向国家重大需求,面向人民生命健康,不断向科学技术广度和深度进军。

科学生活是一种态度,创新圆梦,圆的就是中华民族伟大复兴的"中国梦"。实现这一梦想离不开我们国家科技的自力更生与自主创新,七色小花们从小就要立志为国家科技进步而努力学习,多培养一些兴趣,多掌握一些技能!

报道 8

教研新生态　教学高品质

上海市七色花小学　2022-12-01　16:39　上海

2022年11月的深秋转身即去,12月份的初冬即将到来,天空淅淅沥沥地飘着寒冷雨滴,可是寒冷的天气,吹不灭我们黄浦体育人火热的心。本次"教研新生态,教学高品质"——黄浦区教育教学教研系列展示周活动(见图3-49)再

图3-49　黄浦区教育教学教研系列展示周活动

次来到了上海市七色花小学。此次活动受到了各位专家、领导的大力支持，莅临本次活动的有黄浦区教育局副局长杨燕，黄浦区教育学院院长奚晓晶，上海市教委教研室体育教研员王立新，上海市七色花小学校长陆燕萍、党支部书记邵志君，黄浦区小学体育教研员陶磊、陈志飞以及黄浦区体育中心组的老师和部分青年学习小组的成员们。

学 科 展 示

教学大智慧：螺蛳壳里做道场

都说黄浦区寸土寸金，学校都很小，但是"小地方"却有着大智慧。本次来自上海市七色花小学的陈冲老师，就在这"小地方"给大家带来了一场集科技、趣味、德育为主，以声、光、画为辅的视听盛宴。众所周知跑类教学不仅难度相对较大，而且还受到场地的限制等，一直是黄浦区体育教师的一块心病，而陈老师此次执教的二年级走与跑：跑走交替一课，就给了我们一个很好的启迪。利用科技的声、光、画，结合学校的特色，为大家呈现了一场别样的展示课（见图3-50和图3-51）。

图3-50 "魔法空间"里的体育课

图3-51　孩子们在技术赋能的场景中进行沉浸式练习

教研大立意：单元主旨做文章

黄浦区小学体育教研员陈志飞老师，中心组成员张卫东老师、邵斌老师，上海市七色花小学教研组长李思嘉老师以及本次执教的陈冲老师以细致深入的课例探讨拉开了研讨环节的序幕（见图3-52和图3-53）。

图3-52 教研主题

图3-53 课例研讨

虽说是探讨,可在我们看来更像是一场生动的论坛,大家各抒己见。其中陈冲老师详细地介绍了他的设计与想法,怎么运用学校现有的多媒体信息技术,围绕创设趣味化、数字化的情景教学,着力开展人机交互中匀速跑的研究与探索,并且引导学生在过程体验、技能学练、同伴交流互动中感受科技强国带来的力量与中国航天的自强不息,奋发进取的精神。陈冲老师不仅探讨了思路,还特别介绍了在综合活动中基于智能人机交互系统,如何设计交互游戏(见图3-54),在体能练习中能让学生找到运动的乐趣,增加学生参与体能锻炼的积极性和主动性。

图3-54 实施策略分享(一)

邵斌老师说:陈老师课中的人机交互系统让一堂枯燥的课变成一个可以互动、动态的课。学生不再像以往那样,被动地听教师的指令和语言,而是利用系统的便利把更多的空间与时间交还给学生,教师也不再是知识经验的讲解者、传授者,而是根据不同的情况,对学生进行有效的引导与调整,这是对传统课堂的一次挑战与探索。

张卫东老师认为:本节课难能可贵的是把德育航天精神自始至终贯穿整个

课堂,在听觉与视觉上给予学生一个巨大的冲击(见图3-55)。在漫游天宫的环节中,陈老师让学生近距离了解航天员们的艰辛付出与锻炼,感悟成功来之不易,激发学生强身健体的内驱动力。

陈志飞老师觉得:陈冲老师的这堂课是科技与体育的一次大胆尝试,有别于传统的课堂,也是我们黄浦体育教学特色的一次亮相。未来,我们黄浦体育在科技技术不断更新的背景下,将继续探究兴趣化、信息化的教学之路,并且期待青年教师们在黄浦区体育这个大家庭中展示自己独特的教学魅力。

图3-55　实施策略分享(二)

专 家 点 评
持续专业领航

在点评环节,上海市教委教研室体育教研员王立新老师首先对黄浦体育给予了很大的肯定,在狭小的区域里还能创设出许多有特色、有质量的体育课(见图3-56)。王立新老师认为,陈冲老师此节课的授课形式是在新课标中的新尝试、新样态。在科学技术帮助下,营造了一个很好的情境,运用人机互动系统,打造了一个学、练、赛、评一体化的课堂,从而激发学生的学习兴趣,促进学生深入学习与实践。最后王老师还鼓励青年教师们在新课标中大胆地去尝试与探索,并积极尝试跨学科发展,为未来能建设一个优秀的黄浦体育课程体系添砖加瓦。

图3-56 专家点评

领导寄语:做强黄浦品牌

黄浦区教育局副局长杨燕认为此次活动场地新颖,内容丰富(见图3-57)。杨局提到本次展示活动彰显了黄浦体育的特色——小场地,大智慧,充分利用学校资源等展开精彩的诠释。她希望今后的体育教师,能多多开发学校的现有环境与场地,让科技走近每一个教师与学生,让科技使我们每一个小地方,都有大作为。

最后,黄浦区小学体育教研员陶老师对我们青年教师提出了殷切希望。青年教师是黄浦体育的未来,希望青年教师们不要有顾虑,要积极踊跃地展示自己,潜心研究,坚持信念,不断探索,不断突破,开拓进取。

图3-57　领导寄语

新课标的落地，对于青年教师们既是机遇，也是挑战。尤其是大单元以及学科融合的运用，对所有青年教师们提出了更高的要求。把握机遇，为实现新的梦想，踔厉奋发。

众人拾薪　德润课堂

——七色花小学扎实推进德育特色课程建设

上海市七色花小学　2022-03-06　15:46　上海

2022年3月1日，在"共建共享铸精品·课程育人谱新篇"——2021年黄浦区学校德育特色课程暨"中国系列"课程展示活动中，继我校德育课程《心悦高尔夫》被认定为第三批黄浦区德育特色共享课程后，我校德育课程《百人百讲话百年》和《艺之剪》申报黄浦区"中国系列"党史学习教育活动课程和第四批黄浦区德育特色共享课程获得成功,区教育局杨燕局长、余维永副局长和严奕副局长共同为课程开发老师颁发了证书。《黄浦区德育特色课程建设汇编》收录了课程的推介与案例(见图3-58)。

(a)　　　　　　　　　　　　(b)

图3-58　(a)教师获得了证书;(b)部分德育课程被《黄浦区德育特色课程建设汇编》收录

七色花小学始终秉持"立美育人　七色花开"的办学理念,通过创设美的课堂、架构美的课程、打造美的环境,"让一切教育教学向着美的方向发展"。本着一切向美、立德树人的教育理念,学校潜心研发了德育课程《心悦高尔夫》《艺之剪》和《百人百讲话百年》。这些课程分别与学校特色课程相融合,借助高尔夫运动、剪纸艺术和党史故事载体,凸显育德元素,旨在培养学生积极的心理品质,传承中华优秀的传统文化,厚植爱国主义情怀,真正做到让每一次课程实施都成为一次育人育德的过程。

区德育特色共享课程,我们还在积极探索(图3-59)。在区德研室的指导下,我们将进一步系统地对课程评价、建设和发展等问题深入研究,不断地优化共建共享机制。同时也要不断地加强教师队伍建设,不断地提炼实施策略,不断地探索交互式的教师培训模式等等。未来,七色花小学将继续深入推进"心灵小驿站"(德育)课程建设,突出德育实效,提升育人品质。图3-60所示为七色花小学获得各种荣誉证书。

图3-59　区德育共享课程汇报现场

图3-60　荣誉证书

上述精选的公众号报道,多维度、深层次地揭示了我校"以美育人"教育理念的深远意蕴。它们不仅是我校指向创新素养培育的美育特色项目精神内核与研究轨迹的生动展现,更是师生齐心协力、共同参与、共同创造的鲜活例证。

我们很期待,希望每一位读者在细品这些报道后,能够跨越时空的界限,深切体会我校如何在传承中勇于创新,稳健而有力地迈向成长之路。每一篇报道都是对过去美好时刻的温馨回顾,同时也寄托了对未来无限可能的憧憬与信心。

第二节

汇 力

家、校、社众多力量的汇聚

七色花绽放，并非一蹴而就的奇迹，而是源于土壤、空气、水分、阳光和自然的滋养。我校美育特色项目的探索实践，也绝非孤立之举，而是得益于各方力量的汇聚与协同。七色花小学与国内外数十个教育团体建立了紧密的合作关系，通过集团、协作块和社会各界的支持，丰富了项目的实施路径，为学生发展创造了更多的机会。在此过程中，校方得到了众多艺术大师和科技、体育等专业教练的宝贵指导，也获得了家长们的大力支持。此外，校优秀毕业生心系母校，积极参与项目的开发与建设，发挥他们的特长和智慧。他们的加入为项目注入了新的活力和创意，推动了美育特色项目的持续发展。可以说，学校以美为载体的课程建设是一场汇聚各方力量的盛宴。在这场盛宴中，我们共同见证了美的力量、创新的力量、社会的力量。

2024年适逢七色花小学建校三十周年，在这盛大庆典之际，学校荣幸地邀请到艺术大师、体育教练、学生家长以及毕业生代表共叙学校课程变革，他们欣然动笔，写下与七色花课程的深厚缘分与协同努力。这些珍贵的分享，见证了七色花课程的成长与蜕变，不仅让所有人更加深刻地认识到七色花美育特色项目的价值所在，更为学校今后的教育工作提供了宝贵的启示。

艺术
大师

丰子恺一家三代和七色花小学

丰子恺一家三代与七色花小学的师生有不解之缘。

2011年11月，上海丰子恺研究会和七色花小学联合举办丰子恺艺术进学校活动，从此，丰子恺一家与七色花小学结下了长久的情谊。那一次，分别在学校、在丰子恺旧居开展了子恺漫画的学习、创作和评比。虽然丰子恺爷爷已经不在了，但是他的漫画作品从此走进七色花小学，他的艺术在学校永存。而丰子恺的女儿丰一吟老师，丰子恺的第三代也就是我，直接参与了漫画教育和评比活动，揭开了学校特色艺术教育的序幕。

原来我们只打算搞一次活动，但是学校决定将丰子恺这位中国传统文化代表人物的艺术长期引入学校，此后至今已经连续十三年不间断地进行着丰子恺漫画普及教育，并且扩大影响和规模，构建了多元、开放的校本丰子恺漫画课程。学生从单纯学习丰子恺漫画，转向学习丰子恺的求真、求善、求美精神，唤起了同学们对人、对动物、对环境、对社会问题的责任感。

在漫画教育中，我们始终运用丰子恺先生的教育理念，充分发挥学生的主动性、创造性，开展互动教学，让学生思考、参与对漫画的理解、解读，七色花小学的学生有丰富的想象力，而丰子恺创作漫画时本就留下想象的余地，可以说，同学们的解读完成了丰子恺的心愿，有时也许超过了他的预想。如果他能够知道，一定会感到欣慰的。

近几年来，学校领导对丰子恺艺术进校园的方针又做了比较大的调整。首先，将丰子恺漫画特色课程的对象，从部分有漫画特长的学生扩大为三年级的全体学生，让三年级学生都能得到传统文化熏陶，而且整个学校每个年级都有特色教育,每个学生都能参加专业教师指导的课程,使特色教育普及化。在教育中,从单纯漫画学习,走向对自然、社会的深刻理解,让真、善、美深入学生的内心,再进行漫画创作;学校领导与我们丰子恺家属还开创了学校对接活动,让七色花小学与丰子恺的母校——桐乡市石门中心小学建立对接机制,每年双方学校的师生互访、交流学习。最近,校领导还下决心将三年级的全体学生都带到丰子恺的故乡,参观丰子恺的母校、参观丰子恺纪念馆,到美丽的乡村观光,真正进入大自然,学生对具有丰富文化底蕴的丰子恺故乡留下了深刻的印象,这样的系列活动很可能影响学生相当长的一段人生。

宋雪君

大师简介:

宋雪君,丰子恺外孙,长期从事丰子恺艺术研究。曾任上海丰子恺研究会理事长,原上海工程技术大学教师、校信息办主任。2011年至今,担任七色花小学校外艺术辅导员。

韩美与七色花的篆刻情缘

在青年篆刻家彭磊老师的推荐下,在七色花小学陆校长的大力支持下,我有幸走进美丽的七色花园,参与篆刻课程规划与数十场现场教学。期间,不仅与学校师生建立了深厚的感情,在教学过程中也得到了学校全方位的配合。目前,篆刻教学已成为七色花小学的特色艺术课程,深受学生喜爱。

篆刻是一门深奥的传统艺术,涉及古文字、配篆、布局、刻制、钤拓等方面内容，工具材料品种繁多，小学生无法在短时期内全面、深入地理解与把握。由此，在课程安排中，我和彭老师采取了由浅至深、循序渐进、逐步培养兴趣的方法。

有数十年篆刻创作经验的我，深知兴趣对孩子学习篆刻的重要性。因此，在教学初期，我通过设计观看篆刻印章视频、现场演示篆刻全过程等活动，让学生直观地感受篆刻艺术的魅力，同时我还创作了"立美育人""七色花开""七色花"等与学校内容相关的印章，使他们深刻体会到篆刻与日常生活的紧密联系，从而充分激发他们的创作兴趣。在教学中，我注重实操，指导学生从磨平印石开始，逐步进行摹写汉印印稿、冲刀线条练习、水印上石、刻制完整印章、钤盖印稿到修饰定稿的全过程。经过一个阶段的实践练习，大多数学生都能在规定的课时内独立完成篆刻作品创作，对篆刻的兴趣愈发浓厚了。

作为七色花小学校外艺术辅导员，我不仅在课堂上亲自指导学生进行篆刻创作、解答专业问题，还利用"七色花艺术大讲坛"平台，为四年级家长们举办了两场专题讲座，分别是《社会大美育中的校园篆刻》和《播种》。通过这些讲座，让学生家长们也了解篆刻艺术的魅力与学习篆刻的必要性，鼓励他们全力支持学生在课暇进行篆刻练习。

经过几年的努力，七色花小学的篆刻课程取得了显著的成效。学生们积极参与市级篆刻评比活动，并屡获佳绩。同时，教师在专业发展方面也取得了很大的提升。2023年11月，上海七色花小学荣获上海市第二批"篆刻艺术进校园"试点学校的称号，这是对学校篆刻课程实施成果的肯定。

此外，作为韩天衡美术馆馆长，我还为七色花小学的学生们搭建了"走进韩美 探秘艺术"主题研学活动的平台。通过这样的活动，学生们能够近距离观赏中国历代玺印篆刻与书画，深度探索自己感兴趣的艺术作品，感受篆刻艺术的博大精深。

同时,韩天衡美术馆与七色花小学签订了共建协议,旨在发挥自身的优势,为七色花小学的学子创设更好的学习条件,并在传承非遗文化方面贡献自己的力量,共同推动七色花传统文化课程的深入开展。

张炜羽

大师简介:

张炜羽,中国艺术研究院篆刻院研究员;西泠印社理事,中国书法家协会会员,上海市文联委员,上海市书法家协会常务理事,篆刻专业委员会副主任兼秘书长,上海韩天衡美术馆馆长,上海浦东篆刻创作研究会副会长,海上印社理事兼艺术委员会委员,海上小刀会成员。

海派新韵
——七色花剪纸与"忆想天开"的创新情缘

与七色花小学的缘分宛如天定,横跨了两代人的时光。回溯十四载,我的父亲李守白,身为海派重彩画与海派剪纸的翘楚,早已成为七色花小学的校外艺术导师。他踏上"艺术大讲坛",引领全校师生踏入那色彩斑斓的剪纸天地。

那时的我,常随父亲之侧,见证了七色花师生们对剪纸艺术的热情。他们频繁地造访位于田子坊的"守白工作室",不仅领略了父亲的海派剪纸风采,更在亲身体验中感受剪纸的无穷魅力。部分学子更是加入了兴趣班,跟随守白艺术团队的老师探索剪纸的奥秘。

　　每当看到学子们的作品在校园中展示，那份骄傲与欣慰油然而生。那些精致的剪纸作品，不仅赢得了国内外教育专家、学者、学生的赞誉，更为中国剪纸文化赢得了世界的尊重。

　　九年前，我携"忆想天开"团队踏上了七色花小学的海派剪纸非遗传承教学之旅。我们与唐老师紧密携手，共同开发了独具匠心的《艺之剪》剪纸课程。为了让更多的孩子能够领略剪纸的魅力，我们还精心制作了"海派剪纸微课堂"，极大地丰富了学校的美育资源，使得学生们能够在任何有网络的地方，通过手机或平板电脑，随时随地可沉浸在剪纸的艺术世界之中。

　　在校内"海派剪纸工作坊"的建设过程中，我与剪纸大师们共同参与设计，将海派剪纸的精致细腻与现代美学的简约时尚完美融合，打造出一个充满创意与活力的教学空间。这里不仅是孩子们学习剪纸的乐园，更是他们展示才华、放飞梦想的舞台。

　　近三载时光，七色花小学倾心倾力，将海派剪纸这门传统艺术的种子深深地播撒在五年级每一个孩子的心中。每周两课时的投入，不仅让孩子们在剪纸的世界里感受到传统文化的魅力，更在无形中培养了他们对传统与创新的尊重与追求。我们的"守白艺术"与"忆想天开"团队，共同为这一事业倾注了心血与汗水。

　　每个月我都会与孩子们分享剪纸的魅力，通过"名师课堂"的系统教学与指导，带领他们踏上一次次"指尖上的旅行"。李守白老师的亲临指导，更是为孩子们带来了艺术的启迪与灵感。在这里，他们不仅领略了海派剪纸的韵味，而且在与其他艺术形式的碰撞中，点燃了创意的火花。

　　而每年的"探秘海派剪纸"研学活动，更是孩子们期待的盛宴。他们在导览的互动中探索，在自主探究中发现，在交流分享中成长。这是一场集"耳听、眼看、手动、心动"于一体的艺术之旅,让孩子们在探索中感受到剪纸艺术的博大精深,也在体验中寻找属于自己的艺术之路。

我们坚信,在海派剪纸这片沃土上,七色花小学的孩子们将绽放出更加绚烂的花朵。他们将在这一过程中,收获成长与快乐,让童年因艺术而更加精彩。

李诗忆、李守白

大师简介:

李诗忆,黄浦区政协委员,上海市青年创业协会理事,上海市青年文联委员,上海新文艺工作者联合会理事,中国民协、上海民协会员,上海市黄浦区青联委员,上海市黄浦区侨联委员,上海市黄浦区新联会副秘书长,上海市黄浦区文创园区侨联副主席。

李守白,海派重彩画家、剪纸艺术大师,上海市人大代表,上海市文联副主席,上海市民间文艺家协会主席,上海市美术家协会会员,上海市工艺美术大师。上海华东师范大学、上海工艺美术职业学院客座教授。

体育教练

棒球之约：携手执教，点燃运动激情

七色花与棒球的美好邂逅要追溯到2018年。随着9月新学期的到来,日本职业棒球OB会在上海的棒球普及计划也正式展开,而我有幸作为棒球OB会日本教练的助教兼翻译来到了七色花小学。

任何体育项目都高度依赖场地条件，特别是像棒球这样的团体项目。棒球OB的普及课程对场地有严格的要求。在寸土寸金的市中心小学就出现了水土不服的情况。可以说棒球课程顺利开展离不开七色花小学领导和老师们的大力支持，为课程安排了向明中学的大场地，以及学校中条件最好的六楼体育馆。器材方面，为了保证质量和安全性，学校还特地采购了日本进口的T-BALL，球棒以及支架等。

七色花棒球课程大致经历了两个阶段。第一阶段，我担任翻译，跟随日本教练进行教学，遵循日本的普及教材进行技术学习。随着日本教练和合作方的离开，我接手了课程主教练的职责。通过几年的教学，我对七色花小学的孩子们有了一定的了解，他们喜欢挑战、追求多变，但身体素质水平还偏薄弱。为此在课程内容上，我主动做出改变，在课程内容设置上融入了棒球队的训练内容，如步伐训练、跑垒、战术配合等。虽然这些内容超出了学校的教材范围，但效果显著，孩子们对棒球的兴趣日益浓厚。

此外，为了激发学生的学习兴趣，我注重教学内容的生动性和趣味性，以此吸引孩子们的注意力。同时，结合棒球为团体项目的特性，注重培养孩子们的团队合作意识，发挥他们的主观能动性，"闪电鲨鱼、红鹰、麋鹿、红色苏维埃、向日葵组"等球队出现，充分展现了三个班级共12支球队的多样性和创意。

在教学过程中，我不仅教授棒球技术，还注重向孩子们传达棒球运动的文化、历史以及团队合作的重要性。我鼓励孩子们根据自己的特点找到适合自己的位置，并通过团队合作和战术讨论，提升学习效果。

课程的顺利推进，还缘于我跟七色花体育老师们的紧密合作。在这里，我体验到独特的"双师课堂"，体验到别样的"双师协同"，体育教师们先进的教学理念及精益求精的教学态度深深地感染了我。每一次课堂研讨活动让身为教练、乐于钻研的我深切地感受到浓郁的课堂氛围，多样而开放的教学方式逐步提升了我的教育观，让我的教学思路从普及推广棒球基础技能转变为提升学生身体素质和培养对棒球的热爱。如今，"魔法空间"里的情景式、沉浸式教学更让我对七色花的体育课堂着迷。

我相信，在不断的追求中，七色花"奔跑中的少年"棒球课堂定能像它的名字那样持续彰显运动的魅力。

仇炅

教练简介：

仇炅，中国棒球协会注册教练，曾任日本职业棒球OB会翻译兼助教，2022年MLB秋季上海站U15冠军队带队教练。

我与七色花的冰壶项目

我是来自黄浦区卢湾少体校的冰壶教练宁文会，很荣幸能够通过这种方式将七色花小学体教融合视域下冰壶项目的开展情况和取得的成效与大家分享。

七色花是我们黄浦区最早开展冰壶项目的小学，在一条龙的布局上，七色花小学作为向明集团的一员，为我们黄浦区冰壶队输送了大量的优秀运动员，并且在第十六届、第十七届上海市运动会中均取得了非常优异的成绩。在全国第二届青年运动会中，黄浦区运动员柳静怡获得冰壶项目的女子团体冠军，她也是七色花小学的学生。

回归课程，我觉得七色花的双师课很有特色，真的就像学校的名字一样，七色花,色彩纷呈,这门课程是由我和学校的体育老师共同完成的,我们在课上会把同学分为两部分,一部分同学由我带领练习冰壶的专项技术和技战术,另外一部分同学由体育老师带领他们借助AI体能设备进行体能锻炼。七色花小学的体育老师会根据学生的心理特点有针对性、趣味性地安排不同的课程内容,课程内容丰富多彩,既能让每名同学在有限的时间段里达到一定的运动量,也能充分和高效地学习冰壶知识。

在2023年的10月,我和学校老师共同带队参加了上海市少儿体育联赛旱地冰壶项目,第一次参赛的七色花小将们在比赛中表现了初生牛犊不怕虎的拼搏精神,取得了非常优异的成绩,在这场比赛中我看到了学校的大力支持,老师的细致周到,学生的勇往直前。

在与七色花老师合作的过程中,我感受到了老师身上的那种幽默、诙谐的教学方式;在带队比赛过程中,我体会到了老师的用心、用情,让原本在带队训练过程中过于严厉的我,在教学中逐步改变原有的教学方式,向教师靠拢;现在的我也深深地受到学生们的喜爱,让我对未来的双师教学充满了希望与期待。

宁文会

教练简介:

宁文会,中级冰壶教练员,执教8年。带训成绩:全国第二届青年运动会第一名,第十六届上海市市运会第一名,第十七届上海市市运会第一名,全国冰壶锦标赛第四名。

民族乐器进校园活动纪实

2023年下半年，在得知上海音乐学院东方乐器博物馆将举办民族乐器进校园系列活动后，作为一名古典音乐的传播者，同时也是上海市七色花小学的一位学生家长，我第一时间便希望能在七色花小学举办这样的活动。不过，在一开始时我还是有些顾虑的。

众所周知，现今小学生的课业压力不可谓不重，而老师们的教学压力更为繁重。学校是否会愿意在文化课教学的同时腾出时间和精力来组织这样的活动呢？我怀着忐忑的心情与七色花小学校长陆燕萍老师取得了联系。出乎意料的是陆校长在了解了我的想法后，立刻表示非常欢迎"民族乐器进校园"活动走进七色花小学，以丰富学校的"艺术大舞台"课程。这样的活动不仅符合国家关于美育教育高质量发展的要求，也完全符合七色花小学倡导的学生德智体美劳全面发展的现代基础教育教学理念。

很快，在七色花小学领导的全力支持下，在东方乐器博物馆同事们的精心准备下，活动非常顺利地举办了。

在整个活动的进行过程中，七色花小学俞维翡老师带领的团队那极具行动力的工作作风和精益求精的工作态度让我深受感动。七色花小学地处黄浦区的老城区，学校的地方相对比较小。但为了让"民族乐器进校园"活动顺利进行，更好地向同学们展示民族乐器的风采，俞老师和东方乐器博物馆的同事们在整个活动过程中一直保持着频繁而高效的沟通，既要考虑学生们的安全，又要尽最大可能利用有限的空间，将大家平时很少见到的民族乐器展示在各位同学面前。

在活动期间，我们精心组织了多场关于民族乐器的讲座与音乐会。学生们既欣赏了美妙的民族音乐，又深入地了解了许多关于民族音乐与乐器的知识。这种寓教于乐的教学方式深受学生们的欢迎，进一步提升了同学们的民族自豪感和文化自信。

随着活动深入，七色花小学还与东方乐器博物馆展开更为深入的合作。作为学校"艺术大舞台"课程的内容之一，"民族乐器进校园"活动得到了进一步延伸。这次博物馆的研习活动不仅再次走进了学校，还带着孩子们走出了校园，亲身感受民族乐器的魅力。校园内，学校创造性地将音乐和美术结合在一起，开展了"笔尖上的旋律"——少数民族乐器绘画活动，形成了"听得见，看得到，摸得着"的全新美育教育新模式，立体、全方位地对学生进行美育教育。2024年4月，四年级的学生走进东方乐器博物馆开展了研学活动，通过看展品、听讲解、玩乐器等互动环节与各种民族器乐"亲密交流"，深入了解了民族乐器的历史、文化和艺术价值，收获颇丰。

七色花小学凭借大胆创新的教学理念，老师们一丝不苟、精益求精的精神，以及学生们对民族乐器充满好奇与探索的学习态度，共同促成了此次活动圆满成功。作为七色花小学的一分子，作为家长，我对于能在活动中发挥牵线搭桥的作用感到十分高兴。同时，我也希望在学校的大力支持下，能够拥有更多的机会为七色花小学的师生们带去更加丰富多彩的音乐课程。

三（3）班葛雨馨爸爸：葛灏

家长简介：

葛灏，上海音乐学院副教授，上海市浦江学者，长江钢琴艺术家，上海市欧美同学会文创分会副秘书长。

架起一座彩虹桥

晚饭后，我家辰宝突然蹦出一个问题："妈妈，上海昆剧院是什么样子的？"我一脸惊讶，"你怎么会突然想了解上海昆剧院呢？"我好奇地问。辰宝边笑边说了起来："今天音乐老师给我们放了一段昆曲《西游记》，还让我模仿了一下孙悟空。"我向她慢慢地描述了上海昆剧院，看着她充满好奇的样子，我深思着……上海昆剧院不就在我们黄浦区吗？当下，似乎这些就在身边的文化场馆都变成了大人嘴里的、书本上的词汇，让这些"一零后"的青少年感到遥远又陌生。

一次偶然的机会，我和学校老师谈及关于文化传承的话题。作为一名热心的家长，我主动提出愿意为学校与瑞金社区的红色教育基地以及传统文化基地搭建沟通的桥梁。我希望能让七色花小学的孩子们有机会走进这些基地，深入探索并了解中华传统艺术。我相信，通过这样的方式，孩子们能在行走中近距离地感受、体验、了解并喜爱上这些宝贵的文化遗产。

得知我的想法后，陆校长很快与我取得了联系。她告诉我，学校正在计划为二年级的孩子们在入队仪式教育后安排一次文化研学活动，作为学校"心灵小驿站"课程"仪式教育"的延伸，这一消息让我倍感欣喜，因为这与我的初衷不谋而合。

经过高效的沟通和实地踩点，我们顺利地促成了第一次瑞金亲子文化研学活动。这次活动不仅为孩子们提供了一次难得的学习机会，也让他们更加深入地了解和感受中华传统文化的魅力。

那天，刚刚光荣戴上红领巾的少先队员们分别走进了思南公馆、上海昆剧院和中国上海艺术中心，开启了一次体验社区文化之美的亲子研学之旅。孩子们徜徉在思南公馆，欣赏着美丽的花园、雅致的建筑，感受着幽静的环境，体验着人文情怀和历史底蕴；他们也走进上海昆剧院，深入了解昆剧的专业知识，真切感受到中国传统文化的魅力,体会到中国文化的博大精深;他们还踏入中国上海艺术中心,欣赏艺术,感知艺术,在心中种下了一颗尚美的种子。

在行走的过程中,孩子们通过亲身参与和体验,逐渐提升了自身的艺术素养;他们在欣赏各种艺术作品的过程中,逐渐拓宽艺术领域的视野;这些行走中的艺术体验,无疑为孩子们的艺术成长之路增添了更多的色彩和深度。家长们也纷纷表示,这样的"文化之旅"让孩子们沉浸其中,收获颇丰。

作为家长,七色花的成员之一,我愿意继续成为这座链接学校和优秀文化和红色资源的彩虹桥,为孩子的艺术课堂提供延伸与拓展,为德育课堂的丰富与发展贡献自己的一份绵薄之力。

五(2)班陆奕辰妈妈:邵祺

家长简介:

邵祺,瑞金二路街道社区党群服务中心副主任。

这个春天,这篇报道,
写给这朵盛开的七色花

"亲爱的老师们,亲爱的学弟学妹们,再一次回到童年的乐园,我发现七色花变了,有了新大楼,变得更美丽了;七色花没变,这里有我熟悉的老师,熟悉的艺术气息……"这是母校七色花小学20周年校庆日时,我与学弟学妹们交流的开场白。它仿佛就发生在昨日。

作为一名少儿新闻工作者，我每天做得最多的事情就是记录生动的校园生活、向阳而生的少年。如果说工作延长了我的童年时光，那么童年的起点，就是"七色花"这个色彩斑斓的幸福校园。

在母校30周年校庆之际，在这个美丽的春天，我想把这篇与众不同的报道，写给三十而立、青春烂漫的七色花。

与"七色花"共同成长的日子里
种下三颗梦想的种子

回望与"七色花"共同成长的日子，我在这里种下了三颗梦想的种子——

"画家梦"在一年级时候萌芽。"七色花"给喜欢艺术的小朋友铺开了一张大大的画板。那时候，我们学校已经有了美术专用教室。喜欢画画的我们，每周最幸福的时刻就是周二和周四下午的绘画兴趣课。

"作家梦"在二年级时萌芽。记得第一次写作文，要描写很多小动物。我灵机一动，让每个动物都"张开了嘴"——小青蛙"呱呱"，小鸭子"嘎嘎"……老师夸我，我老得意了，就梦想着能成为一位作家。现在，我需要靠写作来完成工作，写的正是学校里的新闻故事。

"记者梦"在四年级时萌芽。爱写作，但怎样能让更多的人看到自己的文章呢？好像只有当记者和编辑了！我小时候很内向，不过，老师们总鼓励我大胆地试一试、说一说。感谢七色花的"护花使者"——可爱可敬的老师们。

与"七色花"再次邂逅的日子里
关注"小花们"各美其美的成长

现在，我是一名《少年日报》的记者，在工作中，我也常常会把目光投向母校,关注"小花们"各美其美的成长——

在《我爱天马行空》一文里,我写了"小花们"与首届上海学生艺术设计展的故事;在上海小囡说沪语颁奖典礼上,我关注到"小花们"自信大方的沪语展示;在奥运项目进学校活动中,可爱的"小花们"是不断向上的"攀岩少年"……每当这个时候,我就会很骄傲地对我的媒体同行们说:"他们是我的学弟学妹!"

在七色花小学20周年校庆日,我回到熟悉的校园,以毕业生的身份与学弟学妹做了一次面对面的交流。记得有一位小朋友问我:"你现在做的工作,与画画有关吗?"我告诉他,虽然我现在的工作看似与画画无关,但无时无刻不体现艺术性。比如,作为责任编辑要全面把握版面的美观度,给少年读者以美的享受;再比如,需要经常采访艺术场馆,也要用艺术的眼光和笔触去发现、记录和表达……这番问答让我记忆犹新,我想:艺术之所以有魅力,是因为它能滋养生命的整个过程吧!

不止线下,线上我们也屡有相约。学校的"云上音乐会",57位小音乐家精心准备,24个直播间全天放送,600多名师生共同参与……在"云"直播间与"小花们"热切互动的过程令我十分感动。专注演奏、表演的他们是这样的美丽动人,学校"立美育人"的办学宗旨在这一刻,开出了一朵朵具象的七色花朵。艺术让我们心意相通。

作为七色花小学的第一届学生,我非常骄傲曾是一名"七色小花",也期待以自己的方式,与老师、学弟学妹们一起,永远呵护这朵艺术之花、梦想之花、幸福之花开得更加绚丽多彩。下一个30年,我们相约再回到七色花,诉说更多美好的故事。

毕业生:周雪鸥

学生简介：

周雪鸥,《少年日报》资深编辑、记者,上海教育报刊总社学生媒体发展中心党支部副书记,全国新闻界"好记者讲好故事"优秀选手、上海市最佳选手;多次获得全国人大新闻奖、少儿报刊"六一"奖、上海新闻奖、上海教育新闻奖、上海人大新闻奖等奖项。

花开的意义

我是七色花小学1997届毕业生刘令飞,目前是一名职业音乐剧演员、导演、设计师。我很幸运,从专业院校毕业就有登台的机会,后来又参与了音乐剧《猫》中文版的演出,它点燃了我作为音乐剧演员的信念。

近十多年来,几次受母校之邀回到"七色花"。学校20周年校庆活动中,初有成就的我第一个登上阔别已久的七色花舞台,与大家共话梦想与成长。我讲述了音乐剧中文版《猫》的一次巡演中,我扮演的摇滚猫在做一个高难度动作时,小手指意外碰伤骨折但却强忍疼痛坚持演出的故事。毕竟舞台永远都是现场的艺术!记得那一瞬间,学校剧场的观众席上一片静默,有的同学张大了嘴巴,是在"脑补"我如何克服困难的画面,或是品味精彩背后常人看不到的艰辛吧?

我还欣赏了同学们演唱的音乐剧《悲惨世界》中的经典片段。都说热爱可抵岁月漫长,我惊叹于同学们对艺术作品的高度热爱和那投入的神情、丰沛的情感,更惊叹于学校早就成立了音乐剧社团,在童年时悄悄埋下了艺术梦想的种子!手捧着校长颁发的"校外艺术辅导员"聘书,我激动地说:我一定会再回来!

立美育人　花开斑斓

　　是的，再次回来是两年前疫情期间参加"七色花"云上音乐会。在当时的特殊环境中，一方小小的屏幕联结云端那头，钢琴、小提琴、唱歌等表演热闹开场。渐渐地一股暖意直抵我心里，"世界以痛吻我，我却报之以歌"忽然有了最恰当的注脚。这一刻，艺术不正是我们共同的"诗和远方"吗？

　　有个音乐剧社团的三年级女生演唱完歌曲，问了我一个问题：疫情前我们在老师指导下排练音乐剧《狮子王》，我发现一边演一边还要唱，切换可难了。你是怎么在舞台上时刻应对自如的呢？

　　这么专业的问题，看来这小女生没少关注音乐剧！

　　"表演没有标准答案，更何况音乐剧是一种自由度很高的戏剧。其实无论做什么，除了天赋外更需要思考和琢磨。每一次看上去轻松自如的表象下，是认真的准备加上无数次的排练，这样才能成为一个有个人特点的演员（人）"。我的回答让小女生和直播间的同学们点头微笑，我相信他们感受到了我的坦诚和用心。音乐会结束，我还沉浸其中："七色花"到底神奇在哪儿？我很确定：是它与众不同的气质和温度，是它常葆不变的初心与坚守，永远生生不息，熠熠生辉！

　　花朵，从来都是大自然最美的馈赠，是对绿叶无私的回报。历经冬的考验，春的唤醒，校园里那棵元宝树显得愈加生机勃发。建校30年，我也祝福当打之年的母校越办越好，"七色花"再次绚丽盛放！

毕业生：刘令飞

学生简介：

刘令飞，七色花小学1997届学生，毕业于上海音乐学院，现在是中国内地职业音乐剧演员。

从以上一篇篇饱含真情的分享中,可以欣慰地看到,在课程实施过程中家、校、社多方力量广泛参与和鼎力支持,尤其是众多杰出大师、资深教练以及满怀热情的学生家长、优秀的毕业生加入,学校的美育特色课程内容在保留经典精髓的同时,融入了诸多创新元素,焕发出勃勃生机。课程组织形式发生了根本性的变革,不再仅仅依赖传统意义上的教师主体,而是构建了一个由众多参与者与支持者共同组成的智慧联合体。

这个智囊团的形成,为美育特色项目建设注入了活力与创意。他们不仅带来了丰富的教育资源和多元化的视野,更在课程的设计与实施过程中,勇于探索、敢于尝试,不断地推动课程内容深化与边界拓展。在这样的积极氛围下,课程的质变与提升正以润物细无声的方式悄然进行,不仅提升了教学质量,更激发了学生的学习兴趣与创造力。

尤为重要的是,这种由多方参与、相互协同的课程建设模式,增强了课程的适应性和灵活性,使其能够更好地满足学生个性化发展的需求。

第三节

成 长

学生创新素养的全面提升
与多维发展

创新素养的培育,如同春日的阳光,温暖而充满力量。在这段探索旅程中,学校文化精神的传承与升华成为坚实的基石,各方力量的汇聚与众志成城,铸就了前行的动力。它们共同为每一朵七色花成长点亮了希望之光,注入了不竭的活力。

七色花小学各学科教师团队把转变学习方式、促进特长发展、提高创新素养作为本项目研究的主要价值取向,为学生们提供了多元化、创新化的学习平台,引导他们摆脱传统学习模式的束缚,步入一个真实、富有挑战性的学习环境。在这里,学生们通过亲身实践、积极探索和创新思维,不断提升解决问题的能力,并锤炼自己的思维方式和团队协作能力。

学校坚信每个学生都拥有独特的创新潜力和天赋,因此鼓励每一个学生勇敢展现自己的特长和兴趣,支持他们自由探索、大胆创新。这种强调个性发展的学习方式,不仅激发了学生的创造力和创新精神,更帮助他们更好地认识自我、发展自我,在成长的道路上找到属于自己的方向和目标。

随着美育特色项目的深入推进,可以欣喜地看到,学生们在创新人格、创新思维与创新能力等方面取得了显著的进步。他们学会了从不同角度审视问题,用创新的方法去解决困难,更学会了用创新的精神去面对生活、迎接挑战。这种创新素养的培养,为学生们的未来发展奠定了坚实的基础,也为他们提供了不断成长的力量。

一、从调研数据看学生创新素养提升

多年来,七色花小学积极参加黄浦区教育学院开展的"学情调研",特别是依托其中"学生创新素养发展指数"的相关调研数据,判断学校创新素养培育的成效。从最新一次的数据统计结果来看,学校学生在好奇心、合作、想象力、问题解决、迁移运用等方面较平均值有显著优势,学生的创新素养得到了较为明显的提升。

1. 学生创新人格得到培育

围绕创新人格关键要素"好奇、自主、兴趣、专注"等方面的数据结果如表所示(见表3-1)。

观察表格中两组数据,在创新人格的各个维度上学校"完全符合"数据高于平均值。学生在探索新事物的意愿上(积极性)、对新鲜事物的好奇心、对待创新性事物的兴趣、问题解决的专注度以及与同伴合作、交流等维度均明显较高,特别是在对待一些创新性探索、与团队相互交流与合作方面,85%以上的学生选择了自己完全具备这样的特质。结合教师的日常观察与记录,以及学生在课堂中的积极表现,面临老师的提问积极举手发言、面对任务积极寻找解决方案的态度,皆指向学生"创新人格"内涵提升。

表3-1　指向学生创新人格培育的数据对比

调研项	完全符合		基本符合		无所谓或不确定		不太符合		完全不符合	
	区平均值/%	七色花/%	区平均值/%	七色花/%	区平均值/%	七色花/%	区平均值/%	七色花/%	区平均值/%	七色花/%
(1) 你非常愿意尝试探索新鲜的事物	61.26	84.40	27.54	13.48	7.25	1.42	2.73	0	1.21	0.71
(2) 你对周围的事物都有强烈的好奇心	55.17	74.47	31.16	4.26	8.60	4.26	3.85	2.13	1.21	0.71
(3) 你对一些创新性的探索活动充满兴趣	61.04	85.82	25.67	12.77	8.43	0.71	3.47	0.71	1.38	0
(4) 当你尝试解决某一问题时，能持之以恒，不受外界干扰	46.23	65.25	35.80	27.66	10.48	4.26	6.23	2.84	1.24	0
(5) 你能够在活动中主动与同学互相交流，团结合作	59.00	85.82	29.90	12.77	6.78	0	3.01	0.71	1.29	0.71

2. 学生创新思维获得提升

围绕创新思维关键元素"形象思维、发散思维、批判思维"等方面调查结果如表3-2所示。

通过表中两组数据对比可见,学生的创新思维在想象力、发散性思维、批判性和迁移性等方面均高于平均水平。对应每个创新维度,"完全符合"和"基本符合"的比例之和均达到了90%以上,学生普遍认为自己具有一定的想象力、创造力和问题解决能力。从表中还可以观察到,学生在想象力和发散性思维方面的表现略优于批判性思维和实际操作解决问题的能力。

3. 学生创新能力得以加强

聚焦创新实践能力关键要素"问题解决、创意物化"等发展情况对应的数据调查显示(见表3-3)。

在创新实践能力方面,七色花小学学生在"完全符合"维度的百分比虽略低于创新人格、创新思维,但在问题解决能力、创意性、实践力与创造力等方面均大大高于平均值,且大部分学生在问题解决能力和创造力方面有较高的优势,同时具备一定的实践力,能够通过自己的行动实现与众不同的想法。尽管创意性方面高于平均值,但较之学校其他数据略显薄弱,仅有53.19%的同学认为自己在班级活动中能够经常为班级想出金点子。这也为今后学校加强创意表达提供了努力的方向。

二、从各类创新活动佳绩中看学生多维度成长

在推进创新教育的进程中,学校积极为学生搭建展示创造成果的优质平

表3-2　指向学生创新思维培育的数据对比

调 研 项	完全符合		基本符合		无所谓或不确定		不太符合		完全不符合	
	区平均值/%	七色花/%	区平均值/%	七色花/%	区平均值/%	七色花/%	区平均值/%	七色花/%	区平均值/%	七色花/%
（1）你对生活中的一些现象充满着奇思妙想	59.64	76.60	29.28	20.57	7.20	0.71	2.86	2.13	1.00	0
（2）遇到问题时，会用不同的办法去解决它	52.16	77.30	33.68	16.31	9.30	4.26	4.09	1.42	0.76	0.71
（3）遇到问题时，你常常会换个角度发表和别人不同的见解	52.70	63.83	34.20	32.62	8.85	2.84	3.41	0	0.71	0.82
（4）你能够学以致用，会用学到的知识解决问题	50.13	67.38	36.85	31.21	9.21	1.42	2.96	0	0.82	0

表3-3　指向学生创新能力培育的数据调研

调研项	完全符合		基本符合		无所谓或不确定		不太符合		完全不符合	
	区平均值/%	七色花/%	区平均值/%	七色花/%	区平均值/%	七色花/%	区平均值/%	七色花/%	区平均值/%	七色花/%
（1）在考虑问题时，你能从不同的角度提出解答的思路（问题解决的能力）	48.11	67.38	35.52	26.95	10.92	3.55	4.57	1.42	0.87	0.71
（2）你在班级活动中，常常能够提出自己的金点子	38.83	53.19	32.67	38.30	15.60	3.55	10.45	4.26	2.43	0.71
（3）你会通过自己的行动实现自己与众不同的想法（实践力）	48.22	63.83	35.28	31.21	10.95	2.84	4.42	2.13	1.12	0
（4）你常常能够有创意地设计出一些作品（创造力）	46.59	65.96	32.23	29.08	11.71	2.13	7.89	2.13	1.57	0.71

台,学校连续3次组织学生参加了由中国创造学会创造教育专业委员会、上海静安创造教育研究院主办的"劳动—创造—幸福"活动。"我有小妙招,劳动有创造"——2021年第一届全国中小幼"劳动—创造—幸福"创意活动中、"劳动有创造 共同来抗疫"——2022年第二届全国中小幼学生"劳动—创造—幸福"创意活动中,七色花小学充分利用优质的活动平台,组织学生进行劳动创造,共计有33位学生参加了此次活动。在活动中,七色小花们经历自己寻找到兴趣点—教师引导研究方向—学生利用各学科知识和兴趣点确立研究项目—教师线上指导,学生初步完成研究成果—教师线下指导,以互动交流方式,共同归纳研究主题,帮助学生明确研究方向,完善研究方案—形成最终研究成果—选拔作品参赛的过程。学生们打破原有思维模式,挑战自我,合作、探究,作品精彩,创意无限,硕果累累,获得了许多奖项。一些学生的优秀作品还参加了线上成果展示,获得评委组的好评。学校也因此成为上海静安创造教育研究院集群学校,为培育创新型小花开辟了一块试验田。表3-4、表3-5和图3-61所示为七色花小学获奖者名单。

表3-4　第一届全国中小幼学生"劳动 创造 幸福"创意活动
（七色花小学获奖名单）

作品类型	作品名称	发明者	奖项	指导教师
创意小发明	家用垃圾降解机介绍	蒋宇轩	二等奖	费妮娜
	私人定制拿手曲目的实操探索	蔡瑞仪	三等奖	高雯琴
	屋顶清洗机	傅栋煜	三等奖	陈梦婷
环保小制作	新型吸尘粉笔擦	高云飞	一等奖	费妮娜
	创意黑板擦	钱晋之	三等奖	张懿
	神奇收纳盒	徐亦涵	三等奖	黄帅嘉

（续表）

作品类型	作品名称	发明者	奖项	指导教师
环保小制作	电视柜后方清理器	吴艺轩	三等奖	高雯琴
	"百变衣架"让你爱上创意劳动	翟承晔	二等奖	陈梦婷
	便捷的拾衣竿	王梓歆	二等奖	陈梦婷
	解放双手 自动浇水	李羽芊	二等奖	高雯琴
	巧拾废纸屑	严行知	二等奖	黄帅嘉
生活小妙招	日常拖地小妙招	傅若涵	二等奖	高雯琴
	小白鞋拯救记	肖 天	二等奖	费妮娜
	免洗手消毒凝胶胶囊	李秋霖	二等奖	应佳雯
	清洗小妙招	朱俊任	二等奖	应佳雯

表3-5 第二届全国中小幼学生"劳动 创造 幸福"创意活动
（七色花小学获奖名单）

作品类型	作品名称	发明者	奖项	指导教师
平面作品	自动消毒门把手	常铭峻	二等奖	陈鸣姿
	核酸采样保持距离提醒器	翁子艾	二等奖	施建琦
	核酸小帮手	何易阳	二等奖	孙 俊
	360度电动保温杯清洗刷	李师睿	一等奖	陈鸣姿
	免接触式秒收衣架	潘易轩	一等奖	施建琦
视频作品	免接触垃圾清理器	胡梓瑶	一等奖	孙 俊
	核酸扫码提示器	韩昕妤	二等奖	应佳雯
	能喝水的口罩	徐宸轩	二等奖	陈梦伊

（续表）

作品类型	作品名称	发明者	奖项	指导教师
视频作品	防疫收纳臂环	徐康盛	一等奖	陈鸣姿
	劳动创造幸福——自制清洁剂	徐品墨	三等奖	陈鸣姿
	自制清洁球	徐蕊芯	三等奖	孙　俊
	妈妈的帮手"扫地机器人"	许诺一	三等奖	孙　俊
	小型消毒水喷雾器	俞昕妍	三等奖	施建琦
	地铁/公交车无接触拉手	俞昕妍	三等奖	施建琦
	核算扫描辅助盒	臧柯藤	三等奖	陈鸣姿
	地板清洁拖鞋	张琪正	二等奖	陈梦伊
	环保船	祝海鸣	二等奖	陈鸣姿
	小口水壶清理刷	卓羽岑	二等奖	应佳雯

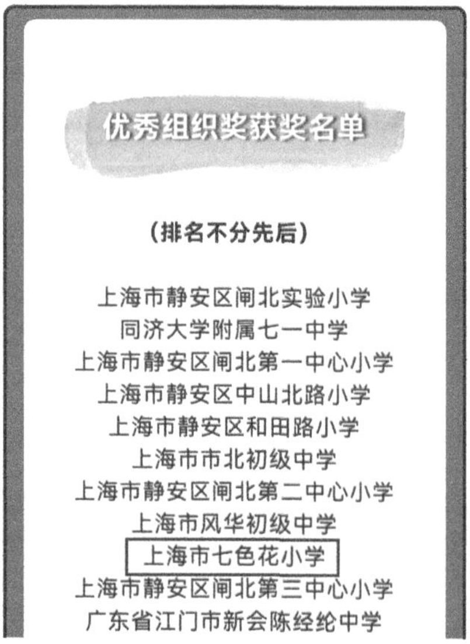

优秀组织奖获奖名单

（排名不分先后）

上海市静安区闸北实验小学
同济大学附属七一中学
上海市静安区闸北第一中心小学
上海市静安区中山北路小学
上海市静安区和田路小学
上海市市北初级中学
上海市静安区闸北第二中心小学
上海市风华初级中学
上海市七色花小学
上海市静安区闸北第三中心小学
广东省江门市新会陈经纶中学

图3-61　劳动创造幸福优秀组织奖获奖名单

案例

"少创联盟奖"小达人成长记

学校在推进创新教育的过程中,既重视对全体学生创新素养培育,也关注对创新有特别爱好的部分学生创造力的深度挖掘与培养,下面是关于小徐同学的创新成长记。

案例背景:小徐目前就读五年级,是一个聪明好学的孩子,但同时也是一位内向、不善表达、不自信、不太乐意挑战自我的孩子。遇事超过自己预期就会主动退缩。他在课堂上表现活跃,对科学课程特别感兴趣,在数学和语文方面表现也不错,但是在创新思维方面有些困难,常常感到无从下手。老师们发现这个问题后,在他的成长过程中给予一定的关注。

自然课上挑重担:小徐同学担任了自然课代表的职务,这激发了他对自然课的学习兴趣,通过做实验、观察自然现象、探索科技原理等方式,激发了对自然科学的兴趣,提高了创新思维的能力。

数学游戏勇挑战:在数学授课中,数学教师以游戏的方式推进教学,小徐在数学游戏中发现了自己的逻辑推理能力,学会了一些创新的思维方式。例如,他学会了用逆向思维来解决难题,通过反推来找到解决问题的方法。

艺术创作促想象:学校的艺术创作课程为小徐的绘画和手工制作搭建了施展的舞台,在教师的引领与指导下,小徐同学的创作表现出创意和想象力,他学会了从不同的角度去看问题,从而得到了不同的解决问题方案。

阅读、写作练表达:班主任是小徐同学的语文老师,高老师风趣、幽默、开放的课堂为小徐提供了融洽的学习氛围,高老师注重阅读和写作的指导,在广泛的阅读与深度的写作中,小徐同学提高了自己的思维能力和表达能力,学会了用不同的词汇和句子来表达自己的想法,从而让自己的创新思维更加清晰明。

斩获成果:小徐同学在一个宽松、开放、包容的学习环境中,通过多方面的培养和锻炼,不断地尝试、动手、思考,或自己、或跟同学,抑或是跟自己的爸爸妈妈探讨、实践、创作,不断地培养自己的创新精神和实践能力,他不仅在自然、数学、艺术等方面表现突出,而且善于运用所学的文言知识进行表达。他经常从日常生活中、社会生活劳动中发现问题;他热爱钻研,经常运用创造的思维和方法去解决问题;他不畏艰难、不断挑战、热爱创作。学校联结校内外资源,搭建创意展示的平台,小徐同学在展示中逐步显现他的创新能力,他在班级和学校中的表现得到了老师和同学们的认可,在市、区创新竞赛中获得了优异的成绩。如设计的《基于ESP8266的摄像头监控噪音(声)检测记录装置》荣获第38届上海市青少年科技创新大赛中专项奖——少创联萌奖。上海市青少年科技创新大赛是由上海市科协、市教委等十五家单位联合主办的全市规模最大、水平最高、具有示范性和导向性的青少年科技竞赛活动,是全国青少年科技创新大赛和美国国际科学与工程大奖赛(ISEF)的地方赛事。他是七色花中一位优秀的创新学子,内心充满对创造的执着追求和不懈动力。他具备深刻的创造力、思考力,一旦设定了明确的目标,便会展现出勇往直前的行动力,坚定不移地迈向成功的道路。

撰稿:杨静

第四节

展　望
构筑更加多彩的未来

　　过去三年，学校紧密围绕课题《指向学生创新素养培育的学校美育特色项目的构建与实践研究》进行深入研究。在此期间，我们深入挖掘了创新素养培育的核心要素，并将对学生创新素养培育自然地融入学校"课堂、课程、环境"等美育特色项目的构建与实践之中。同时，我们广泛寻求理论支持，通过深入实践和探索，汇聚智慧形成了一系列经典案例，稳步推进研究进程，并在美育特色项目的创建与实践研究中取得了显著的成效。

　　然而，在回顾整个研究历程时，我们也意识到在"美丽课堂""美丽课程"和"美丽环境"三个项目推进过程中存在一些问题和挑战。这些问题需要我们进一步关注和改进，以确保研究工作的持续深入和成果最大化。例如，在"美丽课堂"项目中，由于教师理念或年龄上存在差异，对"宽松氛围、主动有趣、多感官参与、自主探究、有效联结"的课堂内在特征理解还有待深入与转化，特别是在运用数字化技术赋能教学方式转变的能力还需加强；学校"美丽课程"四大板块的推进与实施，还需继续寻找有效路径，以多维联动的方式，促进美育与创新素养的交融培育；"美丽环境"项目的创设中，无论是密闭的"工作坊"，还是开放的"文化苑"，或是数字化赋能的"魔法空间"，都为学生创新素养培育创设了浓厚的校园美育氛围，但目前学校的各类环境空间的开发利用还有待深化。如

"魔法空间"因为功能多元让信息技术能力较弱的教师心生畏难情绪等。

　　展望未来,面对问题和挑战,我们将继续深化教学改革,集聚全校教师智慧,借助专家指导,通过多层面的校本教研,深入"美丽课堂"研究,积累相关成功案例及经验,以更好地反哺教学实践。我们还将进一步加强数字化平台建设,完善学校"美育特色项目管理与评价系统",为学生学习的过程性与阶段性评价提供有效的载体,为实现家、校、社合作共育搭建一个界面友好、功能强大的平台。同时,继续加强特色项目成功经验的推广与应用,以持续提升学校的办学品质和品牌辐射效应。

　　春天的脚步轻盈而至,万物复苏,花开满园,这是大地的欢歌,也是心灵的盛宴。每一朵小花都以其独特的姿态,讲述着属于自己的生命故事。

　　孩子们的成长之路,正如这园中一朵朵绚烂的七色花,色彩斑斓,充满生机。在这条充满无限可能的成长道路上,我们细心观察、深刻感悟每一朵"七色花"的蜕变,深切地体会到培育学生创新素养的重要性。

　　面对未来,我们满怀无限的憧憬与热切的期待。我们深信,学校育人方式将持续朝着鼓励创新、促进深度学习的方向不断改进。未来的学习图景将更加丰富多彩、公平公正、自由无拘,并且充满了无尽的想象与可能性。同时,我们也寄望学校的美育课程能够持续精进,不断挖掘并展现其深邃的内在魅力和价值,让学生在美的熏陶中全面发展,成就更加多彩的未来。

　　当我们带着这样的愿景,再次将目光投向"七色花"这一独特象征时,不禁深深感受到它所承载的正是七色花小学建校三十年来一直秉持并追求的理念所赋予的深意。

　　"七色花"是一首诗,吟诵着孩子们生命的童真;

"七色花"是一支歌,抒发着孩子们对美好未来的向往;

"七色花"是一幅画,描绘着孩子们多彩的梦想;

"七色花"是一曲乐,弹奏着孩子们如此美妙的生活的乐章。

愿每一个"七色花"的孩子都能在创新的阳光下绚烂绽放,尽情享受童年时代的欢乐与美好。

愿每一个"七色花"的教师都能在孩子们的成长过程中充分感受教育带来的获得感与自豪感!

参考文献

［1］陈雪梅.新课改背景下中职英语情境教学方法探究［C］//成都市陶行知研究会.诗意教育专家指导会论文集.广宁县中等职业技术学校,2022：6.

［2］邓木辉."个性"与"创新"是啥关系——2016年江苏高考作文题简评［J］.中学语文,2016（21）：172—173.

［3］何苗."双新"背景下初中音乐教学中的德育渗透实践研究［D］.扬州：扬州大学,2023.

［4］李川.指向学生创新素养培育的学校课程群建设［J］.现代基础教育研究,2021（02）：114—122.

［5］李颖,王燕.指向核心素养生长的小学道德与法治学科关键能力及其培养路径［J］.江苏教育研究,2023（22）：84—88.

［6］刘天华.高校音乐通识课教学改革与美育课程建设研究［J］.艺术评鉴,2021（11）：100—102+114.

［7］马秋鸽."后摄"自主学习中英语教师的中介作用［J］.武汉船舶职业技术学院学报,2009,8（01）：128—130.

［8］莫云根.基于学习金字塔理论的信息技术教学研究［J］.中国教育技术装备,2016（15）：3—4.

［9］仇文利,顾馨梅."四创"型人才培养与高校思政课关系研究［J］.教育与职业,2012（02）：120—122.

［10］施建平.理解教学视域中的真实情境［J］.江苏教育,2023（01）:68—70.

［11］陶磊,陈冲.巧用融合教学情境 构建深度学习路径［J］.中国学校体育,2022,41（11）:46.

［12］王霁虹.加强心理健康教育,培养学生心理耐挫能力［J］.大众心理学,2017（12）:17—18.

［13］王晓琦,朱凯.美育视角下医学院校大学生创新素养培养途径探索——以上海健康医学院为例［J］.教育教学论坛,2020（32）:202—203.

［14］徐倩.创新教育:让经典黄浦绽放创造之光 专访黄浦区教育局局长姚晓红［J］.上海教育,2020（28）:19.

［15］于靓靓.创意物化视角下的小学劳动教育课程改革［J］.新课程,2023（21）:160—162.

［16］曾国安.学习金字塔理论下的高中信息技术教学探讨［J］.新课程（下）,2016（09）:103.

［17］张露.小学校本化课程体系构建的实践研究［D］.重庆:西南大学,2017.

后　记

　　《立美育人　花开斑斓》一书即将付梓,提笔撰写这篇后记,心中满是感慨与欣慰。本书的编辑出版,旨在系统回顾与总结我校在美育特色项目研究领域的实践与探索经历,更是想将我们在这一研究过程中所沉淀的思考与感悟凝聚。

　　回溯至2020年,学校有幸依托在传承与发展中凝练的"以美立校,以美育人"的教育理念开启了区级重点课题——《指向学生创新素养培育的学校美育特色项目的创建与实践研究》的办学内涵发展的研究。正是因着这样的宝贵契机,全校教师得以齐心协力,整体规划,全面架构了以项目为依托、具有鲜明校本特色的美育项目体系的建设机制。

　　作为上海市艺术教育特色学校,感恩建校以来历任校长的引领和全体教师的努力,使学校形成了一系列以艺术教育领衔五育融合,促进学生全面发展与健康成长的、富有成效的实践案例。

　　所以,当黄浦教育瞄准"高、先、精"的发展定位,绘制打造"教育改革引领区、创新教育先行区和教育发展精品区"的"十四五"蓝图之时,我们倍感兴奋,

　　因为我们的研究正是对黄浦教育高质量育人内涵的理解、深化与拓展。

　　回看一系列针对性的教育改革策略,无论是重塑课程结构,还是优化美育特色项目的设计与实施,都是积极探索培育学生创新素养的有效路径。

　　本书正是站在了黄浦教育与学校发展唇齿相依的新的起点上,详尽地记录

了学校美育特色项目从孕育、实践到共融绽放的完整历程。

全书精心布局了三大核心章节：

第一章——"七色花的梦：以立美为引航，美育特色项目由此始发"，它勾勒了项目的蓝图。我们直面教育综合改革的新要求，立足校情，围绕区域"全学段、全学科、全方位、全过程"培育学生创新素养的目标任务，在传承学校艺术教育特色的基础上，提出以美为载体的创新素养培育目标，规划了"美丽课堂""美丽课程""美丽环境"三大子项目，为美育特色项目的全面实施奠定了基础。

第二章——"生长的力量：美育特色项目的校本化实践路径"，它生动地展现了项目从"设计图"到"施工图"的每一次华美绽放。在"立美育人"理念的引领下，我们不仅深化了美育理论研究，更在素养导向的课改背景中不断探索，努力促进学校课程间的协同创新和学生学习方式的转变。书中收录的一系列鲜活案例，详细地记载了美育特色项目的生动实践过程，见证了"创新"的艺术教育在推进五育融合、培育学生创新素养方面的积极影响。

第三章——"花美径香：美育特色项目的共融与绽放"，它是对项目成果的全面展示与未来展望，是一张"实景图"，不仅图示我们不断加强师资队伍建设，提升教师专业素养和综合能力，还图示积极争取政府、社会、家长等多方面的支持与协助，为美育特色项目的顺利实施提供了有力保障；更将不断探索与优化课程设置和学习方式，确保美育特色项目能够真正落地生根、开花结果。这一章节不仅是对美育特色项目成果的总结与回顾，更是对未来发展的美好憧憬。

非常感谢在项目研究过程中给予我们倾力支持与指导的黄浦区教育局和相关科室以及黄浦区教育学院科研室和教研室的领导与教师，让我们有信心将研究成果转化为学校教育综合改革的特色书籍。

立美育人　花开斑斓

全书由我领衔统整。感谢学校行政团队，特别是科研室老师的协力，严谨高效地完成了前期调研、数据收集、案例整理及修改等一系列繁复的工作。本书的编著也得到了全体教师、学生和家长的倾力支持，是他们提供了丰富且有价值的研究资料，正是这些鲜活、生动的案例（案例提供者的姓名已在书中标注）让本书更具备了可读性与推广价值。更要鸣谢与学校携手同行的合作伙伴——艺术大师、体育教练和优秀的毕业生们，是他们的温暖支持与倾尽全力，让学校的教育生态更加多元与开放，让整本书更加生动与鲜活。

在七色花小学建校三十周年庆典到来之际，《立美育人　花开斑斓》的出版，既是对全体教师长期以来不懈努力与辛勤付出的崇高致敬，也是对学校辉煌三十年发展历程的一次深情回望与礼赞。

愿这本书成为连接过去与未来的纽带，让每一位读者都能从中感受到教育的力量与美好，共同见证七色花小学更加灿烂的明天。

陆燕萍

上海市七色花小学党支部书记、校长

2024年9月